中国技术创新的金融发展路径研究

RESEARCH ON THE FINANCIAL DEVELOPMENT PATH OF
TECHNOLOGICAL INNOVATION IN CHINA

赵茂 著

社会科学文献出版社
SOCIAL SCIENCES ACADEMIC PRESS (CHINA)

前　言

自 2015 年以来，中国经济增速逐渐放缓，中国经济增长可持续性问题引发了众多学者的关注和研究。考虑到我国人口红利优势的逐渐消失、不可再生资源的约束、出口的压力，新增长理论让众多的学者逐渐将目光转向对经济增长影响较大的技术因素。从经济增长的影响因素来看，技术区别于其他因素的重要原因是其具有边际收益递增的特征，并且能与其他生产要素结合强化收益递增效果。但由于技术创新活动的资本投入大、不确定性高、风险系数大、信息不对称严重等特性，有效的金融安排将能够通过恰当的诱导机制与激励机制，激发创新主体的创新潜能，缓解创新活动的融资约束，降低创新过程中的不确定性，分散创新项目在实施过程中的风险。因此，关于金融发展对中国技术创新活动的影响研究对技术进步、经济增长具有一定的理论和现实意义。

金融发展对技术创新的作用机理研究是金融发展对经济增长影响研究的一个分支，关于金融发展对技术、金融发展对经济增长的影响研究已不胜枚举。本书第二章基于亚当·斯密的分工理论、熊彼特的创新理论、索罗的内生增长模型、戈德史密斯的金融结构理论、格利和肖的金融自由化理论、麦金农和肖的金融深化理论、默顿的金融功能理论综述了金融发展对技术创新、经济增长的作用机理。从目前关于金融发展对技术创新的影响研究来看，学者较少基于技术创新的动态性、差异性、阶段性来分析金融发展对技术创新的影响。技术创新的方式、阶段具有差异性，对金融的需求也存在差异性。那么，内生的金融结构、金融功能、金融安排对技术创新的作用也就存在差异性，在不同阶段金融发展的融资、分散风险、信息处理等作用机理和影响途径也各有比较优势。因此，不能笼统地说金融发展有利于技术创新。为此，考虑到中国技术创新的差异性、阶段性，本书结合众多研究者关于国家技术创新有效路径的三个阶段即技术模仿—模仿创新—自主创新的分析，研究了金融发展对技术创新的作用机理，探讨了不同阶段的金融发展路径。

在理论构造上，第三章基于创新主体的期望获取垄断收益和风险利益，以及趋利的金融参与，构造了金融的技术创新动力模型，为二者的有机结合埋下了伏笔。当然，技术创新的融资约束严重、风险高、信息不对称、定价难、存在逆向选择和道德风险等特性，使得企业并不容易获取期望的利益，随着金融结构调整、金融功能优化、金融制度完善，其表现出不仅通过缓解资金约束、分散风险、揭示信息、强化监督直接作用于技术创新，而且通过结合外部宏观环境、人力资本、FDI 等间接影响技术创新。

结合中国技术发展的历史阶段和现状，考虑到技术创新的动态、阶段性，第四章重点综述了我国技术创新阶段的历史划分依据。其核心表现如下：在技术模仿阶段，后发优势占据主导地位，此时模仿的失败率低、风险小、收益先增后减，有效地避免了高风险、高投入，但是企业的融资约束较为严重，金融制度与外部金融规模在此阶段起到了显著的作用；模仿创新阶段是从纯模仿向自主创新过渡的阶段，技术创新表现为在已有基础之上的消化吸收及改进，对企业而言模仿创新失败率低、风险小，但受技术壁垒、法律的约束，尤其是信息不对称，因此，金融制度、金融的信息处理功能在此阶段发挥主导性作用；在自主创新阶段，自主创新企业具有的领先优势推动新型产业发展、帮助企业获取垄断利润、占据成本与质量竞争优势。但高风险是企业必须面对的最大难题，当然高投入也无法避免，金融发展在自主创新阶段主要关注分散风险、缓解融资约束。由此来看，技术创新阶段即技术模仿—模仿创新—自主创新，从金融的发展角度来看，表现为融资约束、低风险→信息不对称→高风险的动态演变过程。结合中国金融制度，从金融功能视角来分析金融发展对不同阶段技术创新的影响显得尤为必要和迫切。

实证部分主要从宏观以及技术创新的三个阶段进行了研究。第五章借助王永中（2007）的金融发展对技术创新的内生增长模型推导出金融对技术创新的正向效应。结合我国金融制度的特殊性，在参照众多文献的基础上，选用金融自由化指标作为代理变量，通过熵值法构造了中国金融自由化指数，结合计量模型实证发现金融发展显著地影响了技术创新。

第六至第八章讨论了金融发展对技术模仿、模仿创新、自主创新三个阶段技术创新活动的影响。在技术模仿阶段，通过模型构建并结合我国的行业面板、地区面板数据实证研究了以下问题：①不断完善的金融制度可以缓解技术模仿的融资规模约束，有利于企业的技术本土化创新；②在技术本土化过程中，满足融资规模需求是核心，金融制度与融资规模能够显著影响技术模仿。

在模仿创新阶段，通过模型构建并结合我国的行业面板、地区面板数据实证研究了以下问题：①中国的金融自由化进程有利于技术模仿向自主创新的转换；②金融的信息处理功能能够促进技术创新阶段的转换。

在自主创新阶段，通过模型构建并结合我国的行业面板、地区面板数据实证研究了以下问题：①完善的金融体系能够降低事前的审查成本和事后监督成本，激发企业自主创新能力；②金融自由化通过分散风险、缓解信贷约束路径影响自主创新。

考虑到技术创新模式的多样性、阶段的复杂性，理想的金融体系应该适应不同阶段、不同方式的技术创新。而现实的经济运行中各种技术是纷繁复杂的，不同的技术创新方式所需的金融发展路径也是千差万别的。这就是说，包括银行在内的各种金融中介和金融市场的功能对技术创新影响的功能、安排存在差异性、动态性。为此，本书从匹配性、适度性、创新性、弹性四个角度构造了金融发展的最优路径导向来满足技术创新活动。结合金融实践，从四个维度构建了金融发展对技术创新的影响路径。

本书写作阶段，得到云南大学同人、云南师范大学泛亚商学院领导班子及同事的关心和帮助，在此表示感谢；感谢中国博士后科学基金面上项目"金融发展对不同阶段技术创新的影响研究"（2018M633640XB）、云南省科技厅 2021 年基础研究计划青年项目"乡村振兴战略实施理论、机制与成效研究"（202101AU070042）、云南师范大学博士科研启动项目"我国数字普惠金融发展的环境效应研究"（2019BSXM12）、云南省研究生优质课程项目和云南师范大学研究生核心课程建设项目（YH2020 – C08）资助；感谢我的妻子肖琪女士以及家人对我工作的支持；感谢参与本书校对工作的社会科学文献出版社的恽薇、胡楠，以及云南师范大学学生张恒、郝德静、南浩、钱允涵、王欣、李红霞等。当然，由于个人水平有限，本书难免存在一些缺点和错误，恳请读者批评指正，以期在今后的研究中不断改进提高。

赵茂

2021 年 5 月 20 日于昆明

第三部分

实证分析

图目录

表目录

概念界定

自 2015 年以来，中国经济增速逐渐放缓，我国经济增长可持续性问题引发了众多学者的关注和研究。考虑到我国人口红利优势的逐渐丧失、不可再生资源的约束、出口的压力，新增长理论让众多学者逐渐将目光转向对经济增长影响较大的技术因素。从经济增长的影响因素来看，技术区别于其他因素的重要原因是具有边际收益递增的特征，并且能与其他生产要素结合强化收益递增效果。但由于技术创新活动的资本投入大、不确定性高、风险系数大、信息不对称严重等特性，有效的金融安排将能够通过恰当的诱导机制与激励机制，激发创新主体创新潜能，缓解创新活动的融资约束，减少创新过程中的不确定性，分散创新项目在实施过程中的风险。因此，关于金融发展对中国技术创新活动的影响研究对技术进步、经济增长具有一定的理论和现实意义。第一部分基于研究背景、意义，结合金融概念、技术创新阶段划分等进行系统规划，为后文奠定了基础。

第一章

金融发展与技术创新的现实背景
及概念界定

　　亚当·斯密（A. Smith）、大卫·李嘉图（D. Ricardo）、熊彼特（J. A. Shumpeter）、索罗（R. M. Solow）、丹尼森（E. F. Denison）、库兹涅茨（S. Kuznets）、罗默（P. M. Romer）、卡莱兹基（Michal Kalecki）等经济学家的研究发现，技术创新对经济增长有巨大的贡献。由于技术创新的边际收益递增特性，其被普遍视为现代经济增长的重要影响因素。自 2015 年，中国经济增速逐渐放缓，我国经济增长可持续性问题引发了众多学者的关注和研究。考虑到我国人口红利优势的逐渐丧失、不可再生资源的约束、出口压力等影响，处于转型期的中国需要考虑技术对经济增长的正向作用，关心技术创新的积极效应。考虑到技术创新的投入大、不确定性高、风险系数大、信息不对称严重等特性，有效的金融发展路径将能够通过恰当的诱导机制与激励机制，激发技术创新主体——企业的创新潜能，不断地缓解创新项目、创新活动的融资约束，减少创新过程中的不确定性。随着社会经济发展的不断深化，金融市场对社会的渗透力和影响力也逐渐凸显，金融制度将成为推动技术创新的重要制度安排。作为发展中国家，我国技术创新有技术的纯粹模仿，也有技术模仿创新及自主创新，这也就意味着我国技术创新存在明显的差异性、动态性、多样性。为此，本书从纯粹的技术模仿、基于对先进技术不断改进的模仿创新、自主创新来研究金融发展对三个不同阶段的技术创新的作用机理以及对中国技术创新的影响效应。

第一节　研究背景及意义

一　研究背景

（一）中国经济增速减缓，客观需要技术创新

改革开放 40 多年来，中国经济持续高速增长，这也使得中国已成为仅次于美国的最具影响力的新型经济体以及制造大国。Krugman、Arayama 和 Miyoshi、吴敬琏等众多研究者认为这种高速增长是借助出口、房地产业这两大最主要驱动力，同时明显地依赖我国的廉价劳动力投入、大量的自然资源消耗，以及中国的土地红利、大规模的政府投入。纵观中国改革开放史，从制度、改革、技术变迁等来看，平均每 10 年就有一些重要的制度变革、重要性事件来推动中国的经济发展。

20 世纪 80 年代的家庭联产承包责任制、沿海经济特区改革开放进程的推进促进了经济发展。家庭联产承包责任制将土地使用权转让给农户，耕者有其田，极大地激发了农户的生产积极性，这就释放了农业生产力，第一产业的产值占 GDP 的比重不断地提升；沿海地区改革开放为制造业提供了制度的红利，掀起了长三角、珠三角一波又一波的工业化、城市化浪潮。这样使得第二产业的产值占 GDP 的比重也不断提高。

20 世纪 90 年代的东南亚金融危机间接触发了中国房地产市场的改革。东南亚金融危机虽然对我国经济有一定的冲击，但也对我国经济有一定的正向效应。比如，对我国房地产市场的繁荣起到了促进作用，推动我国产业结构的优化，间接地影响了我国第三产业的发展，比较明显的是服务业产值占 GDP 比重在 1998 年的房改中明显提高。

2001 年，中国加入 WTO。中国加入 WTO 对于我国进出口的影响更为明显，使得我国进出口值年年攀升，我国的出口额占世界出口额的 15% 以上。按照购买力平价的标准衡量，我国 GDP 占世界的 15% 左右。加之房改

红利的推动，使得我国的经济增长在 21 世纪头 10 年保持在 10% 左右的高速增长状态。

但 2008 年的全球金融危机使得中国乃至全世界的经济产生一个分水岭。借助出口、房地产红利，依赖廉价的劳动力、土地、资本，我国经济增速达到峰值，表现出经济增长既有量的积累也有质的飞跃，但同时产业层次低、技术创新能力弱、高投入低产出、可持续发展能力不强等问题也逐渐显现。2015 年中国经济增速的减缓引发了全世界的关注。Krugman（1994）、Arayama 和 Miyoshi（2010）、郭庆旺（2005）、吴敬琏（2006）等认为，中国经济是一种典型的粗放型增长，不具有可持续性。基于中国现阶段的发展状况来看，我国的经济发展开始进入瓶颈期，具体表现为以下四点。

第一，廉价人力资本的终结。从众多研究者关于经济增长的研究来看，经济增长的核心影响因素——人力资本的重要性已无须多言。但是，不管是理论还是实证的结果均表明：中国劳动力成本在逐渐增加，中国的"刘易斯拐点"和"人口红利拐点"在我国已表现得非常明显。最为有意思的研究是，美国普林斯顿大学的阿申费尔特构建的"巨无霸汉堡指数"为跨国对比人工成本提供了一种极为方便的方法。

通过图 1.1 我们发现：中国工人的名义工资是逐渐增长的，而日本、德国的名义工资在相对减少或者基本保持稳定，从中国工人的工资涨幅来看，

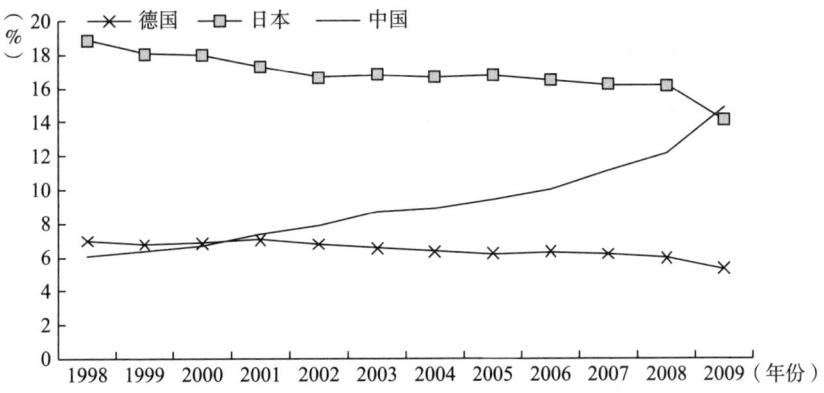

图 1.1　1998~2009 年中国、日本、德国麦当劳员工名义工资累计涨幅

已显著超过名义和实际 GDP 增速，这也与中国跨过"刘易斯拐点"的时间窗口相契合。因此，必然是集约化地使用人工，或者用机器替代人工，这就对技术提出了更高的要求。

第二，廉价土地的终结。在过去的几十年，为吸引制造业投资，一方面，出台各种优惠政策，比如结合投资制造业的额度对土地出让的资金进行返还、参考协议的最低价进行工业用地的转让等；另一方面，实行优先的相关基础设施配套，比如"七通一平""三通一平"等。近年来，伴随沿海发达地区经济的不断发展，部分区域建设用地、工业用地的指标则显得越来越紧张，考虑到土地成本的日益增长，廉价的工业用地必然走向终结。这也意味着我国的产业结构需要不断调整，经济增长方式也需要不断变化。

第三，不可再生资源的约束。IMF、世界银行、国际能源署等国际性机构的研究发现，全世界的原油、稀有金属、矿产资源等一系列不可再生资源的价格上升趋势明显。受到我国不可再生资源的约束，对外部的不可再生资源依存度高将使得我国工业生产、制造业等行业受到严重的制约。同时，经济的快速增长，消费升级的拉动，人口的不断扩张使得我国对资源的依赖程度不断地提升。因此，廉价资源的终结和资源价格的高波动意味着中国的经济将受到严重的影响。

第四，出口的压力。2008 年以来全球性的金融和经济危机对中国的警示意义在于，过度依赖海外出口市场容易引发国内经济的周期性大起大落。从图 1.2 中国出口交货值的当月同比、累计同比发现，2009 年以后两者均呈现不断下降的趋势，这本身也意味着对中国出口制造业转型的一种"倒逼性力量"。

发展经济学创始人之一、著名经济学家张培刚基于对英、美、法、德、日、俄等国家的研究发现，五种基本要素即人口、资源、制度、技术、企业家才能是工业化过程中最重要的因素。从中国经济发展的过程来看，中国经济的增长依赖土地、人口、资源、进出口等。随着土地红利、人口红利不断减弱，财政支出不断弱化，仅仅依靠要素投入和投资的外延式、粗放式增长方式将难以满足中国经济的发展要求。2015 年中国的经济增长开

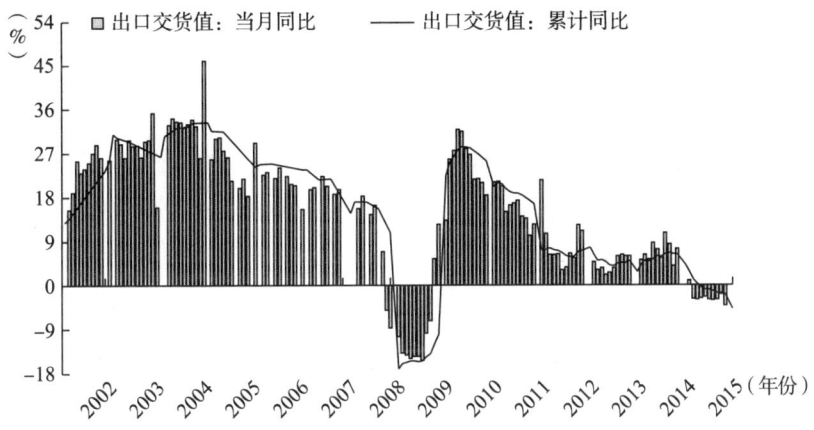

图 1.2　2002～2015 年中国出口交货值当月同比、累计同比

始放缓，多年的粗放式经济增长方式不再具备可持续性。林毅夫（2003）研究指出，经济增长取决于三个因素——生产要素、技术创新、产业结构，其中技术创新是促进经济增长最重要的条件。结合中国廉价劳动力、廉价土地、不可再生资源的约束、出口的压力等现状，处于经济转型期的中国必须转换发展方式，调整经济结构、产业机构。如何才能促进我国经济的可持续增长？需要关注新的经济增长点，技术就成为核心影响因素。

（二）技术创新需要金融的支持

新增长理论的兴起，让众多学者逐渐将目光转向技术这个重要的因素。考虑到资本投资收益边际递减的特性，这也就意味着长期、稳定的经济增长依赖于技术进步，依赖于通过教育、培训使劳动力掌握新技术，提升效率。亚当·斯密、大卫·李嘉图、熊彼特、索罗、丹尼森、库兹涅茨、罗默等众多学者的研究发现：技术是经济增长源源不断的动力和主导力量，在实践和理论上都已得到证实。技术本身不仅具有边际收益递增这一特点，而且与其他生产因素相互结合可强化收益递增的效果，因而被普遍视为现代经济增长的决定性因素。亚当·斯密在《国富论》中就已明确地指出了技术创新对经济增长的重要作用。他明确提出：专业化分工能使劳动者将资源投入机器发明中，从而有助于经济增长。斯密之后，新增长理论更加强调技术对经济增长的重要性，这也就是所谓的技术进步理论，更加强调"科学革命—技术创新—经济增长"的逻辑。索罗研究发现技术进步对美国经济增长的贡献率达到87.5%，率先意识到技术进步对经济增长的作用。在《经济发展理论》一书中，熊彼特提出了"创新"的概念，其中以技术创新、管理创新为最主要的内容。丹尼森开创性提出经济增长的因素分析法，研究发现技术对经济增长的正向影响效应。以诺斯为代表的制度经济学家认为制度创新对经济增长有重要作用。库兹涅茨指出，"现代经济增长是以技术的推动力为核心、为特征"。Romer（1990）提出的现代经济增长理论认为，技术创新是经济增长的决定性因素。克莱恩和罗森伯格也指出，科技创新逐渐内化在增长模型中。谢勒提出，"技术创新是经济增长的关键动力。未来的关键问题就是能否维持强有力的技术进步"。新增长理论的代表人物卢卡斯也肯定了技术进步对经济增长的影响较大。张建华（2003）基于扩展的索罗模型研究发现，考虑到土地、不可再生资源的供给有限，经济增长必然最终停滞，但只要技术不断创新、不断进步就可以实现经济的可持续发展。综上，众多的研究表明：技术创新对经济增长有十分重要的作用。

我国政府也明确提出全面提升企业创新能力、构建创新型国家的发展战略。党的十八大提出，要全面整合创新资源，推进技术创新，建立以企业为主体、市场为主导、产学结合的技术创新体系，大力培养和发展战略新兴产业。为促进我国的科技创新，国家、地方政府都陆续出台了不同的金融政策文件来支持科学技术的发展，文件涉及银行、资本市场、保险、风险投资、天使投资等各个方面，从而积极推动各个地区科技创新的金融体系建设。通过加大企业研发投入、促进企业技术创新来增强中国企业创新能力、竞争能力以及可持续发展能力。从制造驱动向创新驱动的转变，是成本竞争向熊彼特竞争转变的过程，它符合中国经济增长的现实。

技术创新已被当成了现代经济增长的决定性因素，当然技术创新发挥其功效和作用需要良好的制度性安排体系的支持。众所周知，技术创新具有不确定性、信息不对称性、高风险性等特性。技术创新易受到众多因素的影响，其中最为核心、最为关键的是能否得到资金的及时支持，这就使得一国的金融体制、金融系统、金融安排在增强技术创新能力上显得尤为重要。现代经济的发展中，金融发展又作为一个核心因素实现实体经济与虚拟经济的结合。伴随经济的发展不断地深化，金融安排、金融体系对技术创新的影响和作用将更为突出。同时，技术创新作为一个载体，还体现在经济发展的新范式上，表现出对金融系统的依赖性和需求，这也就意味着一个国家或一个地区的金融配置效率将严重影响技术创新发展。因此，在技术创新的支持性制度安排体系中，良好的金融安排、不断完善的金融功能、合理的金融结构、优质的金融体系将成为影响技术创新可持续发展的一个极为重要的影响因素。

历史经验表明，发展良好的金融体系是实现科学技术蓬勃发展、科技创新能力大幅提高的基础和保障。1912 年，熊彼特就指出了"功能完善的银行通过识别在产品和生产工艺创新中成功的企业，向其提供融资服务而促进技术创新"；Hicks（1939）提出"产业革命的发生要金融革命来推动"，他认为产业革命发生并非是由于技术，而是使技术能够在较大的范围中得到广泛的投资，这种投资需要进行安排才能实现，18 世纪英国的工业革命实现的前提就是金融市场的快速发展；格尔斯（Gerss）和古普塔（Gupta）研究认为发展中国家与发达国家技术水平的逐渐缩小依赖于技术创新，而技术创新则表现为金融发展的有效支持；海尔瑞（Haire）提出了企业金融成长周期理论以支持技术发展；施瓦茨（Schwartz）肯定了技术创新与金融发展的相关性，没有金融的支持，企业的创新发展将极其困难；诺思（1994）研究发现第一次产业革命的核心影响因素来自大规模的投资；Aghion 和 Howitt 等（1998）指出，金融的发展有利于技术的进步、技术的不断创新，更为明显的是促进了经济增长；谢勒研究提出经济增长的核心来自技术进步、技术创新，而技术活动中的关键是资金和人力资本，间接表明了金融支持的重要性；King 和 Levine（1993）研究发现金融市场的发展能有效分散创新风险；Martin 等研究发现金融中介对技术创新具有重要的作用；Inklaar 和 Koetter（2008）通过跨国的面板数据实证研究发现金融中介能促进技术创新；Greenwood 和 Smith（1997）、King 和 Levine（1993）研究发现，金融市场能够促进资本积累、减少投资成本、提升企业的创新效率；Zhou 研究认为金融产品的创新有利于技术创新的推进。

纵览科技发展的历史，每次的科技变革背后都有金融资本力量的推动，正如 Bencivenga 和 Smith 等（1995）所说的"工业革命不得不等待金融革命"。2001 年世界银行的研究报告明确显示出金融安排对经济增长的主要贡献是通过促进技术创新与进步来实现的。结合人类经济的发展历史来看，金融业一直都作为一个核心的影响因素持续地推动技术创新和科学进步。因此，一个发展良好的金融市场能够促进金融资本在创新主体之间的有效配置，进而加速技术创新，促进经济的增长。

（三）金融与技术一体化

随着经济的不断发展和增长，科学技术与金融发展的相互依赖度逐渐提高，彼此相互促进，二者的结合越来越显得紧密。其表现为：一是科学技术与金融资本的契合度逐渐提高；二是技术创新为金融发展提供了载体和依托空间；三是金融发展对技术创新的推动效果越来越明显。从金融视角来看，技术创新是资本的需求和运用的过程；从技术创新视角来看，金融作用的发挥以技术创新为载体，这就表明技术与金融一体化趋势明显。

技术是社会产物，技术对金融依存度高，这是金融与技术一体化的突出表现。谢勒和姚贤涛（2001）就指出，马克思意识到资本主义的聪明之处在于能够将资本和技术创新结合。爱德华·沃尔夫基于对日本、英国、德国、法国、意大利、加拿大、美国 7 国 1950～1979 年主要生产率的实证研究发现，金融与技术创新具有显著的相关性。历史的经验实践也说明这一点：NASDAQ 资本市场的兴盛为众多的科学技术、技术创新项目、创新主体等提供融资发展的重要渠道。一方面，全球化、电子化的资本市场，为不能在交易所上市的技术企业提供融资机会；另一方面，新生的技术创新型中小企业的涌入，又反向推动金融市场的壮大。从技术创新的生命周期来看，技术研发、技术产品的实验、技术产品的市场化、技术产品的产业化等都需要在金融的资金支持下完成。如果没有金融，也就不会有现代化的生产力如此快速发展。技术创新已成为一个新的范式，随着技术的日新月异，技术比投资更重要的论断趋于明显，但是技术创新与资本的联系十分紧密，金融资本能够聚集投资，使得技术转换为生产力和社会财富，使得金融资本从技术产品、技术项目、技术活动中不断地获利。当技术创新的成果能够不断实现与金融资本的有机结合，那么，技术创新产品便能不断适应市场，从而实现产业化，确保生产力的有效转换。没有良好的金融支持，技术创新很难持续发展。

金融产业也需要技术创新提供空间。Lewis 研究指出，技术知识性社会比技术停滞的社会对金融有优势就在于技术知识性社会为投资提供了出路，使得大量的资本可以源源不断地进入生产、投资渠道。结合金融的投资范围扩大、主体之间的关联性增强、投资速度加快、规模经济性等，技术创新为企业、创新主体带来乘数效应，同时为创新主体带来巨大的经济收益。金融虽表现为虚拟经济，相对独立运行，但本质仍然以实体经济为基础。实体经济环境下，以技术创新为过程的高技术项目，收益高、增值空间大，更容易受到金融资本的喜爱。由于技术创新带来高增值的效果，并且为金融介入提供了巨大的发展空间，技术创新也就成为金融追本逐利的动力源泉。

二　研究的出发点

为确保中国的经济增长方式从投资驱动向创新驱动转变，我国金融体系、金融安排需要不断优化金融功能、完善服务体系、做好技术创新服务。尽管当前研究明确了金融发展在技术创新中的作用，但不同的技术创新阶段具有不同的特性，不同阶段的要素组合的比较优势又决定不同要素的价格。创新企业在不同阶段在经营规模、融资约束、融资渠道、风险方面存在差异性，那么对金融的需求也就存在异质性。考虑到技术创新的动态性和异质性等特征，寻找到与之协调、匹配的金融发展路径显得尤为重要。特别是，企业在技术模仿—技术创新—自主创新的阶段过程中，所使用、所采取的技术难度指数不断地增加，这也就意味着技术创新所需要的资金、资本的投入也存在差异、变化。Harrison 和 Rodriguez-Clare（2009）研究认为，为了保证企业技术的顺利升级，企业能获取创新的资金，分散技术创新带来的风险，就需要在金融规则、金融结构、金融功能上进行不断改进。

中国的技术与世界技术前沿存在一定差距，作为后发性国家，中国通过引进、购买、模仿创新、自主创新等方式，使技术得到了长足发展。结合技术创新的不同阶段，对创新主体而言进行技术创新所需要的金融环境、金融配置、金融安排也会存在一定的差异。同时，由于我国地区经济发展的差异性，各个地区、各个行业的人力资本积累程度、自然资源禀赋的先天优势、技术发展的潜力、外部经济、外部市场环境的差异性，我国的技术创新活动在不同的地区间、不同的产业间、不同的行业间也就表现出多样性、差异性。比如：地区间，东部地区就领先于西部地区；企业间，华为、联想、海尔、格力就属于行业的领头羊，但同时存在大量的处于技术链条低端的劳动密集型企业。对标世界前沿的技术，我国还将存在大量的以技术模仿为主的企业、行业、地区；部分企业、行业、地区将通过技术模仿创新逐渐实现技术追赶和赶超；同时存在大量的自主创新企业，处于世界前沿水平。未来中国的创新活动，将呈现多样性、复杂性、非线性等特征。

那么作为重要影响因素的金融，怎么去支持复杂、多样的创新活动？这个问题显得尤为迫切。黄益平等（2013）研究认为市场化的进程促使了资源的优化配置；林毅夫和徐立新（2012）指出从中国现有的金融机构来看，金融机构仍然是以国有商业银行为主导，同时中国金融系统具有追赶的特征；Rodric 指出为适应中国多样化的技术创新活动，金融系统应该不断创新，实现包容性、市场主导，解除金融抑制。因此，为实现不同阶段技术创新，改革滞后的金融体系，需要不断地革新，这样方可实现我国从投资驱动到创新驱动的转型。

关于金融发展与技术创新的研究是一个很宏大的课题，本书重点关心金融发展对不同技术创新阶段的作用机制。参考 Currie 等（1999）的研究，国家技术创新的有效路径有三个阶段，即技术模仿、模仿创新、自主创新，不同的创新主体在不同创新阶段所面临的融资约束、信息不对称、风险等差异性较大，这就要求金融主体在不同创新阶段的作用机理也不尽相同，加之金融功能的作用机理和实际上是存在差异的，这也就导致金融在促进不同技术创新方式上存在比较优势，并意味着金融安排随之具有动态性、协调性。为了促进我国技术创新、技术进步的不断发展，作为重要影响因素的金融需要得到更为深入的研究。那么，影响不同阶段技术创新的金融系统应该具备什么样的性质？不同阶段技术创新的异质性特征是否决定了金融安排的差异性？结合技术创新的阶段性、异质性、动态性，需要构建一个更为全面、更加具体、更加多维度的金融系统来支持技术创新。从目前查阅的文献来看，对金融发展与经济增长的研究更为普遍，基于不同的创新阶段研究金融发展对技术创新的文献较少。因此，本书拟从金融功能视角来分析金融发展对不同阶段、不同方式的技术创新的影响效应及作用机理。金融发展对不同阶段、不同方式的技术创新的影响机制是本书中心问题，尤其是金融制度对不同阶段技术创新的作用机理及影响效应。

在经济发展的需求背景下，如何实现金融与技术创新的有机结合？针对不同创新阶段，如何实现金融与技术创新的相互协调、匹配？寻找到适宜的金融体系来促进我国技术创新，系统深入地研究金融发展对技术创新的作用机理，是一项值得重点关注的课题。

三 研究的意义

技术创新是一个国家经济增长最为核心的主导因素，也为经济发展提供持续的动力。现代化的市场经济是以金融为主导的经济，在社会资源配置中，金融配置是一个核心内容。良好的金融体系逐渐成为技术创新持续发展的一个重要影响因素。基于我国经济发展增速减缓的趋势，需要技术创新将我国经济推向新的高潮。结合目前我国关于金融发展对技术创新的作用机理和影响效应研究的拓展空间较大，本书考虑到技术创新的异质性、动态性研究金融发展与技术之间的关系，这对促进我国技术创新、引导金融发展对技术的服务支持来说具有一定的理论前沿性和实践现实性。

本书的研究主要考虑到技术创新的融资约束、风险约束、信息不对称的问题，从金融功能的角度来对金融发展与技术创新的现有发展状况、内在关系进行深入、系统的研究，并结合中国的地区面板、行业面板数据进行了实证分析，这样为理论提供一定的现实基础，同时进一步论证了金融发展对不同阶段、不同方式的技术创新的显著影响作用。当然，研究我国金融发展对技术创新的目的是，在对我国金融发展与技术创新的现状分析的基础之上，期望找到更适合我国技术创新的金融发展路径，形成更为合理的金融制度来推动技术的不断发展。因此，本书的研究对于提高国家技术创新能力、推动经济的可持续发展具有重要的理论意义和现实意义。

（一）理论价值

新经济增长理论将经济增长的源泉归结为技术进步，而技术创新是技术进步的引擎。关于金融发展与技术创新的研究，大部分研究者基于金融结构、金融功能两个方面进行分析。部分学者主张金融结构观，部分学者主张金融功能观，相关争议一直也是金融发展理论中的核心话题。本书不对孰优孰劣进行分析，而是基于两者不同的比较优势，针对金融发展对技术创新的作用机理及影响效应进行研究。

关于金融发展与技术创新，大部分学者将金融发展和技术创新置于理论与实证分析的两端，而忽略两端之间蕴含着作用机制的"黑箱"。尤其是考虑到技术创新的差异性，针对不同创新阶段，金融发展对技术创新的作用机制的研究较少。因此，本书拟从金融功能视角，研究金融发展对技术创新的动态作用机理，寻找"黑箱"中不同阶段的作用路径和传导机制。

本书以金融发展对技术创新的作用机理逻辑为主线，按照提出问题、理论基础、实证分析的脉络，基于新熊彼特增长理论、技术创新理论、融资约束理论等构建金融发展对技术创新的作用机制。不同的创新主体在不同技术创新阶段需求的金融服务是不一样的，因此本书就技术创新的三个阶段（技术模仿、模仿创新、自主创新），探索三个不同的技术创新阶段中金融发展对技术创新的作用机理。同时，构建了匹配性、适度性、创新性、弹性四个维度的金融体系来促进技术创新，以此实现合理的优化金融配置，促进我国技术创新，实现经济的可持续增长。

（二）实际应用价值

从现实的经济运行来看，经济发展离不开技术创新，技术创新又决定了经济发展的质量与经济发展的水平。技术创新能够真正实现对经济贡献的动力转换，这不仅仅取决于技术创新自身具备的优势，还依赖于外部环境，尤其是技术创新的高投入、不确定性、高风险等特征，这就尤为需要金融的介入。当金融资本与创新成果不断地有机结合，技术创新就能顺利地通过产业化转换为更高层次的生产力。当代市场经济环境中，金融体制本身就内生于经济体制中，金融运行与实体经济运行已融为一体。良好的金融支持有利于技术创新的不断进步和发展。技术创新在不同方式、不同阶段上，都需要不同金融机构的参与，不同金融工具的介入，需要高效的金融体系的支持。中国正处于从投资驱动向创新驱动转型的时期，科学、全面分析金融对技术创新的作用机理，探索以金融服务技术创新为主线，通过金融体制及政策调整来实现金融发展对技术创新的影响，从而有效推进金融体制改革与金融配置功能优化，实现经济可持续发展具有重要的现实意义。

第二节　基本概念界定

在进行研究之前，先对主要涉及的重点概念进行阐释，并进行相应的范畴界定。

一　技术创新的概念

约瑟夫·熊彼特开创了创新理论。他提出，创新就是把从未有过的生产条件"新组合"、生产要素引入生产体系。这种新的组合主要包括：①引进新产品；②引用新技术、新方法；③开辟新市场；④引进新的原材料来源；⑤采用一种新的工业组织。这种创新后来被众多的学者引用和改进，主要包括技术创新、制度创新。Solow 基于 Schumpeter 的创新理论进行深入研究后提出，新思想的来源以及后阶段的实现和发展是创新的两个条件；Enos（1962）研究认为，"技术创新应该是发明的选择和研发、资本需求和投入、计划制订和实施、人力资本的选择等几种行为的综合结果"；《工业创新经济学》指出，"技术创新就是新产品、新过程、新系统、新服务的首次商业性转化"；Mansfied 认为，"技术创新是首次引进的新产品，包括技术、设计、生产、财务等"；我国的学者傅家骥在《技术创新学》中将技术创新定义为，企业家抓住市场的潜在盈利机会，以获取商业利益为目标，重新组织生产条件和要素，建立效能更强，效应更高、费用更低的生产系统，从而推出新的产品，新的生产工艺、方法，开辟新的市场，获得新的原材料或半成品供给来源或建立企业的新组织，它是包括科技、组织、商业、金融一系列活动的综合过程。我国的中发〔1999〕14 号文对"技术创新"的界定在内涵上基本与熊彼特保持一致，涉及的范围更广，具体包括以下五个方面：①开发生产新的产品；②采用新的生产方式或新工艺；③开辟新的市场；④提供新的服务；⑤采用新的经营管理模式。张武城的研究认为：①技术创新是一个较为特殊的阶段，核心是知识商业化；②技术创新是一个动态过程，技术创新必须满足市场动态的需求；③技术创新以市场为导向、以效益为中心；④企业是技术创新的主体。

本书借用干春晖所著《产业经济学》中的相关定义并加入金融因素，定义如下："技术创新是市场主体（主要是企业）为了实现长期利润最大化，通过金融工具、金融产品等金融安排，优化或重新组织生产要素与生产条件的方式、方法与模式，建立效率更高、效益更好或成本更低的生产经营系统，从而推出新的产品、新的生产工艺或方法，开辟新的市场或者改进企业组织形式，改善资源配置方式等具有内在的不确定性的行为与过程。它包括科学、技术、管理、商业、金融以及制度等一系列相关活动创新的综合过程。"对定义，做以下说明：①技术创新不仅仅是一个过程，更重要的是技术创新主体与其他相关主体之间的结构和关系，本书关心点在于技术创新主体与金融发展之间的关系；②结合企业的比较优势，在进行技术模仿、模仿创新、自主创新三种阶段选择时，企业进行技术创新的核心目的在于实现创新利润最大化；③技术创新依赖于金融系统，从金融视角来理解，技术创新是资本利益主体通过各种金融工具、金融产品等金融安排，借以实现获利增值的实体经济过程，即技术创新是资本利益主体通过金融供给实现增值的途径与工具；④技术创新的内在不确定性，技术创新系统是一个由多个因素、众多不同的元素交互形成、相互作用的非线性系统，这就使得技术创新表现出高度的不确定性，这也就表明技术创新是充满风险的活动；⑤技术创新不是单纯的技术概念，而是属于经济学范畴，是技术与经济的结合，是两者相互转化和统一的过程。

二 技术模仿、模仿创新、自主创新的概念界定

结合后发优势，我国的技术创新过程一般采取的是技术模仿—模仿创新—自主创新三阶段的动态模式。三个阶段的区分主要是参考与世界技术前沿的距离。大部分文献表述世界技术前沿为在一定时刻或时期内，技术在其涉及的领域具有最有价值的状态，一般是参照美国或 OECD 国家的全要素生产率的状况。Caselli 和 Coleman（2000）提出了世界技术前沿，可是并没有针对"世界技术前沿"给出精确的解释。本书参考马娜（2015）的研究，认为技术前沿主要由全要素生产率的提高所推动。许庆瑞（1986）将"路径"的概念引入技术创新的发展过程形成"技术路径"的概念，这也就表明对不同的国家、不同的企业为达到不同的目标应采取不同的技术路径、技术策略。张思民（2000）参考是否在引进基础之上进行消化吸收，将技术路径细化为模仿创新、自主创新。许庆瑞（2000）也强调这两种创新的模式，认为不同类型的技术创新有不同的模式。

（一）技术模仿

技术模仿主要是指后发国家（追赶经济体）将领先经济体的产品创新和工艺创新作为学习对象，追随领先经济体，不断总结经验，吸取教训，借助技术引进、购买、反向破译等学习、消化与运用领先经济体技术的一种活动。熊彼特强调，创新是发明的首次商业化，如果仅仅把创新行为理解为熊彼特意义上的第一次的引入，对许多企业、行业、经济体而言就没

有创新可言。对大部分国家的发展早期或者相对落后经济体而言,大部分产业、行业、企业由于经济基础薄弱、技术落后、人力资本积累不足等原因,更多是采取技术模仿,从技术进步的角度来看,在特定的环境下,模仿先进的技术,不断实现对模仿的技术的本土化转换也就是一种技术创新。Lall 认为,技术相对落后的经济体学习其他先进的技术,而并不仅仅表现出简单的"干中学"或者只是花钱购买先进的技术,这也是在现有的技术之上的一种进步,一种创新过程。Aghion 等(2009)研究发现,纯粹的技术模仿也是一种技术创新,相比自主创新而言,其难度相对低,但是从技术的发展程度来看,技术已经有了进步,因此技术模仿也是技术创新。

(二)模仿创新

模仿创新又称创造性模仿,主要是指追赶者把领先者的原创性想法和原创性活动作为学习模仿的对象,把领先者的产品创新和工艺创新作为学习的典范,总结领先者技术创新的经验教训,以技术模仿为起点,使领先者的产品创新和工艺创新有所改善,研发并制造出技术性能更好的产品与更先进的工艺,并实现商业化的累积性、连续性活动。模仿创新是赶超型国家和地区的路径选择。Grossman 和 Helpman(1990)研究发现,技术落后的国家可通过技术模仿创新减少技术差距。Keller 认为,模仿创新对绝大多数的后发国家是非常重要的路径。Acemoglu 等(2006)研究发现:当一国、一地区与世界技术前沿差距不大时,最优路径应该是采取模仿创新;当差距过大时,应采取单纯的技术模仿。

(三)自主创新

柳卸林(1997)研究指出,自主创新就是创造了自主知识产权的创新;陈劲(1994)、傅家骥等(1998)、周寄中等(2005)研究认为,自主创新就是形成自主知识产权的创新活动;施培公(1996)研究认为,自主创新是指企业通过自身努力,攻破技术难关,形成有价值的研究成果,同时不断地推动技术创新后续环节的发展,实现成果的不断商品化,最终使得创新主体能够获取更多商业利润的创新活动;周光召(2005)指出,自主创新主要指科技的创新，同时包括管理创新、制度创新、品牌创新等方面。

本书将自主创新定义为：通过拥有自主知识产权的独特核心技术，实现新产品的价值，包括引进技术再创新、原始创新、集成创新。自主创新是先导型国家的路径选择。自主创新的最主要特征是拥有自主知识产权，这种创新使不发达国家和地区能够逐渐摆脱对发达国家、发达地区的技术依赖。对西方发达国家较少使用"自主创新"，一般采用"原始创新""领先创新"等。自主创新的意图就是技术前沿。

对不同发展阶段的国家（地区）而言，其对技术创新的理解不一样。前沿国家一般以自主创新为主。对于后发国家，技术创新通常是从纯粹技术模仿到模仿创新，这样能够逐渐缩小与世界技术前沿的差距，但为了防止陷入"模仿陷阱"，也必须进行自主创新。

三 金融发展的概念

金融发展主要是指金融体系的不断发展和完善。金融体系是资本流通的一个基本框架，主要包括金融制度、金融市场、金融中介、金融监管等涉及金融要素组成的有机结合体。现有的研究主要从金融结构观和金融功能观对金融发展概念进行界定。

金融结构观指出，金融发展主要是指金融结构的变化：一是金融体系的各种金融要素的形式、规模、组成结构；二是金融资产与实物资产的相对规模，这体现了金融体系在经济体系中的发展状况；三是金融资产与负债在金融要素方面的分配关系。戈德史密斯认为，金融发展主要指金融结构的变化；麦金农认为，金融发展就是金融资产规模的膨胀；肖认为，金融发展主要指金融资产存量的品种范围扩大。三位经济学家从不同的维度丰富了金融发展的内涵。以此来看，金融发展存在差异，包括了金融结构和金融效率的变化。

金融功能观指出，金融体系的基本功能是金融市场和机构等媒介，对金融资源的市场优化配置、分散风险、便利交易。例如，对企业的投资，家庭消费和储蓄的配置和安排，政府的储蓄以及投资，等等。金融体系的发展和完善，表现为金融功能的有效发挥，实现金融资源合理优化配置。Greenwood 和 Jovanovic（1990）研究指出，金融体系提供有效的信息促进资源的优化配置，同时发挥信息处理功能，使得投资者获取更高的投资回报。Bencivenga 和 Smith 研究指出，信息不完全导致信贷配额问题，金融功能的发挥能有效解决信贷配额问题，促进先进技术发展，从而促进经济增长。Diamond 和 Dybvig（1983）指出，对于储蓄、投资的流动性风险，金融市场的诞生更利于缓解流动性冲击。Levine（2002）研究指出，金融发展指整个金融体系及金融行业的发展，包括金融量的增加和金融制度的完善。金融发展的功能将在第二、第三章进行详细描述。

根据已有的研究，结合金融结构观和金融功能观，金融发展包含了金融规模、金融效率、金融结构三个维度。金融规模维度主要从金融体系自身变化来反映金融的发展路径；金融结构维度主要考虑金融结构的改进；金融效率维度主要从金融体系功能发挥的有效程度来反映金融体系的发展。随着金融功能的增强、金融系统的复杂，金融发展程度越来越高。因此，相对某种特征的经济体而言，金融发展是指金融系统的一个或者几个金融功能的逐步完善过程。本书对金融发展定义如下：金融系统的各个组成要素在数量、质量、结构、效率、制度多个方面的动态变化过程。金融发展的内涵表现为通过金融制度的完善、金融结构的优化、金融功能的健全、金融效率的提升来促进技术进步、经济增长。不同的金融中介、金融市场所发挥的功能对技术创新的效应存在差异性，考虑到数据的可得性，本书主要采取银行和资本市场的相关指标数据进行检验。本书的研究对金融发展的界定和探讨，是基于金融功能的角度。

当然，金融发展体系是一个非常庞大、非常复杂的体系，它包含了金融制度、金融功能、金融结构等。考虑到笔者的研究能力和目前的研究需求，本书重点关注基于金融功能视角研究金融发展对技术创新的作用机理。同时，以金融自由化指数为替代指标反映金融发展的效率维度。金融自由化理论的发展历史相对较为久远，格利和肖的理论为金融自由化理论，其中以《经济发展中的金融深化》为代表，麦金农和肖的理论为金融深化理论，其中以《经济发展中的货币与资本》为代表。金融自由化是一个过程，更多体现在金融制度、金融政策层面上；金融深化是一个结果，更多体现在经济运行层面。二者有很多的相同点，也存在一定的差异。根据研究来看，金融自由化程度越高，金融抑制程度越低。

第二部分

理论研究

金融发展对技术创新的作用机理的研究是金融发展对经济增长影响研究的一个分支，关于金融发展对技术、金融对经济增长的影响研究已不胜枚举。

第二章基于亚当·斯密的分工理论、熊彼特的创新理论、索罗的内生增长模型、戈德史密斯的金融结构理论、格利和肖的金融自由化理论、麦金农和肖的金融深化理论、默顿的金融功能理论综述了金融发展对技术创新、经济增长的作用机理研究。

第三章结合创新主体的期望垄断获利和金融的趋利行为，构造了金融的技术创新动力模型，为二者的有机结合埋下了伏笔。当然，技术创新的融资约束严重、风险高、信息不对称、定价难、存在逆向选择和道德风险等特性，使得企业并不容易获取期望的利益，随着金融结构的调整、金融功能的优化、金融制度的完善，表现出既通过缓解资金约束、分散风险、揭示信息、监督直接作用于技术创新，又通过结合外部宏观环境、人力资本、FDI等方面间接影响技术创新。这表明金融发展有利于技术创新，奠定了二者阶段划分的理论依据。

结合中国技术发展的历史阶段和现状，考虑到技术创新的动态、阶段性，第四章提出了我国技术创新的"技术模仿—模仿创新—自主创新"三个阶段。从金融发展的角度来看，这三个阶段表现为融资约束、低风险→信息不对称→高风险的动态演变的过程。结合中国金融制度，从金融功能视角来分析金融对不同阶段技术创新的影响显得尤为必要和迫切。

第二章

金融发展对技术创新影响的研究综述

关于金融发展对技术创新的作用机理，国内外的研究已显得尤为丰富，主要为基于金融发展理论、经济增长理论、技术创新理论的研究。金融发展对技术的重要影响或是作用机理重点表现为金融结构不断优化、金融功能不断完善、金融制度不断健全，以此来解决技术创新的融资约束、风险管理、信息不对称等问题，使得金融能够真正为技术的发展和进步提供服务和支持。1912 年，熊彼特进行了创新理论的开拓，此后众多研究者围绕这一主题，都进行了深入的理论和实证研究。这也为本书提供了一个重要的理论分析框架。回顾二者的研究文献，更能系统地了解金融理论影响技术创新的研究现状，对把脉中国金融发展与技术创新的研究显得十分关键。本部分从金融发展理论、技术创新理论出发，回顾、综述了金融结构、金融功能、金融自由化对技术创新影响的研究现状，并就技术创新的多阶段划分的研究状况进行了综述及整理，为后续的研究奠定了基础。

第一节 金融发展与技术创新的经典理论回顾

作为金融发展理论的核心问题，学术界一直都以金融发展、经济增长理论为研究的重点，不管是货币与经济增长的关系理论，还是内生的经济增长理论，都强调了金融发展对经济增长的重要作用以及影响效应。随着创新理论的不断发展、不断优化，不少学者也将视野转向关注金融发展对技术创新、技术进步的影响机制、作用效果的研究。

一　金融发展理论

格利和肖在 1955 年、1956 年系统地剖析了金融发展与经济增长的相关关系。他们研究发现，经济不断增长是金融发展的前提条件，同时金融的发展又反向推动了经济的进步、经济的增长。当然，经济的不断发展，又使得金融不断进步，表现为非货币金融资产的增加、金融工具的多样化、非银行市场中介的建立、金融资产单一化向多元化发展。Patrick（1966）也阐明了金融发展与经济增长的因果和主次关系，并且从"需求尾随型"和"供给引导型"两条路径进行了分析。1969 年，Hicks 在《经济史理论》中明确提出，金融革命是工业革命爆发的前提和基础，金融革命通过带来技术创新而引起工业革命。同一年，戈德史密斯对金融发展与经济增长的关系进行了实证研究。

金融发展理论以发展中国家为核心研究对象，研究方向主要是金融发展与经济增长的关系以及前者对后者的影响效果，这也间接揭示了发展中国家金融发展的特征。主流观点是，金融部门不同于其他的经济部门，政府干预显得尤为重要。麦金农和肖针对政府对金融的过度干预进行了批判，并认为发展中国家存在较为严重的"金融抑制"现象，针对性提出"金融自由化""金融深化"。金融抑制表现在，政府对利率的过度管制，从而降低了社会普遍储蓄率，使得社会资本积累逐渐放缓，最终严重损害了投资的效率、投资的合理性，并表现为阻碍经济发展、技术创新的进展缓慢。他们认为，发展中国家应该逐渐消除金融抑制，政府应该逐渐放手，推动金融市场化发展，这样就能降低经济的分割性，以此来不断地促进经济健康可持续发展。金融深化理论强调市场的作用，减少政府对市场的干预，以此实现利率、储蓄、投资、技术创新、经济增长的协调发展。

新结构主义学派的 Van 和 Wijnbergen（1983）二人提出金融深化又过度

强调制度对经济增长的作用，而常常忽略了经济初始条件、经济结构的制约。因此，需要重点考察发展中国家的信贷市场、非信贷市场、实际利率等，以及金融深化政策的传导机制。20世纪90年代，信息不对称理论被引入金融系统，斯蒂格利茨（Stiglitz）、默多克（Murdock）等结合金融信息不对称提出了金融约束理论。该理论认为，政府应该关心市场环境，比如外部的宏观经济环境是否为低通胀，金融机构、金融行业参与市场的准入条件，等等，从而推动金融业更快地发展与经济增长。部分学者研究认为，把利率当作单一的融资价格不足以体现金融的发展和金融的结构。Romer（1986）、Lucas（1988）的内生模型研究认为，经济增长并非来自外部力量的推动，而是内生存在因素的结果，将金融中介、金融市场纳入金融发展和经济增长的分析模型。Bencivenga 和 Smith（1991）、Dutta 和 Kapuer（1998）研究推断出金融中介对经济增长作用的存在性；Boot 和 Thakor（1997）、Greenwood 和 Smith（1997）研究了金融市场对技术、经济增长影响的合理性。Solow 建立资本积累、经济增长的相关模型，其中资本是一个由金融、技术组成的合体，这就在某种程度上间接反映了金融发展对技术创新的影响机制。关于内生增长的研究文献对金融中介和金融市场进行了对比研究，得出两市场各具优势的结论。在风险防控方面，金融中介更有利；在信息获取、信息甄别上，资本市场更有优势。内生增长理论与以往研究的区别表现在，强调金融市场中各类信息的重要性，强调金融制度安排对金融中介、金融市场形成的影响。

二 技术创新理论

技术是信息和知识结合的一种表现形式，是能够提高生产率的方法、能力、手段的有机组合。Aghion、Nelson 研究指出，技术具有三大特征：一是回报性，主要通过提升产量、产出，降低成本；二是可传播性，通过学习、传授传递给他人；三是资源投入性，技术的不断进步是企业高效率的目的性、持续性的结果。技术需要不断的创新来促使其进步。Schumpeter（1934）指出，创新就是生产要素、条件在生产体系中形成新组合，建立新的生产函数，获取更多效益的过程。

（一）技术创新的理论演变

1912 年，熊彼特在《经济发展理论》中首次提出了创新的概念，在 1939 年出版的《经济周期》、1942 年出版的《资本主义、社会主义和民主主义》中对创新理论不断地进行补充、完善，最终形成了熊彼特的创新理论体系，并用"创新"来解释经济周期变动、经济发展状况。熊彼特明确提出，经济发展是由于创新的推动，创新的过程就是一个又一个不断打破经济均衡的过程，对经济均衡的不断破坏、不断革新就是创新。他认为，创新并不是一个纯粹的技术概念，也不是一个简单的技术上的新发明，它是一个经济学概念。要实现创新需要企业家精神推动，也就是说，企业家精神是经济发展的动力，成为创新的灵魂。他的思想的主要贡献在于：一是开创了"创新"问题的研究，他认为资本主义经济发展的动力是创新；二是提出创新不仅是技术创新，还包括制度创新。1950 年熊彼特去世后，学术界分为两支流派：一是侧重产品、工艺技术的创新；二是侧重创新主体的组织变革、创新制度的变化。后来的研究学者将其概括为：产品创新、技术创新、市场创新、资源配置创新、制度创新。在此基础上形成了制度创新学派、国家创新系统学派、新古典学派、新熊彼特学派四个主流的理论学派。

新古典学派以索罗为代表。索罗的《资本化过程中的创新：对熊彼特理论的评价》对技术创新进行了深入的研究。技术创新是经济增长的重要因素，是一个重要的内生变量；技术也是一个公共商品，存在排他性、非独占性，适当的政府干预可以促进技术的创新发展。索罗的贡献在于索罗模型，用于测度技术进步对经济增长的贡献。

新熊彼特学派以门施、曼斯非尔德、卡曼为代表。门施提出了基础技术创新的前提、环境以及长波变动模式，以此弥补了熊彼特只是强调企业家创新方面的严重不足。卡曼研究认为，经济危机能够间接刺激技术创新，这样使得大批的技术创新又会出现在新的经济发展周期。曼斯非尔德认为，创新不是仅能由经济危机触动产生，政府也能制定促进技术创新的政策，比如扶持发明创新、推动技术传播、改善技术进口等。

戴维斯和诺斯的《制度变革与美国经济增长》一书就明确地提出了制度创新理论。他们认为，制度创新理论应该参照静态、比较静态均衡来对技术创新所需的外部环境进行制度研究和分析，好的制度应该是促进技术不断创新、不断发展的，而差的制度将表现出阻碍技术创新，不利于技术进步，这就表明了制度创新或技术创新的核心影响因素。同时，对制度而言，技术创新也可以有效提升制度的潜在利润，降低制度的成本，并实现二者的良性互动。

克里斯托夫·费里曼作为国家创新系统学派主要代表认为，国家创新系统是影响技术创新资源的合理配置、影响创新行为主体、关系网络及其运行的综合体系。政府、大学、企业、研究机构、金融中介等创造主体，应该通过国家制度的安排来引导技术发展方向，推动技术创新，促进新技术的扩散和应用。

（二）技术创新中的"进入壁垒"理论

20世纪后期，技术创新不断地蓬勃开展，其研究过程包括以下三个阶段。

阶段一：技术创新研究的再次兴起（1950～1960年）。随着第三次科技革命的深入开展，技术进步和技术创新再次引起了经济学界的关注，学者逐渐达成了经济增长的源泉来自技术进步的共识。这一时期以索罗的理论为典型代表，他采取计量的方法测度了技术进步对经济增长的贡献，但仅把创新当作一个总体因素进行研究，并未探究内在的机理。

阶段二：技术创新研究的蓬勃发展（1961～1980年）。这一时期，技术进步对经济增长的贡献越来越大，全球的创新研究者更加关注技术创新在经济增长中的内在机理和作用方式。形成了一大批理论研究成果，包括创新经济学、产业创新、模仿创新等。这一时期的研究大量涉及创新的内涵、条件、机制，构建了经济学理论框架。

阶段三：技术创新研究的全面发展（1981～1999年）。以 Lemaitre 的《大企业中的创新刺激》、Utterback 的《把握创新的动力》为代表，此时的研究呈现多元化，比如归纳前沿的研究、建立完整的技术创新理论。创新理论备受关注，其中领先创新的"进入壁垒"理论尤为突出。

"进入壁垒"指领先企业和追随企业之间的壁垒，用于阻碍追随者进入新产品市场，与领先者竞争，一般分为技术壁垒、经济壁垒两类，其中经济壁垒主要体现为生产成本壁垒。技术壁垒：领先创新的企业先研发了核心技术，而这种技术构筑了自然壁垒，追随者对领先者的解密、理解存在很多的障碍，无法逾越。同时，领先者通常采取申请专利的形式防止非法模仿，追随者需要获取时，必须支付转让专利费用等。生产成本壁垒：相对于其他企业，领先创新者能在较长的时间内把制造成本控制在最低的水平，当追随者试图挑战领先地位时，领先者可借助低价策略来对抗追随者。生产成本壁垒的产生是由于领先者在选址、要素储备方面的先发优势，降低了成本，同时在生产经验积累方面优于追随者。

（三）国内学者对技术创新的研究

我国对技术创新的研究起步较晚。在 1973 年前后，北京大学经济系内部刊物《国外经济学动态》才专文介绍熊彼特的创新理论。之后，1986 年翻译了《现代国外经济学论文选》，1990 年翻译了熊彼特《经济发展理论》，1991 年出版了《国外技术创新研究系列报告》等一系列的研究译著。此外，傅家骥等主编了《技术创新——中国企业发展之路》，王生辉创作了《企业技术创新战略》，许庆瑞主编了《研究、发展与技术创新管理》，柳卸林创作了《技术创新经济学》，关于技术创新的成果才大批量的涌现，从而不断地推动了我国技术创新理论的研究。但是上述研究都是从技术角度进行，对金融发展关于系统支持角度的研究较为匮乏。

关于技术创新的研究可以概括为三方面。①技术创新对经济增长有显著的影响。从定性、定量两方面都论证了技术创新是经济增长的根本动力。同时，进一步从增长方式、经济结构转型、内在动力等方面研究了技术创新对经济增长的影响。②技术创新机制与模式的研究。分析了技术创新的发展过程，技术创新动力机制，实现技术创新的主体及其战略地位。③技术创新的金融支持研究。主要研究了中小企业技术创新的金融支持、融资绩效、融资方式等。

三 技术创新对经济增长的作用机制

关于技术创新对经济增长的研究，始于亚当·斯密的经济增长理论，他将技术进步理解为持续的社会分工和简化劳动的机器的运用。在斯密生活年代的英国，相对资源与劳动，资本和技术进步显得尤为稀缺。斯密构造的经济增长模型表明，经济增长率取决于资本形成率和技术进步率，这也就是说，经济增长的主导因素为资本与技术进步。大卫·李嘉图也在其理论中提及技术进步因素，并认为制造部门运用机器是资本积累的结果。而把技术进步、技术创新作为经济增长的核心动力是索罗提出的，但是索罗一直把技术进步、技术创新作为一个外生变量。新古典经济增长理论构造了技术进步条件下的柯布 - 道格拉斯生产函数 $Y(t) = L^\alpha(t)K^{1-\alpha}(t)e^{\lambda t}$，经过求导变换为 $G_Y = \alpha G_L + (1-\alpha)G_K + \lambda$，其中 G 表示增长率。从模型来看，新古典经济增长理论更为强调技术进步对经济增长的核心影响。经济增长不仅取决于劳动与资本增长率，还取决于技术进步率。后续的众多学者关于技术创新对经济增长进行了大量的定性、定量的分析论证，比如丹尼森开创性提出了"经济增长因素分析法"，在经济增长的计量分析中，通过对 1950~1962 年美国和西欧各国的研究对比发现，对于西欧总增长率，资本和劳动要素的投入贡献了 40%，技术进步贡献了 60%，美国则恰恰相反，相应数据分别为 60% 和 40%；库兹涅茨也运用长期趋势分析与截面分析等方法，研究发现经济增长的主导因素为知识存量的增加、劳动生产率的提高、经济结构的变化；Kendrick 研究发现，1946~1966 年美国全部劳动生产率增长的 1/2 来自生产和知识的进步。1912 年，熊彼特在《经济发展理论》中创造性提出了资本主义经济增长的主要源泉不是资本和劳动力，而是技术创新，他反对瓦尔拉斯崇尚的静态均衡过程，并认为经济发展过程是技术创新起决定作用的动态均衡过程。他强调企业家的技术创新主体功能，同时强调技术作为外生经济变量对经济增长的巨大推动作用。1942 年他在《资本主义、社会主义和民主主义》中发展了上述思想，认为技术创新是企业发展、经济增长的内生变量，发展并完善了技术创新经济增长理论。基于熊彼特的创新理论以及索罗的"新思想根源和后阶段发展"观点，部分学者研究探索了技术创新的内涵、动力机制、运作模式等，形成了两大分支：新熊彼特主义（技术创新学派）、制度创新理论（制度学派）。20 世纪 80 年代，罗默、卢卡斯研究认为经济增长由经济体系的内部力量决定，尤其关心内生技术创新，基于人力投资、研发、干中学等问题研究，构建了"劳动分工演进模型"和"研究与开发模型"，重新阐述了经济增长的主要因素，并认为内生技术创新是经济可持续增长的核心影响因素。诺斯引入金融制度作为影响变量，通过研究发现金融制度安排严重影响了技术进步、技术创新，进而影响了经济增长。库兹涅茨也充分肯定了制度对技术进步的影响，以及对经济增长的重要作用。

我国的学者王小鲁等（2009）研究发现自主创新对全要素生产率有正向显著的影响；陈继勇和盛杨怿（2008）研究发现技术引进对全要素生产率有正向影响；傅元海等（2010）研究发现技术引进对投入产出率有正向影响；唐未兵等（2014）运用 1996～2011 年 28 个省份的面板数据，结合 GMM 验证了技术创新、技术引进对经济增长方式的影响；陶长琪和齐亚伟（2010）检验了技术创新对全要素生产率的影响。

关于技术创新与经济增长，在此罗列几个主要代表人物的观点。罗斯托的"经济成长阶段论"认为，经济增长的根源在于新技术的不断扩散。菲格伯格的"技术差距理论"认为，对于新兴工业国家，技术扩散对经济增长的贡献比创新大，但随着差距的缩小，技术创新变得更为重要。从上述分析，我们发现经济增长主要贡献因素逐渐从劳动、资本转换为技术进步、技术创新；技术从外生影响因素变为内生影响因素。从历史的发展角度来看，这再次肯定了技术对经济增长的正向影响。

四 金融发展对技术创新的影响

较为早期的金融学研究主要围绕货币的职能和作用进行。金融发展影响实体经济的观点，萌芽于 14 世纪法国的尼克尔·奥雷斯姆关于货币稳定影响经济发展的论述。18世纪中叶，古典经济理论开始关心货币金融制度对经济增长、经济发展的影响，其中以亚当·斯密为代表，肯定了银行对经济发展的作用。20世纪初，随着银行在经济中地位的提升，众多学者逐渐关注金融理论的研究。比如，魏克赛尔首创经济理论，指出了货币金融对实体经济的影响。之后，米尔达尔、林达尔、米塞斯、哈耶克、凯恩斯等都研究了货币金融理论，论证了货币金融对经济活动的影响。

金融发展对技术创新的影响研究最早见于熊彼特的《经济发展理论》，该书关于货币、信贷对创新、经济增长、经济发展的影响进行了研究分析。早期的金融理论重点关心金融活动中的重要因素——银行信用对技术创新、经济发展的影响和推动作用。而现代西方经济学更加关注金融发展对实体经济的影响，从哈罗德、多马到索罗、卡尔、罗宾逊，众多研究者的核心模型都在一定程度上反映了金融发展对技术创新、经济增长的影响。

20世纪40年代，希克斯（Hicks）提出了英国的工业革命发生是由于金融制度的影响；希克斯和厉以平（1987）研究认为金融革命为产业革命、技术的广泛运用提供了前提条件；诺思（1994）也强调了大规模的投资推动第一次产业革命；熊彼特研究认为金融制度影响了企业家的创新，适当的金融制度为创新提供了充足的资本和机会；Diamond和Dybvig结合流动性风险构建了金融市场模型并发现，高风险、高回报项目投资对冲了流动性差、低回报项目投资；莱文模型认为，受到冲击的储蓄者能把他们在获取非流动性生产技术项目上的利润股权转让给其他人。

Saint-Paul、De la Fuente、Marín、Alfaro等研究发现，高效的金融市场有利于企业降低创新成本，有利于企业技术吸收能力的提升；刘凤朝和沈能（2007）基于Geveke分解研究发现，金融规模正向影响技术进步；钱水土和周永涛（2011）运用GMM系统估计研究指出，金融发展对产业结构升级以及技术进步有正向效应；陈刚和李树（2009）采取DEA方法研究发现，金融能够提升技术效率，但是阻碍了技术进步；孙伍琴、王培（2013）运用2000～2010年的地区面板数据研究发现，金融发展对技术创新有促进作用；Benfratello 等（2008）、赵昌文等（2009）、叶子荣和贾宪洲（2011）等研究认为，金融发展在促进技术创新方面具有明显的积极作用。

其他理论研究往往从"银行 VS 证券"的角度进行风险研究。除了 Boot 与 Thakor 外，很少有文献对技术创新的金融支持系统进行较为深入的研究。1999 年，艾伦对技术创新与金融系统设计进行了较为全面的综述，从各个产业的融资选择角度研究了技术创新，但是分析框架基于"银行 VS 证券"体系；Saint-Paul 对金融安排下的有关技术创新进行了研究；世界银行 2001 年的研究发现，金融发展对长期经济增长的核心贡献在于提高全要素生产率，在理论意义上促进技术进步。基于文献研究发现，金融发展有利于技术进步、技术创新，并能促进经济发展。

第二节　金融自由化对技术创新影响研究综述

金融自由化的历史背景：1973 年，《经济发展中的金融深化》一书就金融发展与经济发展的关系，针对发展中国家的金融抑制现象，提出了金融深化理论。肖认为合理的金融机制能够加速经济增长，而扭曲的金融机制将阻碍经济增长。发展中国家的外汇短缺、市场不完善、利率管制、金融垄断等都将影响经济发展，并形成一种恶性循环。因此，肖认为发展中国家政府应该放弃对金融发展的干预，实行金融深化。《经济发展中的货币与资本》一书也指出，实际利率的提升会促使人们进行资本积累。麦金农研究发现金融发展伴随经济增长，发展中国家不应该过分依赖外国资本，应该实行金融自由化来实现资金的自足，同时对贸易体制和财政体制进行改革。

20 世纪 70 年代，针对发展中国家普遍存在的金融市场的不完善、政府的过度干预、资本市场的扭曲，麦金农和肖提出了金融深化理论，他们认为金融监管约束了发展中国家经济发展，并就此提出了利率以及汇率市场化、增强商业银行竞争、放松对金融市场和机构的限制、发挥市场作用等建议。金融自由化理论就是在金融发展和深化理论的基础上发展起来的，目的是提升一国金融体系的效率。Mckinnon（1973）认为，金融自由化主要指利率的自由化、政府的干预减少；Caprio 和 Levine（1994）指出，当银行的净资产为正值时，方可进行利率自由化（当时，人们将利率自由化视同金融自由化）；Fry（1997）研究认为，金融自由化的前提为 5 个方面，即稳定的宏观市场经济环境、相对完善的金融企业制度、不断消除的金融脆弱性、优质良好的社会制度环境、适当有效的金融监管；William-son 和 Mahar（1998）对此进行了扩展，认为包括消除贷款控制、放松利率管制、尊重金融机构自主权、银行私有化、金融服务行业自由进入市场、资本流动自由化 6 个领域；Bandiera 等（2000）将金融自由化的概念拓展至 8 个领域，包括利率自由化、鼓励金融机构的竞争策略、指导性的信贷、银行准备金的要求、银行所有权、审慎监管、证券市场、国际金融自由化；黄金老（2001）采取了 8 个不同维度刻画中国的金融自由化，主要包括利率市场化、信贷自主权、机构准入自由程度、银行产权、业务范围自由度、资本自由流动程度等 8 个方面；Koo 和 Maeng（2005）采用 Bandiera 等人的方式定义了金融自由化；余静文（2013）分析了最优金融条件与经济增长的关系等。结合前人的研究，定义金融自由化为一个国家金融部门的运行从政府管理主导转换为市场力量主导的过程，从而提高金融的运行效率、刺激投资，达到金融深化的目的。麦金农和肖构建的发展中国家的金融压抑和金融深化模型的核心就是政府放松对金融系统的管制，特别是对利率的管制。本书主要采用金融自由化指数作为金融制度安排的代理变量。

一 金融自由化促进技术创新、经济发展

肖（1988）研究认为发展中国家并不缺少投资的机会，而是缺少对投资所需的储蓄，金融自由化可以促进储蓄的增加，从而促进投资增长；John 等（1994）通过对厄瓜多尔、印度尼西亚的企业研究发现，金融自由化使得投资流向了技术效率高的企业，有利于企业创新；De la Fuente 和 Marín（1996）研究认为金融自由化降低了 R&D 支出的风险；Levine（1997）研究

发现金融自由化可以使得金融中介发挥分散风险、公司治理的作用；Black-burn 和 Hung（1998）研究认为金融自由化降低了监督成本，从而有利于合同实施；Bekaert 等（2001）通过股市的自由化分析认为金融自由化能够有效降低资金成本，缓解企业的融资约束；Calderón 和 Liu（2003）通过研究109 个发展中国家和发达国家，发现金融深化可以推动技术创新，从而实现经济增长；Aghion 等（2005）研究发现金融自由化提供了更好的法律和制度环境，有利于技术创新；Laeven（2003）、Koo 和 Maeng（2005）、张军（2008）研究认为金融自由化可以缓解企业的融资约束；黄金老（2002）、章奇等（2003）、Alfaro（2005）、Papaioannou（2009）研究发现金融自由化对经济发展是有利的，但是影响效应是间接的，主要依赖这个国家的金融市场深度、政策协调性、经济发展水平、法律制度健全程度等因素；张军、易文斐和丁丹（2006）研究发现金融自由化能够缓解企业的外部融资约束；Galindo 等（2007）利用 12 个发展中国家的企业数据研究发现金融自由化能提高投资的配置效率；Galindo 等（2007）利用发展中国家的企业数据研究发现，金融自由化能提高金融资源配置效率；Aghion 和 Howitt 等（1998）研究发现金融自由化能更好解决委托代理问题，提高技术创新的效率；饶华春（2009）研究发现中国的企业普遍存在金融约束，金融自由化能在一定程度上缓解融资约束；朱津滢（2010）研究发现金融自由化中的利率市场化能缓解融资约束，但是资本账户自由化却加重融资约束；Mckinnon（1973）、肖（1988）、Fazzari 等（1988）、Henry（2000）、Levchenko 等（2009）认为金融自由化对经济发展有积极作用。

Aghion 等（2005）基于内生增长理论发现金融对经济增长有重要作用，金融市场的不完善将阻碍技术创新、不利于获取外部资金。而金融自由化将增加 R&D 外部资金的供给，有利于先进技术的应用，从而推动技术型行业的发展。基于麦金农、肖的观点，金融自由化能够加速企业资金的积累、实现高效的资源配置。Laeven（2003）、Galindo 等（2007）从缓解信贷约束、改善投资配置角度提出，金融自由化能促进经济增长。

二　金融自由化阻碍经济增长、技术创新

Stiglitz 和 Caprio（2006）研究认为过度的金融自由化，反而使市场信息不对称等问题暴露；Bayoumi（1993）、Jappelli 和 Pagano（1994）研究发现由于金融自由化提供更多的投资渠道，反而降低了储户的储蓄意愿，从而降低了对 R&D 活动的支持；Kaminsky 和 Reinhart（1999）、Stiglitz（2000）认为金融自由化引发金融系统的动荡；Thesmar 和 Thoenig（2004）对法国企业进行了研究，Buch 针对德国的企业进行了研究，发现金融自由化有利于外部融资，但增加了企业的风险；Hellmann 等（2000）研究发现金融自由化会加剧银行之间的竞争，导致银行危机发生的概率增大；Broner 和 Rigobon（2006）研究发现金融自由化可能导致资本流动剧烈，市场面临更大的风险；Diamond 和 Dybvig（1983）、Demirgü-Kunt 和 Maksimovic（1998）研究发现金融自由化容易引发信息不对称，信息不对称可能引发金融市场不稳定，最终可能引发金融危机；金融抑制与金融自由是相对的，McKinnon（1973）指出金融抑制容易导致国内资本市场分割；解维敏和方红星（2011）研究发现资本抑制导致金融资源浪费、融资困难，融资约束进一步导致研发投入、技术升级、设备改造受到限制。

第三节　金融结构对技术创新影响研究综述

金融结构由 Goldsmith（1969）在其《金融结构与金融发展》一书中首次提出。他把金融现象归结为金融机构、金融结构、金融工具三个方面。随后，Mckinnon（1973）、肖（1988）进行了更深入、广泛的研究，不断发展该理论。我国的白钦先（2003）在国外研究的基础之上对金融结构进行了不断完善和扩充，白钦先认为金融结构主要是指金融相关要素的组成、相互关系以及结构量之间的比例。学者主要基于"二分法"的金融结构即银行主导、市场主导（Carrington and Edwards，1979；Rybczynski，1984）

两个方面对金融结构与技术创新之间的关系进行理论和实证研究。

一 银行主导更利于技术创新

Gerschenkron（1962）研究发现银行在企业进行的技术创新活动中提供金融服务，激励了自主创新研发；Goldsmith（1969）认为银行能够有效解决金融与科技创新二者之间的信息不对称问题，这样由银行主导的金融机构与创新型企业就能够保持一定的长期合作关系，从而有利于减少技术创新带来的信息不对称，促进科技创新；Stiglitz（1985）研究发现考虑到信息不对称、"搭便车"问题，银行主导更能够高效实现资源的优化配置，促进技术创新；Greenwood 和 Jovanovic（1990）研究发现金融中介相比市场主导具有信息获取的优势，能够更好地获取项目，从而提高投资的效率，不断推动技术进步和创新；King 和 Levine（1993）则认为银行主导的企业创新信息处理能力更强，更有利于促进技术创新和新技术的推广；Gerschenkron（1962）、青木昌彦（2001）等人认为银行主导型金融结构有利于技术创新、经济增长；Benfratello 等（2008）研究发现银行业的不断发展对企业的创新促进作用明显，在高科技领域更为明显；姚耀军（2010）、钱水土和周永涛（2011）结合中国的区域面板数据进行了实证分析，研究发现金融中介对技术进步有更显著的正向影响；解维敏和方红星（2011）结合 2002～2006 年中国信息技术业、制造业等相关产业上市公司的实证数据发现金融中介的确能够缓解这些企业的融资约束，有利于这些企业的技术进步；朱欢（2010、2013）研究发现我国银行对企业创新有支持作用，而股票市场作用有限；孙婷和温军（2012）研究发现金融中介发展对企业技术创新有显著的促进作用，但地区差异明显；卢荻和王天骄（2013）利用 34 个行业 1990～2008 年的面板数据研究发现银行业是促进我国技术创新的重要力量；朱欢（2013）运用 2000～2009 年的银行业金融数据发现，银行对技术创新有显著促进作用。

关于银行垄断对技术创新活动的影响，部分学者也给出了自己的一些意见。第一种观点：银行的适度垄断有利于技术创新。Petersen 和 Rajan（1995）

基于关系融资理论研究发现，银行的垄断不一定会真正降低企业的融资效率，或许银行的垄断反而使其在利率水平的选取和信贷的配给上更有优势，同时有利于其利用长期的借贷关系来甄别、筛选出创新企业，以此实现风险可控，利益共享，防范过度竞争而导致的金融不稳定，更利于企业创新活动融资；Rajan 和 Zingales（1998）研究认为适度的银行垄断有利于技术创新；Allen 和 Gale（2000）认为在技术成熟的产业，银行更有优势，因为其更能有效地收集信息和处理风险；Cetorelli 和 Gambera（2001）研究认为垄断的银行更能高效地实现利率水平的选定，实现对企业的信贷配给，这样更容易甄别资金需求方，从而利于分散、防范风险和促进技术创新。第二种观点：适度竞争的银行更利于技术创新。Boot 和 Thakor（1997）研究认为垄断的银行结构对企业创新的"掠夺"过大，不利于企业创新活动，银行对风险的谨慎态度，对高风险的项目、企业都进行规避处理，不利于企业创新活动；Dewatripont 和 Maskin（1995）研究认为银行间适度竞争更利于有效满足创新企业对外部资金的需求，对技术创新显得更为有利；齐兰和王业斌（2013）认为国有银行垄断不利于工业技术创新。第三种观点：银行结构应该与技术创新动态匹配。Carlin 和 Mayer（2003）以 OECD 为例进行研究发现，在一个国家经济发展的较早时期，集中度高的银行结构有利于技术创新；在经济发展的中期，集中度高的银行结构反而不利于企业的技术创新。

二　市场主导更利于技术创新

Hellwig（1991）研究认为银行对待风险的态度过于谨慎，这样并不利于融资主体的创新和发展，而市场主导型金融结构并不与银行的态度一致，这使得市场主导型更有利于技术创新、产业增长；Rajan（1992）研究认为市场主导型更有利于降低借贷成本，减少创新失败导致的债务抵押损失，激励企业创新；Saint-Paul（1992）研究认为资本市场更有利于技术创新的原因在于能够通过多元化的融资模式来分散技术创新的风险；Himmelberg 和 Petersen（1994）、Keuschnigg（2004）研究认为资本市场的风险投资有利于解决小型科技企业的融资问题；Bencivenga 等（1995）研究发现资本市场的效率对技术创新影响较大；Levine（1997）研究发现良好的股票市场有利于金融对技术含量高、生产周期长的项目的支持；Cooley 和 Smith（1998）的研究发现金融市场可以促进技术专业化、技术创新和干中学；Allen 和 Gale（2000）研究发现市场主导型体系在推动创新型和研发主导型产业发展方面尤其有效，通过分散横向风险，促进创新；Michelacci 和 Suarez（2004）研究发现资本市场通过信誉资本的循环促进企业的技术创新；孙伍琴和朱顺林（2008）对金融的储蓄、风险、信息进行了多方位分析和研究，银行主导型在信息处理上可能难以真正反映投资需求方、投资人差异化的要求，这使得银行主导型并未表现出有利于技术创新，而市场主导型可以分散风险，比较适合不同投资者，这样在推动技术创新方面市场主导型显得更有优势；Martinsson（2010）选取欧洲等一些技术发达地区的高技术企业的数据进行实证分析发现，在促进高技术企业发展方面，市场比银行更有优势；聂正彦和马彦新（2013）研究发现资本市场比银行更能促进技术创新水平的提升。

还有部分研究者研究表明市场和银行在不同时期、不同阶段对技术创新各有优势。Allen 和 Gale（2000）研究认为在技术创新扩散时，市场主导更有优势，而在推动成熟技术传播的过程中，银行更有优势；Levine（2002）提出对市场主导还是银行主导进行比较并没有什么意义，完善的金融体系在推动技术创新上显得更为重要；Porta 等（2000，2001）认为金融行为表现为契约，契约的实行需要法律来保护，因此认为金融结构并不显得非常重要，反而是法律显得更为重要；王业斌（2013）利用高技术产业面板数据发现，政府投入比金融信贷更有效。

第四节　金融功能对技术创新影响研究综述

金融功能理论是默顿正式在《全球金融体系：功能观的分析》中提出的，默顿研究提出了金融功能观，并针对性地提出了对金融的功能分析框架，他认为金融功能包括：方便资本的支付结算；实现资源、资本的优化配置；转移、分散、降低资产风险；提供有效的信息、减少信息不对称；通过公司治理实现激励功能。其中，支付清算、资源配置作为基础功能而存在，对信息的处理功能，对风险的分散和管理功能，以及对投资者、需求者的激励功能是核心功能。Levine（1997）认为金融体系的功能在于消除由交易成本和信息不对称所带来的市场摩擦，这样就能降低风险、不断获取信息、实现资源的优化配置，同时发挥监督职能来解决委托代理中存在的潜在道德问题；Allen 和 Gale（2001）也提出了金融体系的功能主要表现为对风险的分散、为交易双方提供信息、实行对企业的监控等；白钦先（2003）基于国内外研究提出了金融功能表现为对资源的优化配置、作为资金的媒介传播、有效实现资产的避险功能、不断实现产业结构调整升级、正确的消费引导，同时金融系统包括金融市场、金融结构、金融工具等重要组成部分。

功能完善的银行能够不断地发现和支持具有较大成功概率的创新项目从而刺激创新，进而推动经济增长。De la Fuente 和 Marín（1996）研究发现金融提供信息收集、风险分担等功能，促进了技术创新行为；黄国平和孔欣欣（2009）研究发现金融促进技术创新的渠道是通过审查、提供资金；谢朝华和刘衡沙（2014）研究发现金融通过发挥融资、信息识别、分散风险等功能促进技术创新；孙伍琴和王培（2013）使用 2000～2010 年我国省级面板数据，实证研究发现金融能显著正向促进技术创新，但区域差异较大；张元萍和刘泽东（2012）研究发现完善的金融功能可以促进技术创新。通过查阅文献，可以发现众多的研究者主要从金融的融资、风险分散、信息处理、公司治理四个主要功能进行实证和研究。

一　金融的融资功能

金融能够很好地分配资源，考虑到创新主体在技术创新过程中需要较长时间的资金占用，再生产资本、流动资本之间需要进行合理的投资分配，否则创新主体将面临流动性冲击，一旦受到的冲击超出承受能力范围时，创新主体就面临融资问题。资源的有效配置决定技术创新的发展路径、质量、效果。Bryant（1980）研究认为对企业而言，如果缺少融资支持，企业会减少回报周期长的创新投资；Diamond 和 Dybvig（1983）研究认为金融体系高效运转有利于企业投资创新项目；De la Fuente 和 Marín（1996）、King 和 Levine（1993）研究发现金融体系具备评估能力，也就是说，可以先对创新主体的项目、创新主体的能力，以及创新项目未来的收益、发展前景进行合理的评估，然后再提供资金支持就能提前防控好风险，并为企业提供更为专业的融资规划和资金预算方案；King 和 Levine（1993）、Blackburn 和 Hung（1998）研究认为如果金融体系不能充分发挥融资功能，企业创新就难以获得外部资金从而抑制创新活动；Aghion 等（2005）认为金融自由化使得企业容易获取信贷，利于创新活动。

二 金融的风险分散功能

技术创新过程是一个不断试错的过程，整个过程中面临很多不确定因素的影响，比如技术风险、市场风险等。金融在给企业提供资金的同时，也会形成不同的风险分散机制。Cimoli 等（2006）研究认为发展中国家即使拥有模仿发达国家技术的后发优势，其创新过程也充满了风险与不确定性，例如学习的外部性、信息不对称、协调失灵等。金融系统借助自身的风险分散机制，有利于企业的创新活动。King 和 Levine（1993）研究发现金融市场为技术创新提供直接融资的平台，不断实现技术创新的风险分散，有利于技术创新的发展；银行通过风险防控来管理风险，但是因为银行能够承受的风险存在上限，所以银行就回避高风险的创新项目。Saint-Paul（1992）研究发现金融与技术创新种类存在一定的关系，当金融发达或者结构合理时，金融体系能分散技术创新带来的风险，此时更利于高风险的技术创新；当金融体系不完善时，金融市场并不能够有效地化解风险，企业会选择发展风险较小的技术。Berger 和 Udell（2002）认为技术创新具有复杂性，金融发展能够有效实现信贷风险最小化。

Winton 和 Yerramilli（2008）研究发现在面对企业自主创新时，银行对企业的监督相对较少，当针对流动性需求时，风险资本家发挥着更加重要的作用，喜欢冒险的发展战略也意味着更高的风险、不确定性；孟宪昌（2003）对高新技术成长过程与风险投资之间的关系进行了研究，发现风险投资在高新技术企业的成长过程中有促进的作用；杨青和彭金鑫（2011）研究发现在中国，高新产业发展与风险投资是互利共生的过程；Mazzucato和 Tancioni（2012）研究发现研发投入强度、专利的多样性与创新强势的共生股票收益波动性有显著性关联；张元萍和刘泽东（2012）研究发现金融发展通过更新管理、信息搜集、动员储蓄等方式与技术创新效率、技术创新专利数有显著良性互动关系；谢朝华和刘衡沙（2014）研究发现金融发展通过融资、甄别信息、风险分散等促进技术创新。

三　金融的信息处理功能

技术创新企业若要获得融资，便会将资金需求、投资信息通过不同的渠道传递给投资者，投资者会对信息进行不断甄别、判断、筛选，这样看，金融发展有利于解决信息不对称问题。Dow 和 Gorton（1997）研究发现证券市场传递前瞻、后顾信息利于资源的合理配置；Townsend（1979）和 Diamond（1984）研究认为金融机构通过信息处理克服信息不对称，利于企业融资；King 和 Levine（1993）研究发现金融中介能支持潜在企业家融资，促进技术创新；Allen 和 Gale（2000）发现银行、市场在信息处理上存在差异性，银行能够更加合理地对技术创新项目进行审查，并给出融资决策，金融市场公开披露技术创新的信息有利于不同偏好的投资者进行决策。在不成熟的技术创新时期，市场主导更具有信息甄别能力，具备提供融资优势；而在技术成熟时期，银行更有利于技术的扩散。

四　金融的公司治理功能

技术创新获得了外部权益融资之后，必然会出现公司治理现象。企业为支持技术创新而获取资金，放弃了部分所有权，导致企业的经营权与所有权分离，为保证股东的权益不受到损害，需要对企业的经营管理、绩效进行适宜的监督和控制。Diamond（1984）研究指出，金融中介作为散户储蓄的代理方进而对借款者进行监督，有效解决了道德风险问题。Sahlman（1990）研究认为，风险投资能减少信息不对称现象，有利于创新企业的公司治理。青木昌彦（1995）研究发现，企业公司治理有三个阶段：一是事前监督，金融发展能够对创新型企业的项目前景和风险进行评估，减少信息不对称现象；二是事中监督，金融发展能解决道德风险问题；三是事后监督，金融发展能实现回报、矫正能力等目标。

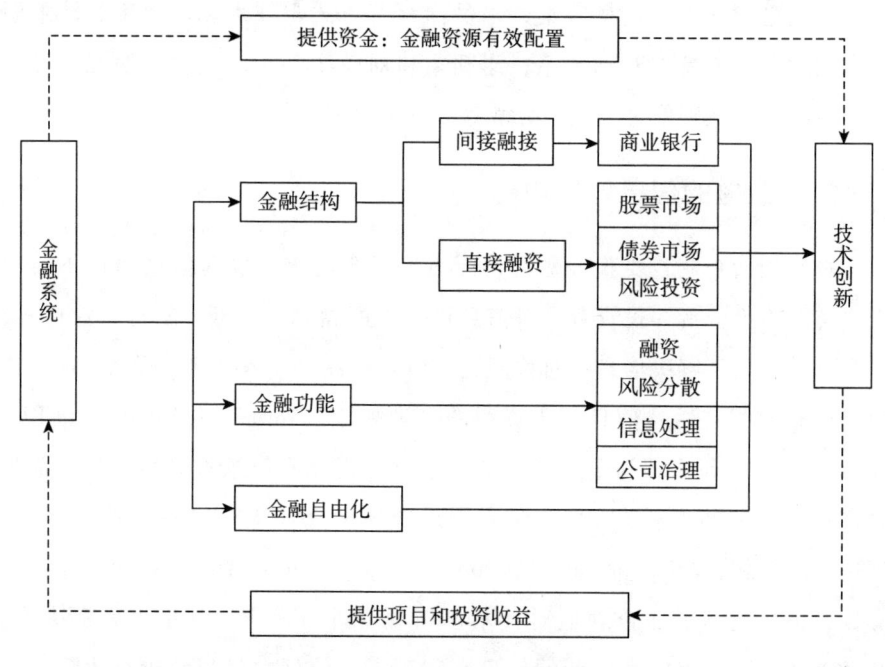

图 2.1　金融系统与技术创新

基于上述的金融结构观、金融功能观、金融自由化理论，金融系统对技术创新的影响可归结为图 2.1，金融系统为技术创新提供其所需要的金融资源，技术创新为金融系统提供项目和投资收益，二者相互促进，共同发展。但是出于技术创新的阶段性、动态性、异质性的考虑，金融发展与不同阶段技术创新之间的动态匹配和协调问题值得进行深入研究。

第五节　技术创新阶段研究综述

许庆瑞（1986）将"路径"的概念引入技术创新的发展过程形成"技术路径"概念，这表明为了使得国家（企业）达到既定目标，需要采取不同技术策略。张思民（2000）把技术路径更加细化，依据是否吸收消化已有的技术将其分为模仿创新和自主创新两种方式，并应用在国家创新战略中的各个发展阶段。Aghion等（2009）研究发现，技术模仿也是技术创新的一种类型。实际上，技术创新存在不同阶段，不同阶段技术创新的内在特征决定了对金融发展的异质性需求，然而，目前这部分内容并没有得到深入、细致的研究。一个国家、企业在任何一个阶段都存在模仿创新、自主创新等多种方式，那么进行适宜的路径研究也就显得尤为重要。

20世纪80年代前后，有众多的研究者对于技术发展阶段进行了研究，表2.1对代表性研究进行了总结。

表 2.1　技术发展阶段的早期代表性研究状况

研究者	技术发展阶段					
Kim（1980）	实现		吸收、消化		改进	
IDRC（1976）	进口		吸收、消化		发明创造	
Judet 和 Perrin（1976）	引进、复制		改进		创新	
Cortez（1978）	复制		模仿		改进和创新	
Stewart（1979）	自动搜索		细微技术变革		新技术开发和输出	
Ogawa（1982）	引进		吸收		改进	创新
Fransman（1985）	搜索和适应		改进		开发	创新
UNIDO（1980）	选择和引进		改进和吸收		开发	
Lall（1980）	初级		中级		高级	
	干中学	改进中学	设计中学	改进设计中学	创立完整生产体系中学	创新中学

20 世纪 90 年代开始，很多的研究者对于技术创新阶段进行分析。斋藤优和王潮江（1988）研究发现，技术追赶的后发国家遵循技术获取、技术模仿、技术改进、自主创新的路径；Vongpanitlerd（1992）研究发现，泰国经历了技术获得、技术应用、技术模仿、技术完善、技术创新的技术成长过程；Camagni（1991）认为，创新是一个企业、客户、市场三者学习的过程；陈劲（1994）、谢伟（1999）在文章中提出，后发国家的技术创新路径为技术吸收—技术改进—自主创新三个阶段；Currie 等（1999）研究发现，国家技术创新的有效路径分为技术模仿、模仿创新、自主创新三个阶段；许庆瑞等（2000）、宗蕴璋和方文辉（2007）、唐春晖和唐要家（2006）研究认为，我国企业的技术创新分为模仿复制、创造模仿和自主创新三个阶段；吴晓波（1995）认为，发展中国家的技术创新路径为模仿创新—创造性模仿—改进性创新—后二次创新四个阶段；赵晓庆和许庆瑞（2002）提出，发展中国家技术创新的发展轨迹为仿制—创新模仿—自主创新；魏江（2002）研究认为，中国企业技术创新的主导模式为技术引进—消化吸收—自主创新；姜炳麟和梁西章（2004）研究认为，后发国家的技术创新发展过程分为三个阶段，即使用技术阶段（引进、模仿）、改进技术阶段（模仿创新）、创造技术阶段（自主创新）；殷剑峰（2005）研究了金融结构对技术创新三阶段（新技术的推广、技术传播与改进、成熟技术）的影响；Hansen 和 Birkinshaw（2007）、Roper（2008）基于价值链的角度，认为技术创新的阶段包括创新产生阶段、创新投入阶段、创新转化阶段、创新的产出和扩散阶段；朱孝忠（2008）研究发现，中国充分发挥后发优势，以"引进—吸收—再创新"这种创新方式，获得了技术的巨大进步；公衍照（2009）认为技术创新包括研发期、创业期、成长期、扩张期、成熟期五个阶段。众多学者认为后起国家主要是通过技术引进，在现有的先进技术上消化吸收，同时渐进性进行技术创新、自主创新，从而实现追赶发达国家；Chang 和 Cheema（2002）、Cimoli 等（2006）研究发现，发展中国家的技术变迁是微小且渐进的，即使单纯的技术模仿也是创新。基于上述文献，技术创新阶段划分主要是从技术生命周期、与世界技术前沿的差距两个方面进行，管理学科的研究一般是从技术生命周期的视角进行。

　　基于技术阶段研究综述，本书参考与世界技术前沿的差距视角，将中国的技术创新阶段界定为"技术模仿—模仿创新—自主创新"三个阶段。从图2.2我们可以看出，这种划分能够较好地兼顾到企业技术成长阶段以及与世界技术前沿的差距（技术水平能力）两个维度，同时适宜于技术安排对技术创新的影响研究，以此补充不同技术创新阶段中，金融发展对技术创新的影响。

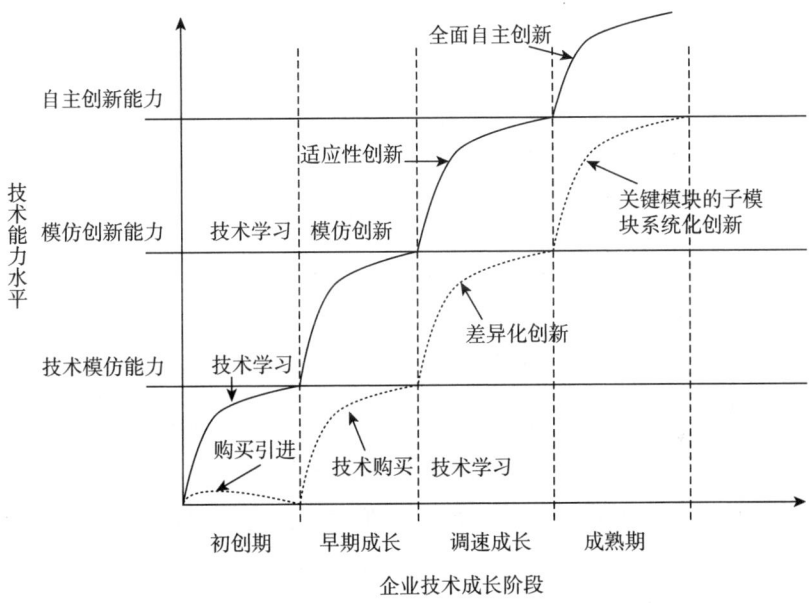

图 2.2　技术创新与企业技术成长阶段

注：其中实曲线表示系统知识；虚曲线表示模块知识。

第六节　研究述评

　　本章主要针对金融发展理论、金融自由化、金融结构、金融功能对技术创新的影响进行了系统性、全面性、综合性的文献研究。从上述研究的成果来看，在一定程度上揭示了技术创新在发展过程中受到金融的重要影响，这对于促进我国技术创新既具有理论意义又具有一定的经济实践价值，也为本书的深入研究奠定了一定的基础。在理论上，金融发展、金融自由化、金融结构、金融功能等对于技术创新的贡献研究提高了我们对于金融影响技术创新的认知广度和认知深度，但是现有的研究对象比较零散，结合技术创新阶段的差异性特点进行的研究较少，可以从以下三个方面进行改进。

一是在促进技术创新过程中，金融结构和金融功能各自体现出的优势不尽相同。我国的金融制度会影响到金融市场为各个创新主体提供的金融服务和资源配置的质量，因此在分析我国的技术创新时必须考虑金融制度因素；同时，随着技术不断演化发展，金融体系实现完善。当前，关于金融制度、金融功能等涉及金融相关领域的研究仍需要不断深入。

二是中国属于后发国家，技术创新的模式具有多样性和阶段性。金融系统对不同阶段、不同方式技术创新的作用研究相对匮乏，对于金融发展对不同阶段技术创新的作用，可进行深入的研究和探讨。目前对于不同技术创新阶段的金融需求研究较少，正是这种异质性、动态性需求的存在，决定了技术创新过程中也需要金融安排、金融系统进行动态演化。考虑到我国正处于一个从投资驱动向创新驱动转换的转型时期，分析讨论金融发展对技术创新的影响具有针对性的现实价值，因此，需要建立金融发展影响技术创新的理论框架，分析不同创新阶段金融发展对技术创新的作用机制。

三是在实证方面，对于金融发展对不同技术创新的效应可进行补充研究。虽然早在20世纪初，就有金融发展对技术创新的影响研究，但是较为规范的实证研究时间不超过10年，而且变量选取、检验假设、检验方法都还处于初步的探索阶段。从影响因素的检验结果来看，得到的结论并不一致，可能是变量指标选择、各个国家和地区的统计口径不一致等原因导致的，这会影响实证的可比性。而且金融指标变量的选取过于单一，很少考虑到金融制度这一因素，对于中国金融市场的发展，金融制度显得尤为重要，因此必须将其纳入实证研究体系。

此外，在实证研究上，现有研究更为关注的是微观层面，比如自主创新的新型企业、高新企业等，较少从省级面板数据、行业面板数据等宏观层面进行实证分析。考虑到我国强大的、多层次的资本市场，要探究现行的金融制度是否发挥作用促进了不同阶段的技术创新，需要进行系统实证以及分析检验才能得出结论。因此，需要补充和完善从宏观层面对我国不同创新阶段的现状分析研究。

第三章

金融发展对技术创新的作用机制

第二章基于国内外的研究，较为系统地梳理了金融发展对于技术创新的作用机理以及影响效应，考虑到技术创新的动态性和阶段性，一并对国内外关于技术创新的路径阶段分类进行了研究。但是，随着技术创新的不断进步、金融发展的不断优化，金融发展对技术创新的作用机制也需要不断完善和更新。

从微观的创新主体企业来看，技术创新能够使创新主体在一段时间内获取垄断利润，更重要的是有利于风险利益的获取。创新主体——企业之所以愿意承担技术创新所遇到的各种风险，其背后是巨大的利益驱使。本章第一节基于微观视角，构造了企业的技术创新动力机制模型。同时，考虑到金融趋利性，结合技术创新金融支持机理模型，引入金融这一特殊因素，构造了基于金融的技术创新动力机制模型。第二节主要对技术创新的融资约束、高风险、信息不对称等特征进行详细论述。第三节从金融具备的融资、风险管理、信息处理、价格发现、降低交易成本、监督功能等方面，进行了技术创新金融支持机理模型的理论构造，系统论述了金融系统对技术创新的作用机制（详见表3.1）。

表 3.1　技术创新金融支持机理模型

金融系统功能	技术创新特征	金融对技术创新的作用
融资	融资约束	满足技术创新资金需求
风险管理	高风险	降低、分散技术创新风险
信息处理	信息不对称	减少技术创新信息不对称
价格发现、降低交易成本	难以定价、交易成本高	利于技术创新定价、降低交易成本
监督	逆向选择、道德风险	技术创新监督

第一节　金融风险利益的技术创新动力机制模型

　　基于金融工具、金融产品的多样化，金融发展对实体经济发展的渗透和影响日益增强，技术创新的整个过程中也受到金融发展的不断影响。结合前文对技术创新的理解，从金融视角来看，技术创新是市场主体（主要是企业）为了实现长期利润最大化，通过金融工具、金融产品等，借助技术发明，开发出新产品、新知识或新工艺，进而改善企业在产品市场上的供给和需求条件的活动。以此来看，一是技术创新以经济利益为目的。二是技术创新不仅仅是目的，也是一种途径或者工具。那么技术创新的高风险、高收益就依赖金融体系的风险管理，以适当的金融安排来实现技术创新的资本增值。三是金融活动是虚拟的经济活动，而技术创新是属于实体经济活动，就虚拟经济与实体经济而言，虚拟经济虽相对独立，但还是以实体经济为基础，同时又不断服务于实体经济。金融发展与技术创新、技术进步之间的关系也非常符合这一规律和原则。

　　从历史发展的逻辑进行分析，金融活动的存在和不断发展必须有效服务于技术创新发展。金融系统服务于技术创新，在实际的经济运行中看，又表现为相互依存、相互促进。金融的逐利性，决定了其要求参与技术创新，技术为金融提供了运作工具和运作空间。金融资本为技术创新提供增值途径，技术创新需要金融支持而得以顺利进行。最优状态是，金融发展使技术创新取得进展和成功。技术创新的高收益，使投资收益得到提高，从而促进金融主体增加对技术创新的支持，于是形成了一个良性的金融发展与技术创新的循环模型（见图3.1）。

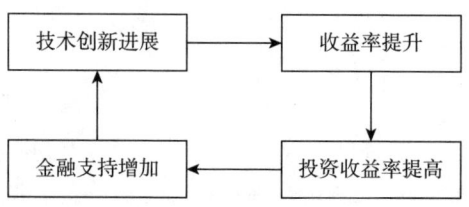

图 3.1　金融发展与技术创新的良性循环模型

一　技术创新动力基础：风险利益模型

众所周知，技术创新是一种风险系数高、不确定性强的经济活动，为什么其能够吸引众多的经济体参与这种社会活动？本书认为，技术创新能够使创新主体在一段时间内获取垄断利润，更重要的是实现风险利益的获取。技术创新本质就是实现创新主体的风险利益，企业受巨大利益的诱惑以及驱使，愿意承担技术创新的高风险。

> 技术创新利润 = 利息 + 普通投资利润 + 风险利润

在经济活动中，任何活动都围绕利益进行，任何有关利益的活动都伴有一定的风险，活动主体承担风险的目的是获取风险利益。1912年，奈特提出，"利润就是对那些完全不能预计和不能估算的风险的报酬"；马艳（2002）指出，不确定性与风险收益的绝对值存在正向相关关系。风险收益的最终实现还取决于技术创新能力、技术创新先进性以及技术创新水平。从社会的经济发展、技术发展的历史规律来看，技术创新表现出数量与质量的增加和提高，创新能力也不断增强。行为主体追逐风险利益动力不足、规避风险不力，是人类经济飞跃增长的障碍。通过制度来减少创新的不确定性和风险损失成为制度的重要功能之一。金融发展针对技术创新风险、收益机制构建了制度，提升了技术创新能力。

经济社会中，高收益的机会相对稀缺，但是其最终实现具有较高的不确定性，也就是所谓的"高风险，高收益"。如果没有主体愿意承担风险，那么高收益也很难实现。金融系统的介入，为高风险、高收益的项目提供可能。技术创新对于经济增长的贡献就在于其巨大的风险收益，对于高风险、高收益的技术创新，我们要通过不断提供合理的金融支持来推动其顺利进行。

二 技术创新动力机制：基于金融的风险利益模型

创新主体——企业、国家选择进行技术创新活动，不断对技术创新进行调整、发展，并进行反复修正和循环，这与当时创新主体所在的外部环境有很大的关联性。它包括了外部科技、宏观经济状况、宏观社会状况、制度政策、法律法规等因素，这些因素会在不同方面以不同的方式对创新主体的创新性产生不同效应的干预和影响。一个较为完整的技术创新动力机制或动力体系，主要包括以下三种机理。①始发机能。由上述分析可知，技术创新是由于创新主体受到了高风险利益的诱导，诱导因素激发创新主体进行创新行为。②选择和导向机能。企业进行创新活动之后，需要考虑是否长期坚持、是否进行创新转型。这不仅取决于企业对项目、活动组织运营的有效和科学判别，而且会受到创新主体成本收益的影响。因此，在不同创新阶段，企业需不断调整创新策略。③维持和强化机能。创新主体选择创新行为，是因为创新行为能够带来更大的综合效果，否则就不会进行创新行为。创新行为的收效又正向强化了创新主体不断扩张、拓展创新行为的意愿，并强化了其创新的欲望。技术创新行为本身也是以盈利为目的的经济行为，参与经济活动需要投入相应的人力、物力、财力等，那么这些投入的回报也必须以利润的方式体现，否则创新主体就没有继续创新的动力。结合技术创新的高风险，高投入、高收益的滞后性特点，那么未来理性预期收益就成了技术创新决策的核心和关键。技术创新是创新主体在考虑了自身的初始条件、外在环境等一系列不确定影响因素的基础之上，采取的以风险态度为取向、以盈利为目的的理性选择。

（一）技术创新动力机制模型

参考心理学家 Vroom（弗洛姆）的期望理论，结合技术创新的风险、创新的收益预期等众多影响因素，本部分构建技术创新动力机制模型：

$$M = f(V_t, \alpha_t, \sigma_t, A) = \lambda \sigma_i A \sum_{t=1}^{n} \alpha_t V_t$$

其中，① M 表示创新主体最终进行技术创新的动力水平；② α_t 表示技术创新主体的及时性系数，计算公式为 $\alpha_t = (1 + r_t)^{-t}$，$r_t$ 为现期偏好系数，创新主体预期的时间越短，则限期偏好越强，r_t 值越大，一般的，$\alpha_t \leqslant 1$；③ V_t 表示创新主体对技术创新活动 t 时期创新净收益的预期值，$\sum_{t=1}^{n} \alpha_t V_t$ 则是将预期净收益现值化并参考净现值方法汇总；④ λ 表示创新主体的风险态度，取决于风险收益预期效用函数；⑤ σ_i 表示创新活动的风险系数的大小，主要由创新主体的技术特征、技术水平、技术状况等来决定；⑥ A 表示创新主体——企业对创新项目、创新活动的能力的预估。对于企业而言，在考虑推动、实施技术创新前，需要对现有资源、现有基础进行反复、精准评估。

技术创新动力机制模型的含义：首先，基于经济学中的理性人假设，创新主体作为一个理性的个体存在，在选择是否进行技术创新方面进行了理性思考和比较；其次，在给定的风险系数基础之上，创新主体一方面对创新活动、创新项目的未来收益进行预期，另一方面又合理地对创新活动能力和承担风险能力进行理性评估；最后，理性的创新主体只有预计未来一定的时间范围内能够取得较高的预期收益，才会对创新活动产生兴趣，才会选择创新活动。

（二）基于金融的技术创新动力机制模型

结合金融系统的功能和作用，金融因素也对技术创新动力机制模型有相关影响。第一，创新主体对技术创新活动 t 时期的预期净收益 V_t 由预期收益和预期成本二者之差构成，金融系统的介入对预期净收益 V_t 产生影响。从收益方面来看，机构上市、并购重组等，能够为技术创新提供一个更为全面的融资服务渠道，为创新提供新的盈利模式，实现新的收益来源；从成本方面来考量，国家、地方政府出台的对科技和技术创新项目的信贷优惠政策，有利于中小企业的发展基金以及风险资本运作，使得金融功能不断完善，如价格发现功能不断降低了交易成本，缓解了息不对称现象，降低了搜索成本，等等。基于此来看，金融系统因而能够提高创新的净收益，增强创新主体进行创新活动的意愿。第二，金融介入对 α_t 产生积极的影响。金融系统的介入为技术创新提供多渠道、多方式的融资保障，同时又为创新主体提供了可退出的途径和方式，如资本市场的科学创新项目公开上市、部分技术项目可转让、创新型企业并购重组等，这样有利于技术创新主体的 α_t 的兑付水平不断提高。这也就表明了金融系统将有效提高 $\sum_{t=1}^{n} \alpha_t V_t$，并且正向影响技术创新动力水平 M 的提升。第三，金融系统的风险识别、风险管理、风险分散、风险转移功能可以有效、合理地对创新活动的风险系数 σ_i 以及风险态度 λ 形成积极的影响，不断提高 σ_i 和 λ 的数值。第四，金融系统的监督功能将提升创新主体对自身从事创新活动能力的预估值 A。基于此分析，将金融因素引入技术创新动力机制模型：

$$M' = f(V_t, \alpha_t, \sigma_t, A, B) = \lambda \sigma_i \beta A \sum_{t=1}^{n} \alpha_t V_t$$

B 为金融系统因素；β 为金融因素对技术创新动力水平的影响因素，其中 $\beta = e^{\eta}, \eta \geq 0$。把金融因素引入技术创新动力机制模型，这是从另一个角度来充分肯定金融发展对技术创新的作用，这将为从金融系统角度支持技术创新项目的实施和技术创新活动的开展提供理论基础。

第二节　技术创新的金融需求特征

一　技术创新的融资约束问题

创新活动是一个昂贵的活动，需要不断的资金投入。对于创新型企业而言，需要合理分配生产资金，保留一定的流动性资金，同时，受制于市场环境的变化，企业可能受到经济体或行业的流动性冲击，陷入融资困难。

技术创新往往受制于资金供求，熊彼特强调了资本家通过识别最具有潜力的创新企业进行创新活动，并重点提出"为创新目的提供的信贷就是给企业家提供的信贷，并且构成经济发展的要素"。技术创新过程是一个复杂而且较为持久的过程，人力成本投入大，技术要求含量高，研发方向也存在不确定性。无论是技术创新生命周期的各个阶段——种子期、创业期、成长期、扩张期、成熟期，还是技术创新的各个路径——技术模仿、模仿创新、自主创新，这些都离不开资金的支持，不同阶段都需要不同数量、不同形式的资金投入。一般来看，对于自主开发的技术，采取的过程有实验成果、中间实验的扩大、工业化三个阶段，其资金投入按照 1:10:100 的比例进行，现有的调查显示，我国绝大部分的企业，在进行技术创新过程中较为主要的障碍是缺乏融资渠道和平台，进而造成资金紧缺。从现实的经济运行过程来看，无论是中小型的高新技术企业，还是历史悠久的大型企业，技术创新的最大障碍就是资金的缺乏。具体的，技术创新中的障碍有经济因素、能力因素和其他因素（见表 3.2），从前十大障碍因素分析来看，经济因素中的缺乏创新资金居于首位。OECD 对影响企业创新的因素调查显示，对企业创新行为影响最大的因素是资金的缺乏。缺乏融资的渠道和平台是造成资金瓶颈的关键因素，这已成为我国大多数企业技术创新的重大障碍。

表 3.2　企业技术创新的障碍因素

单位：%，位

	企业比重	位次（前十位）
经济因素		
1. 缺乏创新资金	72.7	1
2. 创新风险大	35.2	5
3. 创新成本高	21.8	
4. 创新的回收期长	23.1	10
5. 创新收益不明显	17.7	

续表

	企业比重	位次（前十位）
能力因素		
1. 研究开发支出小	37.6	3
2. 缺乏人才	51.0	2
3. 缺乏技术信息	35.9	4
4. 缺乏市场信息	31.5	6
5. 销售网络不适宜	23.2	9
6. 创新时机难把握	23.3	8
其他因素		
1. 易被模仿、假冒	19.8	
2. 企业产权不明确，奖励不到位	26.5	7
……		

资料来源：高建《中国企业技术创新分析》，清华大学出版社，1990。

　　技术创新不足的原因可归纳为技术创新的高风险性，部分企业并未设立专项研发基金，融资风险高，这也就导致了企业融资成本过高。同时，技术创新项目能够获取到资金的渠道也显得单一，很多创新企业并不具备借贷资格，加之政府的扶持和拨款少，过重的负债使企业并不能获得贷款，对于投资者而言技术创新的市场前景不乐观，也使投资者不愿意提供资金支持。那么，技术创新首先遇到的最大问题就是资金需求的满足问题。以自主创新为例，技术创新在不同阶段表现出不同的特征，具有不同的金融需求（见表3.3）。

表3.3　技术创新与金融需求分析

技术创新阶段	特点	金融需求分析
1. 创新构思阶段	将主体现有但并未发掘的潜在社会需求与技术进行结合形成新的思想，并加强同高校与科研院所的联系和合作	该阶段有较低的风险与不确定性，无须外部融资
2. 项目决策阶段	该阶段为技术创新的决策阶段，主要任务是评估创新设计的思想，考虑是否继续向该技术创新项目投资以及是否将创新项目投入下一阶段	该阶段主要考虑创新设计思想的可行性，没有太大的资金需求量

技术创新阶段	特点	金融需求分析
3. 研究与开发阶段（R&D阶段）	R&D包括基础研究、应用研究与实验比较。研究人员需要进行反复试验以及比较来选择最佳的路线，将有较好开发前景的项目进行工业性实践或者成果转化，逐步形成可适用于工农业生产的科技成果	由于研发工作具有较大的不确定性以及技术风险导致较低的融资能力，因此处于R&D阶段的企业和项目一般并不能获得金融中介和资本市场的支持。该阶段的资金主要来自政府、个人积蓄、借款等。该阶段的金融需求较低
4. 成果转化阶段	该阶段主要对技术成果进行验证与实验。这一阶段重点提高科研成果转移到市场的成功概率以及进行相应的市场预测、技术咨询、售后服务等，是由科研转向生产的重要阶段。合理的成果转化阶段有助于降低科研的难度和风险，缩短循环周期，解决技术难题等	这一阶段技术的风险性逐渐减小，投资的风险性却逐步加大。该阶段要求大量的资金、技术、人员投入，因而需要引进风险投资、战略投资等金融服务
5. 试点推广阶段	将新技术应用于生产，实现技术创新的扩散，实现技术与经济的结合，促进社会技术的飞跃	产品进行企业化生产，技术风险降低，市场风险增加。在初始期，企业融资能力较差，需要风险投资等金融服务来增强企业的融资能力和风险承受能力
6. 产业化阶段	提高产品竞争力、市场占有率和市场利润成为该阶段的主要目标	企业的整体风险下降，但是其资金的大规模投入与有限的融资能力之间存在矛盾，因而仍需获得金融机构的贷款
7. 市场化阶段	继续完善现有产品，形成品牌优势，实现范围经济。扶持新的技术创新以保持或者提高其市场占有率	该阶段的技术与经济风险均降低，资金需求扩大，融资能力提高，可以获得更大范围的资金支持

对自主创新的 5 个主要阶段进行详细分析和研究可以得出以下发现。

（1）项目决策阶段。自主创新在项目决策阶段的核心是项目研发设计、评估风险。主要特征表现为技术风险比较大、市场风险巨大。虽然这个阶段资金需求量小，但是我国的国有企业进行自主研发的意愿仍然较低。如果中小型企业容易获取外部资金，国家也鼓励企业的自主创新，那么对于企业而言，自主创新的意愿将不断被强化。

（2）研究与开发阶段。在初期，虽然自主创新活动能够给企业带来可期的利润，但企业不能确定能否真正实现预期目标，这个阶段的技术风险仍然较大。为保证企业自主研发活动的顺利进行，必须使资金的投入得到保证。考虑到技术风险高、收益具有不确定性等因素，外部投资者也就不会轻易介入，因此资金主要来自内融资，比如自筹经费。但是创新主体的内融资不足，所需要的资金与供给差距大。如果金融系统能提供资金支持，则会极大鼓励自主研发，也能激发自主研发的潜力。

（3）成果转化阶段。技术研发成果的转化一般需要 3~7 年，需要经过一系列的小规模实验、大规模检测，而后才能进行商品化推广。随着研发的不断推进，创新型企业需要更多的资金投入，供需缺口逐渐扩大。如果在成果转化阶段已有研发成品出现，那么风险性会减小。企业可以选择间接融资，银行会根据产品的市场前景、企业的经营能力等情况进行评估，为创新主体提供信贷等金融支持，以此来缓解企业的融资问题。

（4）试点推广阶段。当创新产品投入生产，就必定会参与市场竞争，适合市场的将留存，不适合市场的将被淘汰，同时企业需要购置先进设备以满足生产需求和改进产品。这个阶段需要一定的外部人员，同时还需资金的支持，自筹已不能满足资金需求，需要大量的外部融资。

（5）产业化阶段。此时创新活动有一定的预期收益，产品也得到市场的认可。产品成熟，前景变得更为明朗，企业会不断拓展市场，提升市场占有率，此时仍要继续进行资金投入，可以通过发行债券、股票进行直接融资，也可通过银行等金融中介来募集资金，以实现成果的产业化。由此可以看出，在自主创新活动中，持续的资金投入显得尤为必要。

技术创新的每一个阶段都是一个长期的过程，基于研发费用支持匮乏的状态，企业需要不断从外部获取资金。随着金融的发展，金融结构和功能不断完善和丰富，金融体系可以帮助创新主体在不同创新阶段筹集所需的资金，从而实现资源的优化配置，以此促进技术创新。

二　技术创新的高风险

国际上的调查与中国的情况（见表3.2）存在差异。其中，芬兰、丹麦、挪威、瑞典的最大创新障碍并不是资金问题，而是风险问题。对于发达的经济体而言，它们拥有先进的金融体系和系统，具备充足的资金和创新所需要的必要技术能力，创新主体更有能力抓住机会，这时风险便成为创新面临的首位障碍。新技术能否顺利推行，在各个环节都是不确定的，这就使得高风险成了技术创新的突出特征。费景汉就论证过"发达经济中，新的技术创新领域一旦被观测之后，就可能引起新的投资活动热潮，而对于不发达经济，技术创新思想、创新的产品能够应用到工业实践中，需要足够的储蓄"。

1962年，肯尼迪·阿罗（Kenneth Arrow）研究提出了技术创新的不确定性，不确定性主要指行动的结果偏离了预期，偏离得越大，不确定性越高。技术创新作为一种创新活动，包含了很多的不确定性、多变的不可控因素。Knight（1921）指出，风险是由不确定性因素造成的损失；Brown和Petersen（2009）指出，一个创新项目从概念形成到产品生产再到商业化都具有高度的不确定性。此外，在研发过程中，专业人员的流失和调整成本过高，也增加了创新的风险。技术创新是一个动态的过程，涉及面较广，表现较为复杂，这种复杂性也就决定了技术创新的不确定性，从而技术创新风险也就相应增加。不确定性存在于技术创新的各个环节，同时影响着技术创新过程的大部分决策，主要体现在如下方面。

技术创新在技术方面的不确定性将引发技术风险。技术不确定性存在于诸多研究领域中，如新的技术突破在哪个方向、以何种速度进行、最终结果如何以及带来的影响如何。首先，表现为技术上成败与否。对于纯粹的技术模仿、在现有技术的基础之上进行的模仿创新，能否真正完善改进、能否成功都是不确定的；对于自主创新而言，一项技术发明、一个创新项目能否实现预期的目标，这也是不能确定的；同时，对于一项技术向哪个方向发展能够取得成功，发明者和企业家都没有一个确切的把握。那么，这就导致了技术发展前景不确定的现状，使得创新主体面临较大的技术风险。其次，表现为产品生产和服务的不确定性。产品开发或者技术掌握不一定都能带来产品生产成功，也会导致创新的夭折。技术能力大小、材料优质状况、零部件是否配套、现有设备是否满足产品创新的需求等，这些情况都会影响创新产品的生产，由此延缓推向市场的进度。再次，表现为技术效果的不确定性。技术效果的不确定性包括设计是否优越、是否超过现有的产品和工艺、成本是否达到产业化的要求、进一步改革的潜力如何等，不少的产品构思最终流产，就是由于制造成本太高，没有商业价值。此外，部分先进技术可能存在危害，如可能造成对环境的污染、对生态的破坏，影响大众的生活，那么即使创新能带来高收益也会受到限制而不能实施。最后，表现为技术寿命的不确定性。众所周知，高技术产品变化迅速，淘汰率极高，那么这也意味着技术寿命周期短，比较容易被新的技术、新的产品不断替代，而这个被替代、被淘汰的时间是难以预估的。

技术创新市场的不确定性将引发市场风险。首先，市场对技术创新产品的接受能力难以确定。任何技术创新产品都会走向市场，但能否满足市场的需求，则由市场来决定，判断产品能否在最终环节存活下来，就必须使其参与市场竞争，适合市场的产品才能更好地存活下来，这种现象能够客观反映市场的供求状态，不适合的产品将被市场淘汰。因此，市场方面的检验对于技术创新也有显著的作用。杨廷双的研究表明，美国高技术产品通常只有 15%～20% 的成功率，60% 以上受挫，80% 完全失败。其次，难以确定市场对技术创新产品的接受时间。新产品作为新技术推广的载体，在市场推广方面也存在一定时滞性。如果时滞过长，这将使得企业的资金难以快速回笼，会影响资金的流转，从而可能导致推广的失败。当代前沿的项目，成功率在 30% 以下，即便是成功的项目，其中能维持 5 年以上兴旺的也只有 30%，高新技术 10 年生存率仅为 5%～10%。最后，缺乏市场技术供求的信息。对于市场、产业结构需求和经济发展的现状都难以确定，最终表现为创新产品的市场前景不明朗，而且充满不确定性，因此在构建生产线、推销等方面，创新企业将面临巨大的风险。当一种创新产品被推向市场时，是否能向用户提供更全面的服务，用户是否接受，是否能够尽快接受，竞争对手是否有重大的创新，这些都很难确定。在市场竞争中能否占领市场、能占多大份额，这些在事前也难以确定。

财务预算的不确定性，引发财务风险。一个技术创新项目开发的复杂性，成果工业化、专业化的成功概率，投资的预算都很难得到准确的把握，新产品的投资回报能否收回，收回的周期有多长，等等，这些都存在诸多的不确定性，因此也就引发了财务风险。同时，部分高新技术产品寿命周期短，市场变化快，能获取资金支持的渠道少，容易在某一阶段因不能获得所需要的资金而失去时机，面临被潜在的竞争对手超越的危险。

技术创新利益分配的不确定性，引发利益风险。技术创新可能面临失败，但企业也会有成功的期望，一旦创新成功，就会为企业带来垄断利益，但是企业并不能占据技术创新的全部利益，这就导致了在利益分配上的不确定性。同时，一旦创新主体在某个项目、某项创新技术上获得成功，其他的竞争对手都可能千方百计获取信息资料，并应用在本企业的生产过程中，创新利益不可避免产生了溢出效应。技术创新利益分配取决于创新主体在市场中的状态和在市场中的地位，同时与企业的外部市场环境有关，比如市场结构、其他企业创新技术的先进程度、其他企业的模仿能力、其他企业的模仿速度、立法保护完善程度等。此外，利益占有的比例也具有不确定性。

制度环境的不确定性，引发政策风险。任何活动都受到一定外部环境的影响和作用，当然，技术创新也受制于外部空间、外部环境，技术创新的载体企业不是在真空中运行，而是在一定的社会经济框架中进行选择性活动。市场环境会直接影响技术创新活动，对技术创新的发展速度、技术创新的发展方向、技术创新的结果都有一系列的影响。对于创新主体而言，在选择技术创新活动时，以何种方式、在什么地方、以什么价格进入市场，很大程度上依赖外部制度环境。外部的社会、政治、法律、政策等的变化都会给技术创新带来风险。除了上文所述风险，还包括生产风险、管理风险等，技术创新过程中的风险因素可归结为表3.4。

技术创新受到技术风险、市场风险、利益风险、政策风险等风险的影响，不可预知性导致了投资者投入的不确定性，但是技术创新的高收益又吸引着众多的投资者，这也导致了技术创新活动的未知性和很大的风险性。

考虑到技术创新的可实施性、高风险性,技术的多样性、复杂性,创新主体外部环境的多变性,创新主体自身能力的有限性,技术创新过程将面临停止、撤销、失败的风险,具有达不到与经济技术指标吻合的可能性或不确定性。

表 3.4　技术创新过程中的风险因素

风险分类	主要风险因素
技术风险	技术开发难度较大;关键性技术难以突破;存在技术障碍和技术壁垒;技术知识难以获取;缺乏实验基地、设备和工具
市场风险	新产品被市场接受需要时间;市场需要开拓且难度较大;市场需求增长速度慢;市场定位不准;新产品寿命长短未知或者开拓的市场易被其他新产品替代
财务风险	技术创新资金不足;融资渠道不畅
政策风险	不符合国家或者地方政府的相关政策;无法获取所需的产品、材料、设备、技术的进口许可等
利益风险	利益分配上的不确定性;垄断利益被窃取;利益的溢出
生产风险	难以进行规模化生产;生产周期过长或者生产成本过高;原材料供应无法保证;产品质量可靠性差
管理风险	高层领导关注不够;研发过程协调不力;调研不充分、市场信息失真;创新主体的领导人受自身知识背景影响做出错误决策

与产品生命周期一样,技术作为一种商品,也具有生命周期性。李建伟(2005)研究发现,从风险角度来看,在种子期即技术、产品的开发阶段,技术往往不够成熟和完善,成功率不到10%;在创业期,技术主要以企业的多样性形式表现出来,不断将科研创新成果和专利实现商品市场化,但是不能确定市场的接受度和渗透率,由于市场风险、管理风险、体制风险的存在,成功率仅为20%;在成长期,技术创新实现商品化,产品进入市场并建立销售体系,技术创新这时候实现了边际利润目标,但是并未实现规模经济效益,对于风险而言,表现为从技术风险不断向市场和经营风险转换,虽然在这个时期,技术创新的风险不断显著降低,但成功率仍不足50%;在扩张期,创新技术逐步形成规模,达到市场占有率目标,为达

到经济投资的规模，需要大量的资金介入，企业仅仅依靠内部融资、风险投资已不能满足，技术创新成功在望，成功率为 70% 左右；对于成熟期、衰退期，风险依然存在，这时候，技术创新更为突出的问题是时间效应问题，风险表现形式更多样化。技术创新存在较强的时效性，项目开发、生产、进入市场的时间过晚甚至稍晚，都可能导致技术创新产品产生滞销现象。而事实上，技术创新由于其复杂性和固有的难度，必然存在一定的时间周期，这就导致时间风险的存在，尤其当创新障碍存在时，创新周期就会被延长。周期越长，外部环境变化的可能性就越大，技术创新的时间风险也就会因此加剧。

三　技术创新的信息不对称

阿罗基于信息经济理论提出"信息是不确定性的负量度"，这表明信息的风险性和价值性，同时信息的获取也不是免费的，信息就是商品，获取信息需要支付时间或者金钱。现实的市场是一个不完备的市场，对于资金需求方和投资方而言，他们面临不同程度的信息不对称问题，信息不对称也是导致金融中介和市场产生的原因。对于创新型企业而言，也存在严重的信息不对称问题。技术创新的信息不对称，主要是由于创新主体拥有其他人不知道的信息或者知识而产生的。技术创新的信息不对称主要表现在，投资方和需求方之间对于创新活动不能够有效监督、观察和对比而产生的信息分布不均衡现象。技术创新中的信息不对称现象，主要是由于发明者对信息的掌控比投资者多，对于成功概率和预期收益分析更全面造成的。Boyd 和 Prescott（1986）研究发现，银行能减少信息获取成本，利于技术创新的发展；Greenwood 和 Jovanovic（1990）把金融中介放入内生增长模型，发现金融中介的作用是收集和处理信息，便于资金流向收益率高的技术创新项目；Kortum 和 Lerner（2001）研究发现，信息不对称导致研发投资面临道德风险和逆向选择的风险，问题如果过于严重，将会导致融资市场消失。金融机构为创新主体提供资金前，对项目评定不可观测和验证，对企业家的技术能力、创新项目市场的未来发展方向也不可预知、不了解，导致"逆向选择"现象；提供资金后，并不能观测到融资主体对资金的运用情况、对技术创新项目所做出的努力程度，也无法观察和验证风险情况，导致"道德风险"问题。分工、专业化逐渐引发信息不对称。随着分工的不断细化，信息也变得更加分散，信息的分散导致在信息获取过程中交易费用不断增加。

对于信息不对称现象而言，它既是社会生产发展的结果，也是社会生产发展的推动力量。随着社会专业分工的出现，各种信息分散在不同的产业、行业、企业中，这不仅使生产力得到大力发展，也为机会主义行为提供了条件和空间，导致了由于信息不对称而产生的高交易成本现象。信息不对称可以说是风险，它会降低创新金融机构对于创新主体的服务意愿，这使得技术创新不易获得资金。然而，技术创新又为金融机构创造了条件，正是由于信息不对称引发了风险，金融机构才拥有了风险获利的可能。

四 技术创新的难以定价，较高交易成本

技术创新过程涉及银行、证券市场、政府等多个经济主体。从合约的角度来看，技术创新就是不同主体之间不断达成合约的过程。对于合约而言，那也就意味着必须对标的物——技术创新项目的价格达成一致。这也就是说，技术创新活动能够顺利实现是有一定前提的，它和技术的价格、技术的未来市场前景、对技术的基本认识和判断以及技术谈判的范围存在很大的关系。买方的认识越充分、越全面、越与卖方的认识接近，双方达成合约、执行合约的可能性也就越大。但是，技术本质上是一种信息，一旦双方拥有的信息相同，技术交易需求就会自动消失。所以，在达成协议之前，卖方维持对技术创新信息的垄断，这也会影响买方对技术创新价值的认识，使其难以做出合理的购买决策。

虽然全面准确度量技术并不十分容易，而且成本过高，但是度量技术价值对于达成交易非常重要，所以部分创新企业为了使投资方了解项目的价值、未来发展的潜力，不得不提供一些技术、项目信息，使其进入公共领域，导致技术价值降低。交易的相关参与人在两难的互动过程中探索交

易的可能性。因此，对技术的度量成本远远高于一般商品的成本。

从合约的视角来看，在交易过程中，交易成本主要包括信息自身的成本、检查信息的准确成本、达成契约的成本。而技术创新活动信息不对称、不完全的特性有别于传统的交易，使得技术创新的搜索成本更高。由于信息不对称和交易成本的存在才产生了金融系统，金融系统会逐渐缓解这种信息不对称现象，但是金融市场和技术创新的公共物品属性的存在，使得在对产权的界定和对产权的保护上显得更加需要高成本来维持。考虑到技术创新自身的复杂性、不确定性等，这使得技术创新的检查成本更高。由于技术创新有众多的参与主体，技术创新过程涉及银行、证券市场、政府等，这本身也就决定了技术创新过程就是一个大量主体参与的合约过程。技术创新本身的复杂性、不确定性等，使得合作双方在合作上出现高度的不完全性，使得监督履约的成本过高。对于技术创新合约而言，相关当事人只能在当时的环境中具有有限的理性，但是技术创新过程本身就是动态变化的，因此就具有较大的不确定性，加之信息的不对称性、不完全性，以及签约成本过高，不仅未必能对为技术创新提供金融支持的金融机构当事人履约进行有效的监督，而且也可能不能对仲裁者形成有效的判断。所以，这一切又导致了技术创新活动产生较高的交易成本。

五　逆向选择和道德风险

技术创新活动涉及创新方向的确定、合作方的选取、项目的联盟、技术创新活动的融资方式（直接、间接、天使基金等）、技术创新后主体的方向调整等。考虑到技术创新整个过程的多变性、复杂性，信息在技术创新过程中表现出极为不完善，从而出现了逆向选择、道德风险。投资者选择一个技术项目进行资金投入时，需要规避风险，那么这就需要对投资项目进行事前的仔细考察，投资之后又要对项目进行有效的监督。众所周知，对于个体投资者来说，事前的调研、事后的督促需要花费大量的时间成本和精力，所以这种情况可能并不能引发投资者对技术创新产生兴趣。同时，考虑到信息的外部性，其他投资者也容易搭便车，这也就导致部分投资者减少搜集信息的步骤，较高的信息成本对于技术创新有阻碍作用，从而表现出道德风险和逆向选择。Kortum 和 Lerner（2001）研究发现，在研发过程中，研发和投资的信息不对称将带来显著的逆向选择和道德风险问题，假如信息不对称过于严重，将导致研发融资市场消失。

所谓"逆向选择"就是由信息差异和非对称的信息而引发的"市场失灵"。对于在市场上进行交易的双方，比如技术提供方和需求方、融资需求方和资金提供方，如果一方拥有更多关于交易的相关信息，而另一方对信息的了解较少，甚至不知道，当双方发生交易时，不知情的一方由于需要获得对方的信息而需要付出高昂的信息成本，这可能使得整个交易出现无效率的状况。技术创新过程中的逆向选择，主要是由于项目信息的不对称产生的，比如在技术创新项目的风险上，可能创新主体会故意隐瞒风险，虚增收益，融资方的信誉就会存在问题，导致担保品无价值等。从技术创新主体来看，技术项目融资方、技术人员的专业度本身就比投资者高，但是，可能创新主体的经营能力或者职业素养不足，而这些在交易市场上非常难以观察到；企业家并不一定能够对技术创新成果转化的市场价值进行合理的评估，这就导致在技术的引进、技术的购买过程中产生严重的信息不对称现象。从我国的现状来看，从事科研的研究机构和从事生产的企业一般是实行独立运作，分工模式也就导致了市场和技术的分离，加剧了技术创新过程中的逆向选择。

"道德风险"是指由于信息不对称、契约不完备和实施障碍等原因的存在，当事人在追求自身利益或效用的过程中，损害他人利益或社会利益。在技术创新、技术项目推行的过程中，委托人和代理人等主体参与方的利益和需求是相互背离的，这就使得监督需要付出高昂的成本，还可能导致监督的无效性，使得代理人的决策、行为很可能严重偏离技术创新本身的利益。在这个过程中，投资者或者资金提供者希望实现投资利益、资金收益的最大化，技术开发者、研发者更加关心的是技术的先进性、优质性以及学术地位等，职业经理关心的则是自身利益的最大化，这也包括企业规模的最大化，利益诉求的差异化就很可能带来定约前的逆向选择与定约后的道德风险。逆向选择包括技术研发人员为了获得投资故意夸大技术带来的预期收入、技术的领先程度、技术未来的发展状况，投资者为了获得好的技术创新项目而夸大自己的实力，管理人员为了获得职位与相应的收益而夸大自己的能力和经验，隐藏自己的缺陷等。道德风险包括技术研发人员的懈怠、技术泄密等，由于利己主义的存在，投资者并不真正对其投资等。这些逆向选择和道德风险的存在，不断增加了技术创新顺利进行和获得成功的难度。

六 技术创新易受外部宏观经济影响

技术创新在很大程度上依赖外部宏观经济环境，外部宏观经济因素体现在经济发展水平上，而一国的经济发展水平又通过人均国民生产总值来体现。人均国民生产总值不同时，国家的产业结构和消费结构也不同。而人均 GNP 与科技发展也存在关系。比如，韩国、日本的人均 R&D 支出与人均 GNP 显著正相关，R 值分别为 0.74 和 0.48。在实现技术创新的推进变化时，经济发展水平就体现出自身的价值。

宏观经济因素对技术创新的影响主要体现在供给、需求两个方面。从供给来看，随着经济的不断发展，对于企业而言，用于技术创新的资金也会不断增加，由于人力成本的不断增长，对技术创新的投入也不断增加，并主要通过 R&D 的数值、增长率来反映投入情况；从需求来看，经济发展将引起产业结构不断优化、调整，在调整过程中，技术逐渐凸显优势，那么也意味着企业对技术的需求不断增加。能够结合自身的优势，采取适宜的技术领导市场，将为企业带来丰厚的利润，并且市场风险也会相应下降。同时，考虑到市场需求的不断扩大，对新技术的需求不断增长，采取新的技术会有一个更高的盈利点，不断促进技术创新，最终实现技术创新阶段在市场中的转换。

从微观方面来看，主要通过市场对企业自主技术创新的激励以及市场竞争等对技术创新进行调整。一方面，技术创新的经济利益由市场竞争机制决定，市场的竞争结果为适者生存、不适者淘汰。迫于外在压力，企业为了生存下来，必然努力改善机制、增强实力，也会积极创新。基于市场的竞争原则，竞争成为技术创新行为的正向激励因素。另一方面，技术创新受制于市场结构。Arrow（1962）研究发现，竞争比垄断对于促进技术创新更有优势；卡曼、施瓦茨和谢勒尔对 Arrow 的研究成果进行补充研究发现，完全的竞争不能提供充足的资金，完全的垄断导致缺乏竞争对手，介于二者之间的市场结构避免了部分市场结构缺陷，并具备二者的优点，较适合推动企业技术创新。

第三节　金融发展对技术创新的作用机制

在经济发展初期，金融的作用很简单，只是作为一个流通工具、支付手段而存在。由于机器化大工业时代的来临，商品经济不断发展，金融的功能就进一步得以扩充，此时在原有的基础之上，金融产品逐渐成为工业时代大多数企业进行资本扩张的重要手段。在现代经济生活中，金融不仅仅是一个流通工具、支付手段、资本扩张的手段，而且逐渐成为连接资金供求双方的桥梁，金融能够满足企业的需求，逐渐发展成决定一家企业、一个行业成败的核心因素。传统的理论认为金融系统的功能主要是保持有效的金融支付系统，进行良好运转的同时，能够不断动员储蓄，通过已有的储蓄转向对于投资的分配。具体而言，传统金融系统的功能还表现为以下四点：①储蓄集中，金融机构通过各种金融工具，将分散的闲散货币集中，转移到需要资金的部门和主体；②交换媒介，金融系统能够为企业部门、家庭部门和政府部门之间的交易提供交换媒介；③清算中心，为企业、家庭、政府提供清算、结算服务，由于货币和商品之间的交换在时间、空间上不一致，债券债务关系的频繁、复杂变更需要有序的清算和结算；④资金转移，将盈余单位的储蓄转移到赤字单位。

随着社会经济的发展升级，金融系统功能也不断升华。Levine（1997）将金融的功能归结为资源配置、风险管理、监督、调动储蓄、便利交易 5 个方面，并通过资本积累和技术创新影响经济增长。党的十六大也阐述了金融在经济发展中的特殊作用，表明金融功能在现代经济中的重要地位。结合技术创新的特征及存在的困难，本部分基于金融功能观来研究、分析。

一 金融系统能有效满足技术创新的资金需求

筹资、融资是金融系统的基本功能，主要表现为直接、间接融资两种方式，在中国以银行为主的间接融资模式是主要方式。直接融资表现为资本市场的资金供给方、资金需求方直接进行资金融通活动。间接融资主要表现为通过国有商业银行、中小型银行、外资银行等金融中介进行的资金融通活动，一般有金融中介的介入。图3.2表述了两种融资类型，存在筹、融资的金融活动，也存在各种类型的金融机构，这就形成了金融体系。金融系统又通过货币资本的流动促使实物资源在产业部门之间流动，使得资本在行业之间的分配实现优化配置。

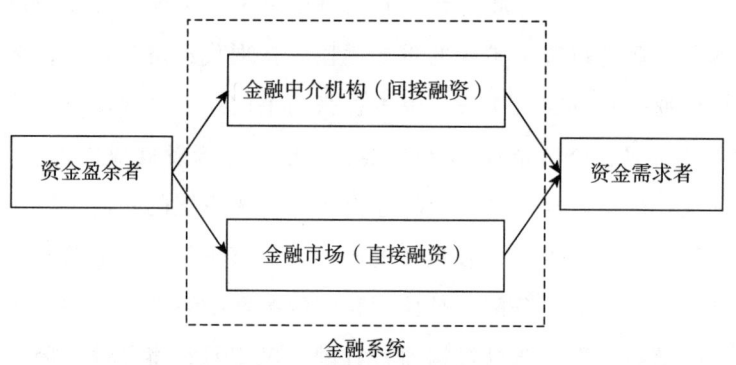

图 3.2 金融系统的融资功能

微观创新主体在技术创新的整个过程中，从生命周期、技术路径来看，每一个环节都要得到资金的投入和支持，首先需要解决的问题是资金的瓶颈问题。而金融系统的最基本功能就是为优质项目提供项目融资，能够迅速地集中资金投入技术创新过程，促使新技术转换为现实的社会财富。熊彼特的创新理论就表明了银行等金融中介对于技术创新的影响状况以及重要作用，并提出技术创新主要来自企业家对垄断利润的追逐，企业家是实现创新的主体，而银行是通过对企业家提供信贷这种方式来推动技术创新；

Boyd 和 Prescott（1986）研究发现，金融发展有助于提升金融资源配置效率，促进技术吸收；Acemoglu 和 Zilibotti（1997）研究指出，金融安排使得闲散资金集中投资于高回报的项目；Colombo 和 Grilli（2007）以意大利的高新技术企业为样本，研究表明金融机构的贷款对高新技术企业的发展有巨大的促进作用，一方面投资主体把资金委托给银行等金融机构，另一方面银行等金融中介又将财富提供给企业进行创新，金融中介就是利用这种功能为技术创新提供大量的资金；Aghion 等（2009）研究认为，金融发展能够缓解创新企业的信贷约束，使企业家较容易获得信贷，提高创新投入，增加创新成功的概率。技术创新作为一个复杂的、持续的过程，需要大量的资金投入，在内源融资不能保证的前提下，金融市场发挥作用为企业提供资金，其中主要包括商业银行、股票市场。

（1）商业银行对企业技术创新的融资功能。商业银行基本功能是吸收存款，发放贷款。企业可以向商业银行申请贷款，在完善的金融制度下，获取贷款的成本较低，在不完善的情况下，会出现信贷配给现象。

本部分基于 Stiglitz 和 Weiss（1983）、朱欢（2013）的研究来说明间接融资渠道给技术创新提供融资的状况。基于信贷配给的情况，考虑到信息不对称现象，创新企业为获得贷款，需要尽可能向银行提供信息，同时隐藏不利的信息。银行的现金流分布为 ζ，逾期贷款回报率为 κ，预测创新企业提供贷款的预期利润为 $E(\pi) = \pi(\zeta, \kappa)$，这时企业的利润为 $E(v) = \max(-c, v - \kappa)$，其中 c 为抵押品价值，v 为技术创新现金流，κ 为支付利息。

当创新主体考虑向银行贷款，则存在风险 ζ^* 的最低利润率 $\overline{\Pi}$，即 $E[\Pi(\kappa) \mid \zeta^*] = \overline{\Pi}$。当然，银行的最低底线也是 $\overline{\Pi}$，在考虑风险最大化 ζ_{max} 的条件下，创新主体的预期利润率为 $E[\Pi(\kappa) \mid \zeta_{max}] = \Pi_{max}$，此时创新主体的贷款需求量取决于 $[\zeta^*, \zeta_{max}]$ 的风险区间企业数量和贷款需求量，银行收益取决于信息的对称程度。如果不了解风险，银行可能面临逆向选择。银行识别风险 ζ，为提高收益率，降低贷款风险，风险低、收益低的企业会被排斥；风险高、收益高的会存在信贷市场，但提升信贷风险，降低预期收益。为降低风险，银行会提升利率减少信贷供给，使得供给曲线 S 向右下方移动。随着贷款利率提升，商业银行信贷需求会下降，需求曲线 D 会向下方倾斜。信息对称的条件为（κ_1, D_1），信息不对称时，均衡利率为 κ_2。

对于商业银行而言，为降低风险，实现利润最大化，会对技术创新能力强、有实力的企业采取 κ_1，对创新能力不强、实力偏弱的企业采取 κ_2，那么可以看出银行会为大型企业提供 M_1，为小企业提供 $M_2 - M_1$。在信息不对称的条件下，为大型企业提供的贷款利率低，供给量多；为小型企业提供的贷款利率高，供给量少（见图 3.3）。

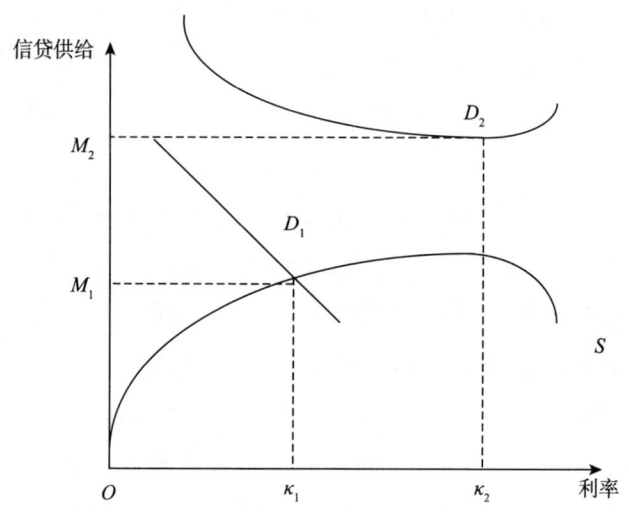

图 3.3　信贷配给均衡

（2）股票市场的融资功能。当通过银行融资困难时，企业可通过股票市场进行直接融资。股权融资则存在一定的成本，比如承销费用、会计师费用、广告费用等一系列的成本，股权融资中最主要的成本就是资金使用成本，其可以通过资本资产定价模型（CAPM）计算：

$$E(R_\rho) = R_f + \beta[E(R_m) - R_f], 其中 \beta = \mathrm{Cov}(R_i, R_m)/\mathrm{var}(R_m)$$

$E(R_\rho)$ 表示投资组合的期望收益，R_f 为无风险报酬率，$E(R_m)$ 为市场期望收益，β 为系统风险系数。理论分析可看出，股票融资的成本高于银行贷款的成本，但从企业现实角度来看，企业更希望通过直接融资来满足资金的需求，同时转移、分散企业的风险。

企业除了上述两种主要的方式，还有债券市场的债务融资，企业进行债务融资，主要支付交易成本、利息成本，其中交易成本主要包括发行债券时的费用以及后期的兑换费用。利率市场化的条件下，债券融资成本基本和贷款融资成本一致。如果金融水平低下，受金融抑制，会出现债券和贷款市场成本的差异。

从技术创新的生命周期来看，技术创新的每一个阶段对应不同的创新主体，每一个环节的顺利进行都需要外部的资金给予很好的支持，彼此是一个动态交互的过程，具有一定的规律性。①技术创新种子期，资金投入为50%~60%，创新企业并没有实现销售收入，但是需要购买研发所需要的原材料、支付研发的费用，收入大于支出，企业处于亏损期。加之产品市场前景的不确定性，导致这类投资风险极大，资金压力大，金融支持主要来自融资、风险投资机构、天使投资、政府等。②技术创新创业期是创新企业产品或服务的试销阶段，支出主要用于科技成果转化、开拓市场，财务上处于亏损状态。同时由于产品的生产工艺和市场前景不明朗，产品本身也不一定成熟，因此技术创新一般不可能取得盈利或者仅有微利，需要更多的资金用于完善工艺、采购设备等。但是相比种子期，技术风险降低，市场风险和财务风险仍然较大，商业银行也很少给此类项目贷款，在这个阶段以风险投资形式进行股本金投入、运用最为合适。由第三方担保的债务融资在这个阶段并非主流，从结构角度来看，资金供给方主要为风险投资机构、投资银行、政府等。③技术创新成长期，产品工艺基本定型，技术创新产品也纷纷涌入市场，技术本身的风险将明显下降，创新主体开始逐渐获得盈利，产品的销售量增长，发展前景明朗。规模生产形成，资金需求量增加，除了个别企业外，多数企业在此阶段不可能仅依靠内部资金积累和通常的项目融资或企业融资来解决资金需求问题。企业能够从金融机构获取贷款支持，但是资金的供给和需求还是存在很大的缺口，风险投资的大规模进入，能弥补这一缺口，比如新三板、科创板要求低，有利于其融资。④技术创新扩张期，技术变得越来越成熟，同时出现流动资金储备不足，创新产品的销售不断增加，企业的盈利能够逐渐抵消大部分投资可能带来的风险。如果仅仅靠企业现有的资金流、现金流，这时候并不足以满足企业的技术扩张需求。此时，融资来源一般由优先股转向普通股。这一阶段，企业可以考虑通过上市融资来满足资金需求，又能保证企业资本结构的健康合理，但是预估股本额、经营历史难以达到主板上市标准。技术创新路径为创业板市场或者私募（包括 OTC 上网）。⑤技术创新成熟期，市场需求不断扩大，财务状况改善，盈利能力增强，风险降到最低，为保持市场竞争力和市场份额，需要购置更多的设备、原材料，银行信贷、货币市场的资金拆借、证券融资都成为技术创新的资金提供渠道。⑥技术创新衰退期，现金流出现不足，但对于企业而言还是存在一定的并购价值。这时候，投入的资金仅能够维持现有的盈利水平，用来不断维护好现有的市场营销网络、广告宣传、确保品牌价值的留存等，使得其他来兼并的企业逐渐变现退出。在技术创新衰退期，参与支持的金融机构主要有投资银行、商业银行等。

基于上述的整体分析，同时综合其他因素，绘制图 3.4 与表 3.5。

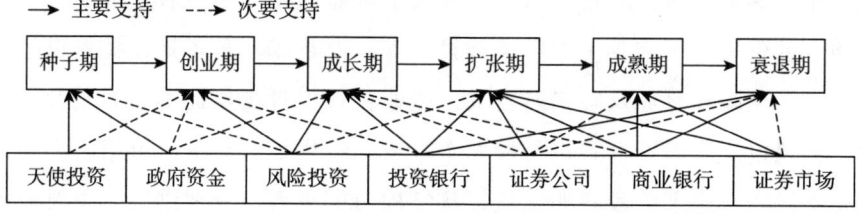

图 3.4　技术创新金融（机构）示意

表 3.5　技术创新生命周期各阶段的资金需求规律

生命周期	期限（年）	成功率	风险	最低收益率	适合金融机构	金融支持形式
种子期	7～10	不足10%	极高	50%～70%	风险投资机构、政府部门等	风险投资等股本金、专项拨款
创业期	5～10	约20%	很高	40%～60%	风险投资机构、投资银行	风险投资、优先股等
成长期	3～5	不足50%	高	35%～50%	风险投资机构、投资银行	风险投资、可转化优先股等

续表

生命周期	期限（年）	成功率	风险	最低收益率	适合金融机构	金融支持形式
扩张期	3～5	约70%	中	30%～40%	风险投资机构、商业银行、二板市场、证券公司、投资银行	二板市场融资、担保贷款、无担保可转债以及优先股等
成熟期	2～5	约90%	低	20%～30%	主板市场、二板市场、商业银行等	主板市场融资、商业银行贷款等
衰退期	1～3	约60%	低/高	10%～40%	商业银行、投资银行等	商业银行贷款、投资银行并购资金等

从生命周期来看，内部融资和政府的帮助还是存在很大的局限性。利用金融安排动员储蓄、融通外部资金显得尤为必要。金融系统可以将社会的闲散资金不断通过各种渠道汇集在一起，逐渐转换为储蓄，然后又将储蓄不断转换为技术创新项目投资。

从表3.5来看，在不同的生命周期，良好的金融制度安排、不断优化的金融结构能够有效地促进技术创新的发展。通过风险投资体制等，不断在源头上为发明和创新提供资金支持，更为重要的是，金融支持促使科技成果迅速传播，并且转换为生产力。同时，金融市场通过金融工具所具备的流通特性，不断对证券组合进行支持，这样就能够有效实现对风险的分散。大量的资金储备结合多种工具、多种金融产品，可以满足创新的融资需求，从而不断改善资金配置，这样就有利于促进技术创新。这使得金融业的发展更加促进了技术的进步，不断推动了知识经济的发展。

二 金融系统能够降低、分散技术创新过程中的风险

金融系统的风险管理功能主要是指金融系统能够不断分散、减缓、转移经济风险、技术风险等。在现实经济运行中，所有的经济活动都不可避免遭受风险的可能性。金融系统的作用就是减少、分散、转移经济风险等。金融机构与其他机构的根本性区别在于通过管理风险去获取回报，比如，银行就是经营风险的机构，银行通过大量的期限储蓄给予不同需求类型的

借款主体贷款，实现了跨期的期限匹配，利于长期资金项目的融资。Diamond 和 Dybvig（1983）构造的 DD 模型就分析了银行采取跨期而实现流动转换的机制。相比银行的跨期分散风险功能，金融市场则通过横向风险分散，实现对不同投资者的风险分担。King 和 Levine（1993）研究发现，金融市场通过分散横向风险吸引投资主体进入高风险的技术创新领域，刺激创新活动；Allen 和 Gale（1994）研究发现，金融市场是反映不同投资者不同意见的机制；Levine（1992）研究发现，证券市场的股权交易降低了流动性风险；Saint-Paul（1992）研究发现，资本市场能够有效分散投资风险，不断促进技术创新，从而利于经济的不断增长；De la Fuente 和 Marín（1996）研究认为，金融发展提供信息收集、风险分担的服务，促进金融资源流向技术创新这类高风险的活动，期权期货通过套期保值转移风险，保险公司通过经营风险获取收益，投资公司通过提供风险咨询帮助客户选择股票和债券而获取利润。Allen 和 Gale（1994，1997，2000）创造性地区分了系统分散风险的两种途径——横向分散风险、跨期分散风险，并认为市场能很好地处理横向风险，而金融中介更擅于进行跨期风险的平滑处理；Greenwood 和 Smith（1997）从技术创新视角构造跨期模型，研究发现，金融市场可以为企业家通过流动性来分散风险，激励技术创新。投资者往往将大部分的财富采取流动资产的形式持有，这种做法降低了风险，但缺乏生产性。合理的金融安排能够在风险约束下，使金融资源流向收益高的项目。

对于技术创新的高风险特性而言，从图 3.5 可以看出金融发展对风险项目的甄别机制。企业选择创新项目时必须进行细致的分析，规避没有市场、没有竞争力的项目，选择技术含量高、前景好的项目，但是企业并不具备对市场的专业判断能力，特别是缺乏产业分析、投资分析的能力。金融机构则在提供资金的同时会受到市场的影响和收益的启发，因而会关注市场的动向，体现出更为专业的投资能力，这就表明金融机构在进行市场识别的同时有助于推动技术创新项目。

当然，技术创新在创造高收益的同时，也存在高风险。风险主要来自流动性风险、技术风险、市场风险等一系列的相关风险。在技术创新、创

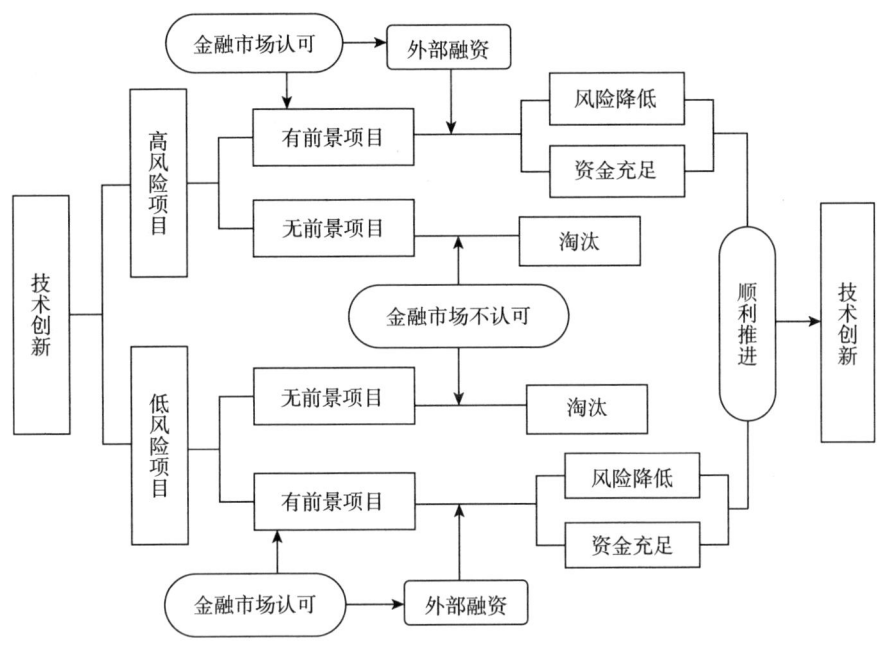

图 3.5　金融系统对技术创新的风险甄别机制

新项目实施过程中，对于创新主体——企业而言，其难以单独承受技术创新的各种风险，但是技术创新的高收益又不断诱惑着企业进行技术创新活动。为了实现技术创新的成功，不断降低技术创新面对的各种风险，企业必须找到风险共同承担方来进行相应的风险分散、风险转移，从而使风险在不同参与主体之间进行适度合理的分配。对于金融系统而言，喜欢风险收益这一特性使得金融逐渐参与到技术创新的整个过程中，在产品的研发、实验、商业化以及产业化过程中，不同的金融工具具有不同的比较优势，不断通过合约形式参与整个过程，实现利益共享、风险共担。例如，当风险投资为创新项目投入资金，或者商业银行等为技术创新项目提供贷款之后，部分风险逐渐转移到相应的金融机构中。同时，传递作用又使得技术创新风险逐渐转移，而且逐渐分散到风险投资的基金股东、银行储户中。

　　Allen 和 Gale（2000）发现，金融体系在给技术创新企业提供金融服务的同时，形成了横向风险分散机制和跨期风险分散机制，这会降低技术创新失败的概率，提升投资者成功的可能性。流动性风险是所有风险中最为重要的一种。信息不对称和交易成本都影响流动性风险，流动性风险管理则使得为高度不确定性的项目提供长期稳定的投资成为可能。高收益的项目需要较长时间的资本承诺，一旦金融系统的能力不足将不能提升资本投入的流动性，高收益的项目将不能实现，这一点在技术创新项目上表现得尤为突出。同时，金融体系也能降低所谓的个人特征风险，这主要是通过银行、基金、证券提供的融资渠道、风险分散渠道，改变资源的配置，提供分散化的服务，来影响流动性和分散机制，从而进行投资和推动技术创新。图3.6呈现了基于投资者的金融风险分散功能示意。

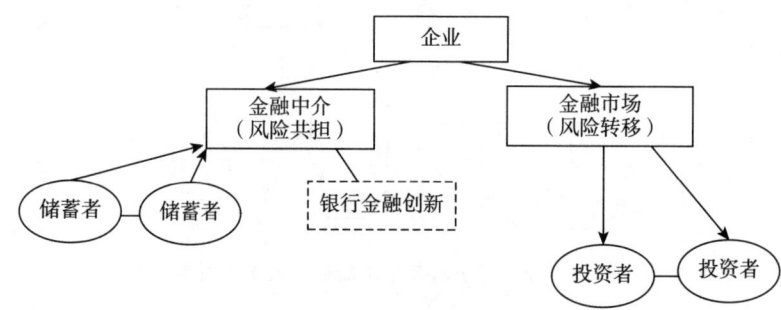

图 3.6　基于投资者的金融风险分散功能示意

三　金融信息处理功能减少技术创新的信息不对称

克纳特提出"信息是一种重要的商品"；斯蒂格勒在《信息经济学》中提出信息搜寻的新概念，强调了信息揭示及其在资源配置中的重要作用；1983年，罗默指出信息是一种重要的生产要素。现代经济中，信息揭示、传递是由金融系统来完成的。比如，企业经营的业绩、有效的信息传递、金融工具流动性决定了金融市场上证券均衡价格，同时共同决定了市场资源能否得到有效的配置。金融系统主要通过对交易价格信息的不断发现、有效揭示和传导来降低信息的不对称性和不完全性，从而有利于金融资源的配置。理性的主体选择融资结构、资源配置时，总会考虑收益最大化和风险最小化原则。金融系统主要通过资本的不断流动，从而使得实体资本能够有效地在不同产业部门之间合理流动，不断优化现代行业间的分配。

对于复杂、专业的技术创新而言，个体投资者都严重缺乏时间、精力，很难去处理和搜集技术创新项目未来预期、技术风险、创新主体的管理者是否能够有效管理、市场环境对技术创新的影响等信息，更不能够承担对创新项目进行科学评判的成本，信息的不对称、难以估算创新项目成功与否使得投资者不能、也不愿意轻易投资。金融中介的出现就合理解决了这个问题。首先，在信息的收集上金融中介具有规模优势，这样有利于节约信息成本，能够及时获取全面、准确的投资信息（陈雨露等，2012）。其次，银行可以通过专业化的信息生产，掌握很多投资者无法观察到的企业内部信息（Diamond，1991）。Boyd 和 Prescott（1986）研究发现，金融服务有助于降低收集信息的成本；King 和 Levine（1993）研究认为，金融中介能识别潜在创新企业家的融资需求，促进技术创新；Pagano（1993）将金融发展纳入增长模型，研究发现金融机构通过信息生产、筛选促进技术创新；Allen 和 Gale（2000）提出，在促进技术创新方面，金融市场与金融中介不是替代关系，而是互补关系；Petersen 和 Rajan（1995）研究认为，银行可以通过专业化过程，提高贷款的质量，发挥监督作用（Boot and Thakor，2000）；Hall 和 Lerner（2010）研究发现，专业的风险投资和私募股权能够较好地收集信息，减少信息不对称现象。在管理技术创新融资的约束下，金融中介可以挑选出较为优质的技术创新项目，并进行相应的资源配置，确保技术创新不断推进。

同时，技术创新涉及不同的利益相关者，各利益主体之间存在信息不对称的情况。信息不对称必然产生逆向选择和道德风险。金融体系在监督企业和获取投资项目信息方面具有明显的优势，如金融市场可以通过利率信号引导资金投向创新项目，解决技术创新过程中投融资信息不通畅、信息不完全、信息不对称的问题，由此不断推动技术进步。金融系统功能不断完善、结构不断合理、作用不断增强，这使得技术创新的拥有方可以通过这个金融桥梁不断传导一些有用的信息给潜在的投资方，这些信息包括技术创新项目的未来盈利空间、创新主体所有权结构是否会变革、技术创新项目领先市场的程度、外部竞争者对于技术创新潜在市场价值的评估、技术创新成功概率、交易成本等情况。同时，信息也在不同的潜在投资者之间、相关技术创新者之间、潜在投资者与类似技术创新者之间进行不断传递和分散。这表明金融系统的存在更能使技术创新信息不断从各种渠道进行汇集和沟通，最终为技术创新在经济系统中的顺利进行提供信息基础。接下来，以商业银行和股票市场的信息处理功能来进行模型研究。

（1）商业银行的信息处理功能。借鉴 Greenwood 和 Jovanovic（1990）的理论框架来说明商业银行对技术创新的信息处理优势。技术创新项目可能是高风险的项目（比如企业自主研发），也可能是低风险项目（技术模仿项目），当然按照风险的收益来看，一般高风险意味着高收益，低风险意味着低收益。

低风险项目，回报率低，生产函数为 $\gamma = \alpha \cdot I_{t-1}$；高风险项目，回报率高，生产函数为 $\gamma = (\beta_t + \vartheta_t) \cdot I_{t-1}$，其中 β_t 可当成研发项目的收益率，ϑ_t 表示特定项目的干扰项，$\beta_t + \vartheta_t$ 表示冲击因子，对于创新企业无法单独观测到 β_t、ϑ_t，但可以观测到 $\beta_t + \vartheta_t$。

在不考虑商业银行的基础上，企业家是无法观测到 β_t 的分布的。商业银行具备信息收集能力，在不同的创新投资项目上随机选择 N 个项目进行信贷投入，则其平均收益可表示为 $\rho = \dfrac{\omega}{N} \cdot (\beta_t \cdot N + \sum_{n=1}^{N} \vartheta_{tn})$。对于企业家而言，可参考银行的 ρ 来推测项目的未来收益，一旦 $\rho > \omega \cdot \alpha$，表明银行选择的高风险项目收益高于企业的低风险项目收益，则企业家就会投资高风险项目。

基于上述分析，商业银行比企业对于项目更具有信息优势，企业的信息搜集工作可交给银行，这样有利于缓解项目的信息不对称情况，降低信息搜集成本，提高成功概率（见图 3.7）。

（2）股票市场的信息处理功能。对于上市的创新企业而言，信息披露相当严格，信息驱动专业水准较高，信息搜集、处理能力强，使企业的价值得以在股票的价格中得到反映。本部分结合 Allen 的研究进行分析，企业 i 的信息集为 Θ_i，进行创新活动的决策集为 Ψ_i，企业参考自身的信息集以

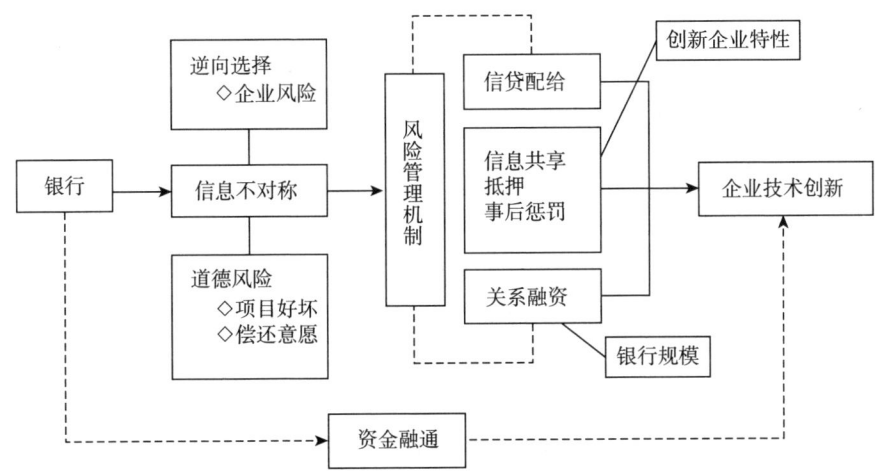

图 3.7 商业银行的信息处理机制作用于技术创新

及决策集做出决定，$Y_i = (\Theta_i, \Psi_i)$。考虑到信息的不对称，那么信息就表现为真实和虚假信息，真实信息集为 Θ_z，那么 $\Theta_i = \Theta_z + \varepsilon_i$，$\varepsilon_i$ 作为干扰项，优化状态下为 $E(\varepsilon_i) = 0$。创新主体采取 Θ_z 进行 Ψ_z 决策的收益为 $Y_z = (\Theta_z, \Psi_z)$。

最大的预期收益为 Y_E，Θ_z 和 Θ_i 的差异导致 Y_E 与 Y_z 的差异，当信息对称时才会无偏差。当二者在股票市场中偏差过大时，投资者会寻找信息，并将掌握的信息反映在股票价格中。因此，技术创新会通过股票来反映信息，进而帮助企业决策，缓解企业和投资者之间的信息不对称。

金融体系相比企业在信息收集上具有优势，如银行在提供信贷时与创新型企业签订契约，对创新型企业进行信用评级，确认哪家企业能成功把握住技术创新的最佳机会，从而采用适宜的金融方针、金融产品、金融工具来促进技术进步。最简单的例子：当银行对众多的信息进行评定后，确认某个创新项目成功率非常高，或者某家企业的技术创新市场有一个很好的前景，那么银行就可能对这个项目、这家企业进行相应的信贷倾斜，确保强有力的资金支持和保障。由 Leland 和 Pyle（1977）的 L-P 模型可知，金融中介作为投资者、经济人能够不断降低投资双方获取信息成本；Diamond（1984）通过委托监督理论研究发现，金融中介能够很好地处理激励和代理成本问题，并具有一定的信息优势；Greenwood 和 Jovanovic（1990）通过把金融中介加入 AK 模型中研究发现，金融中介的信息收集功能非常有利于信息处理，从而能不断提高社会的边际生产率；King 和 Levine（1993）研究发现，将金融中介纳入熊彼特增长模型中，在促进技术创新过程中，金融中介能够很好地发挥信息处理的优势，而证券市场在企业信息获取和传播上体现出直接优势。上市公司采取财务披露，银行征信系统提供企业征信信息，证券市场加强流动性，这些都可以有效地对技术创新进行监控和管理，使得技术创新企业不断发展壮大，优化资源配置，推动技术创新。

四　金融发展利于技术创新定价、降低创新交易成本

专业化分工对技术创新影响深远。亚当·斯密在《国富论》中指出，分工简化了劳动，利于机械的发明，但是使得所有的交易都会产生交易成本。对于人类早期的专业化分工时期，任何商品都是实行物品和物品之间的交换，这样表现出过高的交易成本。货币的产生就解决了物物交换的高成本问题，更利于市场范围扩大，从而使得专业化发展进一步加快。从信息经济学的视角来分析，对于物品和物品的交换，评估的成本过高，信息的掌握需要付出高昂的信息成本，而货币降低了单位信息成本，方便交换，利于拓展市场，促进技术创新。

对于项目、产品的价格发现以及对于产品的定价，成为技术创新能够顺利实现的前提条件，如果不能形成一个相对确定的价格，则不能达成技术创新的各个后续合同契约。结合前文所述的技术创新的特殊性、复杂性、不确定性等，那么定价的难度也是客观存在的。金融系统则能为技术创新提供一个良好的价格发现机制。技术价格不是规定出来的，而是通过市场规则运行而产生的。以风险投资基金为例，风险基金的专业从业人员，需要在投资之前对投资的技术项目进行调查，包括技术是否在市场上具有先进性、技术是否真正成熟、市场环境是否有利于技术的推行和发展等，这些都需要进行不断的考量、判断、分析，然后再对创新项目的价格、创新产品的价格进行谈判、估值。技术创新的交易双方进行多次信息交流、博

弈，最终形成了技术价格。这种技术价格符合市场的客观规律。价格通过金融系统传递给各个经济主体，确保众多的参与者之间达成合约，促进技术项目的开展。

1937 年，科斯在《企业的性质》中提出了交易成本，完善了新古典经济学的零交易成本的假设。市场的不确定性、潜在交易对手的数量等，这类外部市场环境的特点会影响交易成本；同时，人类所具有的人性特点，比如有限理性和机会主义行为倾向等，也会间接影响交易成本。金融则能够降低社会经济活动中的交易成本：在交易因素方面，金融系统能够降低市场的不确定性，降低交易风险和违约风险；在人为因素方面，理性个体在信息搜集方面能力不足，金融的应用提高了其理性程度，降低了交易成本。图 3.8 表示，对于技术创新的项目而言，金融机构在识别风险、识别信息方面具有差异，选择银行、风投、股票市场不同进入方式都与信息有直接关系，作用机制的差异取决于金融机构对成本、期望收益的对比，以及市场的支持力度，等等。Bencivenga 等（1995）通过构建的数量模型研究发现，金融市场降低交易成本有利于技术创新的发展。

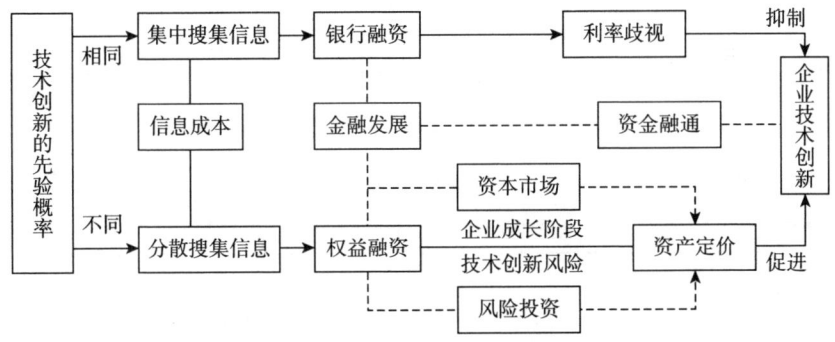

图 3.8　金融系统的信息处理路径

同时，金融的定价功能体现在金融市场通过交易双方的供求形成交易标的物的价格。比如，在证券市场中，一级市场表现为投资者和资金需求双方关于资金成本、投资资金形成相对稳定的市场价格；二级市场表现为投资者、买方、卖方通过市场的竞争来形成相对均衡的价格。在这个均衡的平衡点上，融资需求方的资金成本局部达到最小，投资者则实现了投资收益的局部最大，从而很好地反映市场的资金流向。

由于金融系统的存在，技术创新的融资方只需要接受金融机构的监督，而不需要接受储蓄者的监督，避免了重复监督，节约了监督成本，提高了监督有效性。金融自由化程度高的国家，金融体系更为发达，更能够不断降低交易成本、信息成本，从而使得一项技术转移到新的使用者手中的成本不断降低。金融系统不仅能够在信息搜索、信息处理、信息传递方面为参与主体提供方便，还能降低市场的风险和合约达成的难度，确保市场的灵活性。

五　金融系统对技术创新的监督功能

金融监督功能主要表现在创新项目实施前、实施中和实施后，债权人、债务人、股东、代理人等参与方会对资金使用、利用率进行监督。提高借款者的利率会影响银行贷款的质量，但金融系统通过收集、整理信息能合理分配资金、监督使用。考虑到技术创新的信息不对称，金融系统对项目的监督分为以下三个阶段（见表3.6）。

表 3.6　金融系统对投资项目监督的三个阶段

阶段	作用	相关问题
事前监督	投资项目的前景和风险评价，企业家信用分析	逆向选择
中间监督	监督经营活动	道德风险
事后监督	财务状况的判断，采取矫正性和惩罚性措施	确实性承诺

金融中介关于信息处理具备非常强大的功能，它能够合理解决事前的逆向选择，并进行事后的监督。Stiglitz 和 Weiss（1983）研究认为，银行与创新主体之间的金融企业降低了借款者的道德风险；Diamond（1984，1991）指出，金融中介与融资主体的长期合作关系有助于减少项目评估成本，避免搭便车的问题，有效减少道德风险；Dow 和 Gorton（1997）提出，证券市场通过前瞻、后顾信息传达市场信息。前瞻信息是指对未操作的项目进行投资分析，这样就能提高投资决策的准确性，有利于实现公司的未

来价值不断增值；后顾信息主要是指证券市场关于公司层面做出的决策研究，这也为企业不断提供间接定价机制，对信息进行充分的披露。Holmstrom 和 Kaplan（2001）研究认为，金融市场的存在能实现资金的优化配置，有利于技术创新。股权追求市场价值，债券追求本息，管理层追求职权收益最大，合理的监督机制会提高公司经营效率并减少资源浪费。金融能够实现有效的金融资源配置，公正地评定管理层经营行为和业绩。

技术创新中的逆向选择和道德风险是难以避免的，金融系统在技术创新过程中的监督功能主要表现在以下三个方面。一是金融系统能够收集、处理信息，并将信息用于技术创新资源配置和监督其使用，金融机构承担了"代理监控权"的职能。对于一个高效的金融市场而言，能够有效分配有限的金融资源，将使得公开、公正、合理监控、评价技术创新管理层主体的业绩成为可能，从而能够在很大程度上保障技术创新项目的顺利进行。二是金融系统的监督功能可以减少逆向选择行为，尤其是在技术创新项目风险大、利润低的状况下，通过监督功能，扩大技术创新投资范围，促进技术创新发展。三是金融安排能使企业的控制权从内部人员向外部融资人转移。控制权转移意味着，即便不能有效监控企业的运营绩效，当企业无法偿付债务时，债权人也可以获得控制权并获得企业的价值。

通过对上述的分析，我们发现从金融功能的视角来看，金融系统对于技术创新起着重要促进作用，表 3.7 基于金融功能创新、金融工具创新、金融机构创新、金融制度创新进行了详细表述。技术创新过程中也会出现资源需要整合、赢利机制不完善、缺乏流动性等困难，金融系统能够通过资源配置功能、资本增值功能、提供流动性功能等促使技术创新不断发展和完善。

表 3.7　技术创新的金融系统支持机理

金融创新类型	金融功能	技术创新困难	金融系统支持
金融功能创新	筹融资	资金瓶颈	资金支持
	资源配置	需要资源集聚及整合	优化配置
	资本监督	逆向选择和道德风险	技术创新监督

金融创新类型	金融功能	技术创新困难	金融系统支持
金融工具创新	信息处理	信息不对称	信息提示
	价格发现	难以定价	技术定价
金融机构创新	提供流动性	缺乏流动性	提高技术创新资产流动性
	项目选择	缺乏择优机制	择优选择项目
	资本增值	赢利机制不完善	赢利机制
金融制度创新	风险管理	风险较大	风险管理
	降低交易成本	交易成本高	降低技术创新交易成本

六 金融发展对技术创新的间接作用机制

技术创新面临资金瓶颈、风险、信息不对称、定价难、逆向选择等问题，金融系统可以通过提供融资渠道、分散和转移风险、信息传递、实施有效监督等来直接影响技术创新。当然，金融体系不仅仅作为独立的因素对技术创新产生作用和影响，也会通过影响宏观经济环境、FDI、人力资本等其他因素间接影响技术创新活动。

（一）金融发展改善技术创新的宏观经济环境

宏观经济环境中，金融市场环境是一个重要部分。金融系统有利于金融资源的合理分配、产生聚集效应，以及风险的管理等，从而促进经济发展，改善企业创新的宏观经济环境。从宏观的视角来看：首先，金融市场通过吸收居民储蓄实现资本积累，并为企业技术创新提供资金；其次，金融市场通过资本合理分配提高投资效率，降低风险，引导资本流向高边际收益的投资项目；最后，金融的传染性、波动性导致投资、宏观经济波动，影响经济发展，进而影响技术创新的动力。

采用 Pagano（1993）将金融因素引入增长模型的方法来进行分析。假定：经济系统的储蓄率为 s，储蓄流量为 S，则关于产出 Y 的函数为 $S = sY$，在缺乏金融市场支持的情况下，储蓄还存在投资中的"减损"，储蓄—投资转化率为 $\mu, 0 < \mu < 1$，那么投资 I 的函数为 $I = \mu sY, 0 < s, \mu < 1$。

考虑收益不变的生产函数为 $y = Ak$，y 为人均产出，A 为人均生产技术水平，k 为人均资本，则稳态的人均增长 $g = s\mu A - \delta$，δ 为折旧。那么从这个式子来分析，金融对技术创新的影响如下：一是金融的发展提升 s，增强资金的转换能力，对储蓄率内生化影响明显；二是提升 A，帮助提升资本使用效率；三是利于 μ 的提高，从而在宏观上影响技术创新的宏观环境。

（二）金融与人力资本的结合作用于技术创新

经济增长、技术创新，这一切都离不开人的活动，人就是所有活动的主体。Lucas（1988）研究发现人力资本积累是经济增长的原动力。经济的不断发展、技术的不断进步离不开人力资本的不断积累。在创新活动中，参与者利用自身的专业知识、专业技能来确保人力资本的边际收益逐渐递增。人力资本积累不仅仅是技术创新的源泉，也逐渐成为技术扩散、技术传播和应用的必要基础。Nelson 和 Phelps（1966）在《人力资本投资、技术转移和经济增长》一书中就指出了对于一个国家、一个地区、一家企业的发展，技术引进、技术使用需要人来实现，这就和人力资本存量有直接的关系；Benhabib 和 Spiegel（1994）研究发现人力资本会直接或者间接影响对跨国公司技术外溢的利用能力；Keller 和 Robert（1991）研究发现各个国家、各个经济体人力资本积累的差异性也会导致在技术的扩散、技术的吸收、技术的创新上存在明显的差异性，最终会通过经济增长的差异性体现出来。要实现一个国家技术不断进步、人不断发展，人力资本的积累显得尤为关键和必要。

金融在人力资本形成过程中的作用，主要表现为投资支持以及相应的风险分散。金融的投资支持主要体现在对非公共产品高等教育的投入上。众所周知，教育需要金融的支持，没有资金的教育需求者不能够获得高等教育，从而不利于提升人力资本。从风险视角来看，投资者难以估算被投资者的未来收益、未来风险，因此对于人力投资比较慎重。De Gregorio（1996）从信贷约束角度研究发现，信贷约束使得经济主体不断减少教育时间和教育投入，对人力资本产生负向影响；Cooley 和 Smith（1998）从劳动分工角度研究发现，参与者应该在年轻时接受教育，这样在中老年时才能更好地发挥经营企业的才能，为企业创造更多盈利。

（三）金融与 FDI 的结合作用于技术创新

技术创新包括研发型技术创新和引进学习型技术创新，二者的发生机制存在不同，研发型属于自主创新类型，而引进学习型主要指通过外商直接投资（FDI）的途径，购买、引进、消化吸收先进的技术，是后发国家常常采取的方式。Blomstrom 和 Kokko（1996）研究发现，外商投资对技术创新有溢出效应，FDI 会通过劳动者、技术模仿、竞争、联系效应等途径促进东道主国家的技术创新。对于发展中国家的技术模仿，FDI 发挥着重要的作用，但是 FDI 并不会自动实现，而是受东道国众多条件的限制。例如，Smarzynska（1999）强调产权的重要性，认为不完善的产权保护制度会使得FDI 引入水平过低。Bailliu（2000）研究发现，发达的金融体系能降低交易成本，提升项目可行性的评估能力，促进东道国的技术创新与进步；Alfaro（2003）发现，发达的金融体系为企业家提供创业融资，促进企业技术创新水平的提升；Omran 和 Bolbol（2003）研究发现，后发国家对技术溢出效应的吸收能力与金融发展水平是正向相关的；任永菊和张岩贵（2003）利用中国的数据发现，中国信贷市场通过 FDI 促进技术创新；孙力军（2008）研究认为，金融不断发展非常有利于对外商直接投资的吸收，同时又能高效为外商提供金融服务，提升技术模仿能力，促进经济发展。那么 FDI 能否有助于东道主国家的技术水平提升，取决于经济社会环境、技术条件、人力资本，当然也包括金融状况。

基于图 3.9，有关金融发展与 FDI 的技术溢出效应主要体现如下。一是发达的金融体系能够高效解决东道主国家企业创新中的融资问题，降低模仿技术的成本，有利于模仿外资先进技术。外资企业对于东道国企业存在示范、竞争、人员流动、关联效应，这样就能够不断促进东道国企业技术有效升级、满足技术创新的金融投资需要，金融发展效率的提高将能有效降低先进技术学习成本，提高吸收能力。原有技术与新技术差距越大，企业融资需求越大，外部融资对东道国金融发展程度的要求越高。那么，发达的金融体系，对于技术升级无疑具有促进作用。二是良好的金融体系为

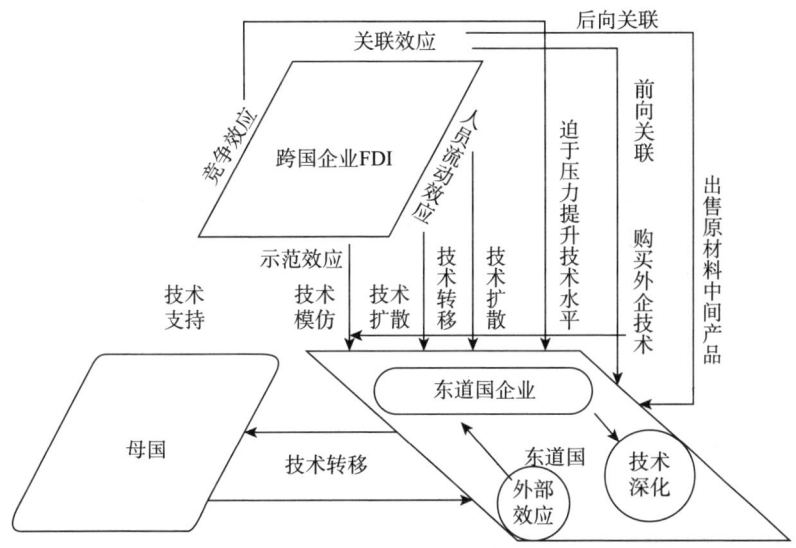

图 3.9　金融与 FDI 对技术创新的影响机制

对于外国公司的创新融资提供了更好的途径，以此促进东道国对先进技术的吸收。FDI 拓宽合作企业的市场，也促进出口市场的发展，而这些结果的出现就依赖东道国金融体系对企业家创业活动的支持。三是金融影响 FDI 的关联效应。Hermes 和 Lensink（2003）考虑到技术模仿、吸收过程的不确定性，投资项目的不可分割性，认为金融体系的完善将改善资源的配置，为国内企业模仿与创新提供资金支持、降低投资风险；Alfaro 等（2006）研究发现，金融市场关于 FDI 在东道国产生的后向连接效应更加明显。四是良好的金融体系更利于东道国的创业，有利于外资企业技术外溢效应的发挥。阳小晓和赖明勇（2006）研究指出，东道国创业者只有支付一定的初始费用后才能引进先进的技术，这些初始的成本又依赖金融体系运行对创业者的支持。运行良好的金融体系可为技术模仿企业提供融资，为创新主体提供一定的原始资本。而高效运作的金融体系将不断降低创新主体——企业的融资门槛，扩大 FDI 的技术溢出效应，促进东道的技术创新。

第四章

技术创新的历史依据及阶段划分

第三章从企业视角分析了技术创新的动因，并结合金融发展因素构造了技术创新动力机制模型。技术创新会遇到各种困难和瓶颈，金融通过发挥其强大的功能，不断解决、处理技术创新遇到的难题。

一般来看，一个经济体的技术创新主要有两种方式：一是以自主创新为主的内源方式，但是这种方式的沉没成本、研发成功的不确定性严重影响了技术创新；二是以模仿创新为主的外源方式，即引进成熟的技术（余泳泽和刘大勇，2014）。Grossman 和 Helpman（1991）研究指出，创新和模仿是内生增长促进技术进步的途径。由于各个国家的劳动力禀赋、资源禀赋、技术能力禀赋等存在差异性，其在技术创新的路径选择上不一样，技术发展的结果也不一样，大部分的国家出现技术模仿陷阱，只有少部分国家实现了技术的赶超和发展。对比研究发现，对于经济发达的国家，比如美国、英国等国家，一般采取的是技术的自主研发创新来保持技术的领先优势；而对于发展中国家，一般都是采取技术购买、技术消化吸收、模仿创新、二次创新等方式。这也就是说，不同发展阶段的经济体选择的技术创新方式、路径是不一样的。

我国作为发展中大国，需要选择适宜我国经济增长的技术创新方式。《"十五"规划纲要》也明确提出，到 2020 年，我国力争进入创新强国行列，提高技术能力需要通过后发优势（技术模仿、模仿创新）和自主创新来实现。从我国的技术发展历史来看，1949 年以来，技术创新的阶段性就显得尤为明显，路径选择表现为技术模仿、模仿创新、自主创新三足鼎立的状态。对于一个国家、一家企业，其在任何一个阶段都存在技术模仿、模仿创新、自主创新等多种方式的结合，因为技术发展本身就具有多样性、复杂性。考虑到技术创新的差异性，结合中国的实践现实，本章主要基于研究文献以及中国的技术发展历史，对于中国技术创新阶段进行划分，并研究各个阶段的技术创新特点、金融发展在各个阶段的融合情况，以此为后文研究金融发展对不同阶段技术创新的传导路径奠定基础。

第一节　技术创新阶段划分的历史依据

Abernathy 和 Utterback（1978）针对技术创新构造了 A-U 模型，并通过模型研究发现发达经济体是按照技术的流动、技术的转换、技术的专业化轨迹发展的，后发经济体一是参考发达国家的轨迹，二是进行技术追赶，也就是技术获取、消化吸收、改进等路径。斋藤优和王潮江（1988）研究认为后发国家技术发展源于技术获取、消化吸收、改进；陈劲（1994）提出技术的发展模式为技术吸收、技术改进、自主创新；安同良和周绍东（2009）研究认为技术模仿分为五个阶段，即技术选择、技术获取、技术消化吸收、技术改进、技术创造；吴晓波（1995）研究认为发展中国家的二次创新动态模式表现为模仿创新、创造性模仿、改进模仿、后二次创新；金麟洙（1998）以韩国为例，提出了后发经济体的技术获得、技术消化吸收、技术改进三阶段模式；Lee、Bae 和 Choi（1988）认为从技术层面来看，发展中国家的技术轨迹是"技术获取—技术消化—技术改进"；从产业、企业层面来看，发展中国家一般采取引进国外技术，再通过本土改进设计为主的内化阶段，逐渐发展到自主研发的创造阶段；Vongpanitlerd（1992）研究发现泰国的技术阶段表现为"技术获取—技术操作—技术改进—技术创新"；赵晓庆和许庆瑞（2002）提出发展中国家技术能力发展的轨迹是从仿制到模仿创新再到自主创新；魏江（2002）研究认为中国企业的技术主导模式表现为"技术引进、消化吸收、自主创新";胡鞍钢(2004)认为"技术引进""自主创新"不是对立而是互补的,从长远发展来分析,中国应该从模仿增长向创新增长转型;路风和封凯栋(2004)结合日韩汽车工业发现技术模仿与自主创新是技术创新最好的途径;张松涛(2007)研究指出我国技术创新需要实现技术引进、自主研发的结合;郭熙保和文礼朋(2008)研究认为从技术引进、消化到技术改进,从模仿到创新,是后发国家走自主创新的必由之路。基于众多研究者的研究可以发现,国内学者比较认同发展中国家技术创新的阶段为技术引进—技术消化吸收—自主创新。纵览1949年之后中国技术创新的历程,主要包括以下三个阶段。

一 以技术模仿为主的历史阶段

1949～1978年,中国的技术创新主要是参考苏联的技术发展经验,通过不断模仿苏联的技术产品、技术设计,构建了我国比较完整的技术工业体系。但是后期发现,仅仅依靠外部的引进难以满足发展需求。于是中共八大提出在学习和引进先进科学技术的同时,要结合中国国情创新设计适宜我国技术发展的新产品,这也标志着我国从仿制向自行设计的转换。但是考虑到当时的历史环境,自行设计仅限于个别的领域,这也使得自行设计并不能全面普及。由于后期中苏政治关系的原因,对苏联的模仿、外向型学习方法就变得不再适用,《1956～1967年科学技术发展远景规划纲要(草案)》就提出了"我们需要不断地学习国外成熟的技术,不断地掌握优质的生产方法,但是并不能一味简单地抄袭和模仿,应该结合我国的资源优势、人力优势来进行不断的技术创新"。同时,为提升我国的自主创新能力,国家、政府、地方机构也不断加大对于科学技术的资金投入,不断加强对于技术人才的培养。1960年中国科研经费支出比1952年科研经费支出增加了近60倍;同时,1960年的科技人员、科技研发人员、科技工作者共计达到了196.9万人,相比1952年增长了3.6倍。在这个时期,政府是技术创新的主体,政府主导能够较快实现人力、物力、财力的集中创新。在此期间,我国出现了"两弹一星"、人工合成胰岛素等技术创新成功案例。

改革开放后，我国坚持以经济建设为中心，在注重自生能力建设的基础之上，不断参与世界各国的技术合作、经济合作，同时注重对于国外先进技术、先进设备的引进，并且大力培养技术创新所需要的科技和技术人才。1979 年中国技术引进合同金额仅为 25 亿美元（1950～1978 年我国技术引进情况见表 4.1），但到 2013 年就已达到了 434 亿美元，增长了近 16 倍。技术的引进、技术的购买对我国的经济发展至关重要，由于技术的引进和模仿，我国顺利承接了技术领先国的产业转移，在世界产业链中拥有一席之地。

表 4.1　1950～1978 年我国技术引进的情况

单位：万份，亿元

年份	合同数	合同金额
1950～1959	450	37
1960～1969	84	14.5
1970～1978	311	68.2

资料来源：1951～1979 年《中国对外经济贸易年鉴》。

在技术模仿时期，我国的产业、企业技术都处于萌芽阶段，大部分的企业则表现出刚刚起步状态，这时候的技术基础较为薄弱，资源、人力的投入都比较小。一方面，自主研发需要大量的资源投入且研发时间长；另一方面，在当时的技术环境下，自主研发成功率较低。因此，从当时技术发展的角度来看，难以通过自主研发、自主创新实现与发达国家一样的技术水平、生产出优质的技术设备。在这个阶段，主要引进成熟的生产设备，关注使用技术，使生产人员掌握技术设备的操作，通过干中学来提高学习能力。

二　以模仿创新为主的历史阶段

20 世纪 70 年代开始，全球的科学技术日新月异，美国率先爆发了信息革命，当时计算机也在全球得到不断推广，提升了生产效率，影响了世界经济变革。中国受历史的影响，技术水平较低，科技较弱。基于历史环境，为实现现代化建设的目标，提升创新水平的关键变成了对人才的培养。1978年，全国科技代表大会非常明确地提出了科学技术作为生产力的说法，在这个时候"尊重知识，尊重人才"被不断重申。同时，我国通过恢复高考制度，来培养一部分科技人才。这一时期，从盲目的自力更生转换为对国外先进技术的消化再吸收，并在这个基础之上不断实行创新的技术政策（胡钰，2010）。同时，国家、政府、地方机构也非常重视技术发展项目，通过在不同省份、不同地区进行重点项目的开发和实践，通过对优质先进技术的消化再吸收并创新的过程，逐渐缩短与发达国家的技术差距。

从 R&D 支出来看，我国 R&D 支出表现出连续的增长态势。2013 年为11846.6 亿元，是 1990 年的 94.4 倍，年增长率大概为 22%；而其在 GDP 中的占比也是连年攀升，从 0.71% 增长到 2.08%（见表 4.2）。

表 4.2　1990～2013 年我国 R&D 支出情况

单位：亿元，%

年份	R&D 支出	R&D 支出占 GDP 比重
1990	125.43	0.71
1995	348.69	0.57
2000	895.66	0.90
2005	2449.97	1.32
2010	7062.58	1.76
2013	11846.6	2.08

资料来源：1991～2014 年《中国科技统计年鉴》。

这时候，科学技术基本被我国不同产业、不同行业的企业逐渐掌握，并且这一阶段重点强调对于先进技术的消化吸收，并在现有的技术基础上进行创造性模仿改进。基于产业的发展，后发国家的部分优秀企业已形成一定的产业技术能力和创新能力，因此在进行技术购买、引进的同时，逐步形成了自主研发、自主创新的能力，主要表现在通过对现有技术、现有资源的不断学习、不断共享，实现对技术的完善和优势互补，并进行自主研发，从而逐渐提升我国不同产业的创新素质和能力。但在这个时期，产业、企业的核心技术研发还是建立在外部技术设备购买、外部先进技术引进的基础之上，事实上并没有真正做到自主研发、自主创新。

三 以自主创新为主的历史阶段

1996年后，我国就明确强调产业、行业、企业应该具备自主创新能力，并不断发展高新产业，而且明确提出了企业自主创新应该作为主体进行不断发展。冷战结束之后，国家与国家之间的竞赛逐渐转向国家经济实力、国家综合国力的竞争。而此时，科学技术就成为一个国家综合国力的重要标志。在这个历史背景下，我国确立了科教兴国战略，为推动企业创新能力的提升，国家、政府、地方机构对于技术体制进行了不断的变革。同时，采取一系列的经济政策、科技策略，不断推进科研机构、高等院校、研究所等进行科研、创新改革，大力鼓励企业创建自己的研究机构，大力推动技术成果转化为产品，发展高科技和推广高科技产业。2006年后，在"市场换技术"的政策下，我国很多战略性产业、行业、企业都得到巨大的发展，同时技术创新能力也在不断提升，但在核心技术的掌握上，并没有自己的核心技术，反而陷入了对其他优质技术的技术依赖（吴敬琏，2006）。这其中就以汽车产业表现尤为明显，政府本想以"市场换技术"的方式来不断提升技术创新水平和技术能力，可是最终并没有消化吸收国外先进技术和管理能力，反而丧失了自主研发的平台和动力。基于模仿陷阱的历史原因，2006年国家颁布了《国家中长期科学和技术发展规划纲要（2006～2020年)》，确立了"自主创新、重点跨越、支撑发展、引领未来"的发展战略，这是将自主创新作为战略重点，不断实现原始创新能力的提升，增强企业的集成创新、消化吸收和再创造的能力（许庆瑞等，2012）。

在自主创新阶段，国家为工业发展、技术创新出台了大量的支持政策，这样使得自主创新有一个非常良好的外部经济环境；同时，国家也进行了大量科研资金的投入，对于人力资本也进行了大量的教育投入，这使得我国自主创新能够获得更多人才储备。

第二节 技术创新的阶段特征

当今世界，任何一个国家都不能够脱离国际技术来发展本国的经济，尤其是对于资源相对匮乏、技术落后的发展中国家而言。那么技术的引进、购买，以及对先进技术的模仿创新都无疑扮演着一个重要的角色。当然，当一国的经济发展到一定阶段时，自主创新也逐渐成为保持经济领先的重要因素。在市场的运行中，任何技术都不能保持长期的垄断地位，考虑到技术创新的溢出效应，对技术创新的模仿以及技术转移也会消除技术垄断。伴随科学技术的不断普及，技术垄断对于市场进入、退出的影响越来越小，市场的集中度越来越低。最终，地区与地区之间、国家与国家之间，通过技术的模仿、吸收、自主创新实现技术差距的不断缩小。

一 技术模仿阶段（Ⅰ）——"后发优势"

美籍俄裔经济学家 Gershenkron（1970）在《经济落后的历史透视》一书中提出了"后发优势"，后发优势就是指后发国家地位所致的特殊有利条件，这种特殊的条件在先发国家不存在，后发国家不能通过自身的努力进行自主创新。他认为后发国家可借助技术引进、模仿逐渐实现对先进技术的学习和赶超。日本学者南亮进（1992）结合日本部分产业从生产萌芽到逐渐消亡的生命周期研究发现日本这个国家的产业增长对于技术模仿的依赖性高，也就是后发优势凸显，在 1970 年后，随着技术差距的减小，由模仿转向自主创新，后发优势逐渐消失。后来的学者发现，模仿是创新传播的一种重要形式：凯恩克劳斯研究认为模仿不是简单的仿制，而是包含渐进的创新，通过对原设计产品的不断改进，模仿者就被看作某个领域的创新家。

林毅夫等（1999）基于比较优势理论研究认为发展中国家应该充分发挥后发优势，通过学习先进的技术来推动本国技术进步、产业升级；易先忠等（2007）认为中国的技术进步主要来自对国外先进技术的购买、引进、模仿。技术模仿是一种跟随战略，低成本、低风险，许多发展中国家都可以采取这样的追赶战略，技术模仿能够缩短与发达国家的技术差距，提高生产水平，利于经济增长。

与技术前沿国家技术差距较大时，技术模仿首先体现出自己的价值。通过韩国产业（例如汽车、电子产业等）整个发展历程就可以知道技术模仿的重要性。Aghion 等（2001）研究发现技术模仿的成本较低，是后发国家实现技术追赶的一种重要方式；Aghion 等（2009）指出技术模仿也是一种创新，虽然与自主创新相比，在技术难度上相对较低，但在原有技术的基础之上，模仿后的产品的确发生了很大的变化。

技术模仿的特点有以下几点。

（1）技术模仿的成本低、耗时少，但是融资约束严重。曼斯费尔德对美国的化工、电子、机械行业48项产品模仿、创新的成本和耗时进行实证发现，模仿的平均成本约为创新的65%，模仿的平均耗时约为创新的70%。他通过对比日本企业、美国企业的化工、电子、机械行业样本，发现相比自主创新，模仿在耗时和成本方面具有优势。日本模仿耗时仅为自主创新的72%，模仿成本仅为自主创新的50%，美国模仿耗时为自主创新的98%，模仿成本为自主创新的95%，这也表明国家之间的差异性，日本善于模仿，美国善于创新。王海威等（2005）研究发现，对于企业而言，获取竞争对手创新活动的信息比较容易，花费也并不是太大。根据日本、韩国企业的经验，模仿的成本一般为原研制费用的60%～70%，一般历时三年就能完成仿制。企业进行技术引进时必须参考外国先进的技术标准，而且需要支付巨额的版权费等，此时企业融资需求比较大。

从资金方面来看，根据清华大学经济管理研究所的945家企业创新调研，发现资金短缺是我国企业技术模仿的首要障碍，大型企业的资金障碍占比为76.2%，中型企业的资金障碍占比为78.3%，小型企业的资金障碍占比为82.7%。企业规模越小，企业的资金障碍越明显，并且资金障碍占比达到了3/4，说明技术模仿阶段资金缺乏比较严重（见表4.3）。

表 4.3　我国企业技术模仿的障碍因素

单位：家，%

企业规模	样本数	缺资金	缺人才
大型企业	214	76.2	51.4
中型企业	460	78.3	41.3
小型企业	271	82.7	66.4

　　金融系统的一个基本功能就是对分散的资金进行汇集，可以为技术模仿提供资金供给。对于技术模仿的创新主体，如果不能够得到外部资金的支持，而仅仅依靠内源融资，发展到一定程度时，一定会受到规模的限制。

　　(2) 技术模仿的收益会递减。一般来看，适合技术模仿的技术都是来自外部的技术。其收益比较高，但是长期来看，不存在自主创新，模仿收益会从递增到递减。这个阶段的重点是技术的引进和简单模仿，不确定性表现在生产过程以及市场竞争过程中。比如，技术的有效性、生产规模、产品竞争力，以及能否通过技术模仿实现低成本的市场竞争都具有不确定性。

　　(3) 技术模仿的失败率和风险低。Golder 和 Tellis (1993) 对二战及二战后的 36 个技术产品发展历史综合考察的结果说明，率先进行产品创新的失败率为 47%，而在早期作为技术追随者的失败率仅为 8%。也就是说，早期的模仿与自主创新相比，风险相对较小。

　　在技术模仿阶段，金融发挥的功能主要体现在对创新主体的融资上，此阶段融资规模的大小成为影响技术模仿的约束因素，考虑到中国金融制度的核心作用，金融制度与融资规模将在这个阶段发挥极其重要的作用。

二　模仿创新阶段（Ⅱ）——"后发优势"

　　与世界技术前沿的差距，会随经济的发展逐渐拉大，单纯的技术模仿带来的经济增长效应会显得越来越不明显。由于前沿国家会采取技术保护策略，一味的技术模仿会使得后发国家陷入"模仿陷阱"，因此必须实行转换策略，才能不受控于前沿国家的技术约束。模仿创新又被称为创造性模仿，主要是指创新主体通过自身资源的优势，对先进产品、先进工业不断调整、不断改进，或者对产品不断重新设计的过程。模仿创新不是单纯性的模仿，主要是在不断吸收先进技术的基础之上的再改进过程。模仿创新——赶超型国家和地区的路径选择。Grossman 和 Helpman（1990）研究发现，技术落后的国家可通过模仿创新减少技术差距；Fred 和 Keller（2011）研究认为，模仿创新对于绝大多数的后发国家是非常重要的路径；Acemoglu 等（2006）研究指出，如果一国技术与世界前沿技术差距过大，最优路线是采取单纯技术模仿，如果差距不大，则可采取模仿创新。

以美国、英国为代表的发达国家处于技术前沿，那么对于它们而言，自主创新属于最优的技术选择。但对于技术落后的欠发达国家，初始条件不同，强行推行自主创新只能导致得不偿失。从日本为经典后发国家的案例来看，其选择的成功技术路径为技术模仿—模仿创新—自主创新，从而实现经济的增长。严格来说，显性的技术储备水平影响技术创新，储备的技术时间越长，那么对于技术创新的作用越大。日本虽不曾有很高的技术储备水平，但正确的路径选择解决了此问题。虽然自主创新能带来高收益，但也具有高风险的特性。一般状况下，自主创新中的应用研究成功率仅为15%，基础研究成功率仅为3%。后发国家假如不结合自身的资源禀赋选择自主创新，最终会以失败告终。模仿创新由于技术的风险性相对小、市场相对明朗，对于后发国家而言是一条优质的技术创新路径。

模仿创新的优势在于能够充分利用部分技术创新首创产生的技术溢出效应，从而有效减少对于技术创新的资金投入，同时还能有效避免自主创新所面临的高风险，但这对于模仿创新的企业也有很高的要求，比如企业应该具备较高的技术消化能力、对技术不断完善的转换能力、对新技术的变通识别能力等。对于进行自主创新的首创者而言，往往由于一大批模仿创新者的存在，自主创新陷入自主创新经营的困境。模仿创新在改变产业组织和市场结构方面有很大的影响：模仿能力强，市场会很快进入完全竞争状态；模仿能力弱，市场势力稳定，市场结构倾向于垄断。

从近年的模仿创新产品市场来看，笔记本电脑率先创新于美国，但日本、中国成为国际市场的主导；半导体、数字式手表、复印件、传真机率先创新于美国，日本却是主导。基于此，我们发现模仿创新存在于国际市场上，它不同于技术抄袭，而是创造性的学习；模仿创新也在同一个市场、同一个环境中发生，这就不能够避免与模仿对象的激烈竞争。模仿创新也具有改进性，模仿创新立足于改进，受制于知识产权的保护，如果只是简单的抄袭，那么就涉及侵权。模仿创新者可充分利用后发优势对模仿对象进行筛选，不断完善技术，更具有竞争力。模仿创新受到市场需求的激励，一般采取跟随策略，节约了大量技术创新不确定性带来的成本和损失，比率先创新更有竞争力。

模仿创新的特点有以下几点。

（1）模仿创新的失败率和风险低。技术方面，模仿创新者作为有价值的新技术追随者，可以观察创新者的创新行为，选择成功率高的技术进行模仿改进。模仿创新主要是渐进性改进、完善、再开发的过程，能够有效回避研发的探索风险。同时，模仿创新的企业具有高度的方向性、集中性、针对性，能够免费获取公开的技术或者低价购进先进技术，这就是投入少、效率高。

通过对法国7个行业工业品创新的调查发现，相比第一、第二家进入市场的企业而言，第三、第四家进入的企业成功率更高。大多数情况下，率先进入并不意味着在市场上更为成功，在引入期、成长期第三、第四家进入的企业成功率达到87.5%、81.82%，这样的企业正是模仿创新型企业（见表4.4）。

表4.4　模仿创新市场进入的优势顺序

	进入市场顺序			
	第一家和第二家	第三家和第四家	第五家和第六家	第七家及以后
引入期				
成功	5	7	3	6
失败	5	1	4	1
成功率（%）	50.00	87.50	42.86	85.71

	进入市场顺序			
	第一家和第二家	第三家和第四家	第五家和第六家	第七家及以后
成长期				
成功	0	9	6	11
失败	1	2	3	6
成功率（%）	0	81.82	66.67	64.71
成熟期				
成功	1	3	1	6
失败	0	3	1	6
成功率（%）	100	50.00	50	50.00

资料来源：Lilien 和 Yoone（1990）。

（2）模仿创新具有更大的技术优势。模仿创新是在已有的技术、现有的设备基础之上的改进式创新。由于模仿创新滞后于自主创新，减少了技术开发的不确定性，同时由于自主创新的溢出效应，降低了模仿的成本，结合创新的方向性、集中性，模仿创新就能避免高风险、高投入。王厚双（1997）研究发现，"日本通过对技术的不断引进、购买、吸收，在 1955～1970 年这 15 年间，基本上是吸收全世界近半个世纪内较为先进的科学技术，从其付出的成本来看，付出的外汇不足 60 亿美元；同时，从时间和技术成本的花费来看，在掌握国外现成技术的过程中，大约节约了 2/3 的时间和 9/10 的技术研发费用"。

在生产方面，产品的质量、性能、价格是产品的关键因素，在创新上没有优势，只能寄希望于生产制造的环节。因此，模仿创新表现为对于产品的不断优化改进和不断完善，特别是对于制造工艺产品的优化再创造，以此来不断弥补设计上的缺口、技术上的不足，进而不断推动产品性能的稳定和完善，适应市场、适应消费者的需求。因此，模仿创新的市场前景显得比较好。技术模仿创新表现为在吸收先进技术的同时又改进技术。模仿创新属于渐进型技术创新，比较适合技术后发国家。

王海威等（2005）研究认为，我国的实践证明，从"仿造入手到自行设计开发"是一种进行学习、积累技术、满足需要、提高水平、独立设计和创新的有效途径。表 4.5 是我国某机械制造企业从仿制到自行设计进行产品二次创新，从第一代技术发展到第六代技术的过程。不难发现，将引进仿制和自行设计相结合快速缩短了与国外先进技术差距。众多的案例也表明，单纯的仿造和闭门搞自行设计都不利于提高技术创新水平，而两者结合才是最有效的办法。这就表明必须采取"学"和"干"结合的双向合作。

表 4.5　某机械制造企业技术发展过程

	第一代	第二代	第三代	第四代	第五代	第六代
	1957～1958 年	1966～1969 年	1979～1982 年	1980～1982 年	1985～1987 年	1993～1995 年
技术发展道路		测绘仿制				
		技术引进和测绘				
			自行设计与引进技术结合			
				消化吸收和自行设计结合		
					自主开发技术综合	
						自主创新
代表产品	3350m³/h 空分设备	6000m³/h 空分设备	10000m³/h 空分设备	10000m³/h 空分设备	6000m³/h 空分设备	12000m³/h 空分设备

考虑到质量、性能、价格的因素，模仿创新在生产成本方面得益于后发优势，模仿创新的企业可以购置到性能更稳定、价格更低的设备，享受原辅配套材料的规模效益。同时，随着工人生产熟练度程度的提高，单位成本也将不断下降。当然，基于已有的产品、设备、熟练工人等，新产品的性能、质量也会不断提高，更具有竞争力（见图 4.1）。

按照后发优势理论，通过技术模仿、模仿创新，追随者能够明显缩短

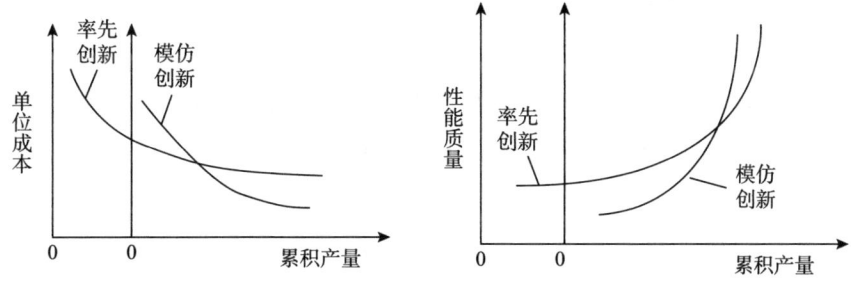

图 4.1 模仿创新与率先创新比较

与领先者的技术差距，实现技术追赶，但是部分学者研究发现技术模仿、模仿创新虽然能够缩小技术差距，但是并不能消除技术差距。Nelson 和 Phelps（1966）通过模型证明，追赶国家技术与前沿国家技术差距缩小后，长期内存在"均衡技术差距"。模仿创新兼有模仿和创新的性质，但技术同样源于外部。模仿创新的收益期初是较高的，但最终必然从递增变为递减。

（3）模仿创新战略上处于被动，同时会受到进入壁垒的制约，模式也存在不确定性。虽然模仿创新的风险小，但是也受到技术壁垒的制约。在技术方面，模仿创新者一般不会进行自主的研发和对先进技术的超前投资，而只是作为技术追随者不断跟进技术领先者，这使得模仿创新者只能被动适应领先者的发展，并不能有一个更为长远的规划；在市场方面，市场发生变化，模仿创新者会滞后地进行变化，这样造成的结果不利于产品营销渠道的巩固、发展。同时，由于自然壁垒，核心技术被封锁，模仿创新难以继续，很难建立完备的营销渠道。结合法律保护壁垒，领先者的知识产权会阻碍模仿创新。技术在应用研究、实验开发、市场等方面存在不确定性，这使得能否通过模仿创新提高竞争力也存在不确定性。

（4）模仿创新阶段，信息不对称较为严重。在模仿创新这个阶段，对于参与主体而言，是否对某个项目进行技术模仿创新取决于其对该项科学技术所掌握的主观信息量。不对称信息问题在这个阶段就可能成为技术传播受阻最为主要的因素。在这个阶段，信息不对称主要表现在资金提供者不知道企业家会继续选择模仿创新方式，还是会以自主创新的方式进行企业的创新活动。企业家选择的创新方式及其成功率决定了资金提供者是否考虑投入以及愿意投入资本的额度。同时，对于提供资金后，企业是否会在模仿创新过程中合理使用资金，并努力实现技术创新的风险防控也是个问题。可见，信息不对称成为金融在模仿创新阶段中的一个核心影响因素。

在模仿创新阶段，信息不对称来自创新主体所采取的创新方式。究其根源，还是来自专业技术的分工，技术不断进步、不断革新，这也是社会生产力发展和推动的结果。随着分工的日益发达，信息也日益分散在不同的专业中，表现出技术产品的多元化、复杂化、个性化，一方面促进了生产力的不断发展，另一方面为机会主义的发展提供了无限可能，提高了交易的成本。当然，信息不对称对于金融系统来说也是一种风险，降低了资本提供方的供给意愿，并不利于技术的发展。但与此同时，金融系统的不断完善和发展，进一步降低了这种信息不对称的程度。

在信息不对称的情况下，获取信息时间的差异、获取信息来源渠道的差异、信息真伪的差异等因素，影响了资金提供者对模仿创新主体市场的判断和预期，那么预期的行为差异又会影响到金融工具提供方式及价格，进而影响资本的配置和效率。随着金融系统的不断完善以及信息处理能力的不断增强，信息不对称程度逐步降低，从而有利于资金供求双方都积极参与资源的配置。

由于信息不对称，以关系融资的银行就会产生信贷配给，Stiglitz 和 Weiss（1983）就在考虑信息不对称因素后，分析了商业银行对技术创新的作用机理。研究发现，当银行与企业的信息对称时，银行能根据所掌握的信息确定不同的利率，实现预期的利润最大化；当信息不对称时，银行就会参考外部环境风险，提高贷款利率，可能导致预期回报率高但缺乏资金的企业被排除在外，进而引发市场失灵。现实中，自主创新项目要比模仿创新项目面临更为严重的信息不对称，银行为降低风险，会通过信贷配给来克服现有问题，表现出更加喜欢模仿创新项目，减少对自主创新项目的贷款规模，这就抑制了自主创新的发展。

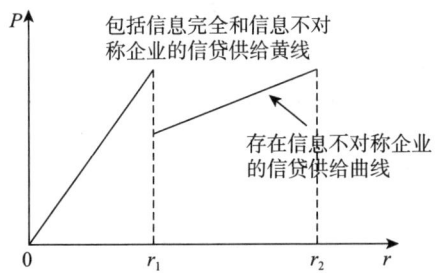

图 4.2　信息完全与信息不对称情况下的信贷供给状况

注：纵轴代表银行收益，横轴代表贷款。

对于信息不对称问题，银行一般会采取信贷配给资产抵押方式，减少信息不对称引发的风险，但是这是有前提条件的。技术创新的主体可能并不具备此前提条件，为此解决信息不对称的方法就是关系融资，即银行和创新主体之间建立长期信贷关系。一般来看，创新主体发展都需要经历初创、成长、扩张、成熟等时期，企业成长需要的不是一次性贷款，而是长期的合作与信任，这就是关系融资。Diamond（1984）研究表明，金融中介能够发挥这方面的优势。但是，关系融资也存在负面的效应，比如银行对主体了解的信息越多，信息越容易垄断，银行就会索取更高的利率。企业不断发展壮大，又会由于银行的过多压榨，失去创新的机会，并不利于企业的自主创新。

银行的关系融资，市场的距离融资都具备信息甄别功能，但是最终还是取决于企业与银行的信息处理成本、市场交易成本。关系融资的好处在于能通过再融资保证技术创新的顺利进行，但是关系融资的坏处在于未知成本支出。随着技术改进的收益边际递减和技术的成熟，关系融资也存在一定的局限性，当技术模仿逐渐走向成熟，维持企业与银行体系关系的成本高于收益时，距离融资就显得更有利，市场有利于缓解模仿创新的信息不对称。

三　自主创新阶段（Ⅲ）——"领先优势"

技术模仿、模仿创新能够缩短与技术前沿的差距，但是并不能消除这种技术差距，企业、地区想要获取更多的垄断利润时，自主创新就突显了领先的优势作用。自主创新主要是指创新主体通过自主研发、自主探索拥有独特核心技术，同时在这个基础之上进行生产，不断实现新产品的价值。自主创新主要包括引进技术再创新、原始创新、集成创新。自主创新是相比技术引进来说的，为了改变创新主体由于缺乏具备自主知识产权的技术而处于劣势地位的现状。对于自主创新——先导型国家路径选择，其最主要的特征是拥有自主知识产权，这种创新能够摆脱对发达国家的技术依赖。

不同发展阶段的国家（地区），对技术创新的理解不一样。前沿国家一般采取自主创新。对于后发国家，技术创新是从纯粹技术模仿到模仿创新的过程，以缩小与世界技术前沿差距，但为了防止陷入"模仿陷阱"也必须进行自主创新。自主创新属于技术领先型战略。谢伟（2001）、赵晓庆和许庆瑞（2006）研究发现，后发国家的技术模仿会使得本国的技术水平不断提高，逐渐在技术模仿创新过程中，形成适宜本国比较优势资源的技术创新能力，从而进行自主创新。但是，后发国家并不容易顺利实现从技术模仿、模仿创新到自主创新的转换。根据世界经验，除了日本、韩国等极少数的国家，大部分的发展中国家并没有实现这个转换过程。Kim（1997）研究发现，金融环境状况、人力资本积累、法律制度、宏观经济环境、产业政策等都在不同程度上影响着技术模仿、模仿创新转换为自主创新的过程。Acemoglu 等（2006）研究发现，技术的扩散需要付出昂贵的成本。同时，世界前沿、先进的技术并不都适宜发展中国家。技术路径的转换与劳动力技术水平状况、国家政策的支持程度、金融配置状况、自然资源优势等都存在必要联系。当这些外部条件不能够与一个国家的技术水平很好配对时，便很难顺利完成转换。

自主创新的企业通过自身的努力探索来获取产权的独立，实现商业化的转变，从而能够获取创新的垄断利润。但是，这种创新投入大、风险高，基本上都是创新主体单独承担资本、人力等投入，以及承担相应的创新可能带来的种种风险。一旦创新主体能够取得创新成功，拥有较高的技术控制权，在市场上具有较强的垄断地位，面对市场的竞争便可采取多样的战略方式。

自主创新的特点有如下几点。

（1）自主创新能够有效推动新型产业的发展。对于自主创新而言，技术创新来自企业内部技术、研发的不断突破，这也是企业长期研发积累的结果。这种突破性容易产生技术壁垒，使得市场上的技术模仿者、技术追随者需要很长时间才能对新技术进行学习、解密、消化，那么对于创新主体自然形成了垄断利润，同时创新者可以申请专利巩固其垄断地位。对于自主创新者而言，会参考自己获取的利润情况、技术更新状况等来确定是否在合适的时机转让具备的核心技术以及对于核心技术的转让程度等。自主创新一般发生在技术比较前沿、领先的领域，对于技术的突破可能带来相关主题的一系列技术创新，从而形成创新产品、创新产业等一系列的集群现象，进而带动不同行业新兴产业的进步和发展。

（2）自主创新具有质量竞争优势。从技术创新生产制造方面来看，自主创新的启动较早，这使得产品的产量不断积累并能够领先于技术的追随者，这样就能够在技术生产、产品管理方面优先、快速建立起与创新产品相适应的企业核心竞争能力。

（3）自主创新有助于获取垄断利润，处于领先地位。自主创新在市场方面，作为市场的开拓者而存在，一旦创新产品投放市场，创新企业都是独占垄断利润。同时，由于在技术方面的领先地位、领先优势，创新产品的标准和技术规范就能够实行先入为主，通过不断的技术变革，逐渐演变为本行业、产业以及相关行业、产业的统一标准，迫使追随者遵守规则，以此稳固自己的核心地位。此外，能够较早构造原料供应、销售产品的网点，占有稀缺资源，开辟渠道，使得新产品生产、销售有保障。

（4）自主创新具有高投入、高风险特点。当然，自主创新的高风险性是许多学者关注的。Nelson 和 Winter（1977）、Dosi（1982）研究发现，技术创新的不确定性严重，解决技术经济问题较难。自主创新的企业在探索和发现过程中都需要经历种种的失败、挫折并付出代价，新技术领域具有较高的复杂性。创新主体为了实现技术、科研在现有基础之上的突破，就必须具备非常雄厚的研究开发实力，同时必须有一定的研发人员具备良好的研发能力。这也就意味着，创新主体必须投入巨资用于技术研究和开发，还需壮大科研人员队伍，提升 R&D 能力。这对于企业而言，一是人才储备，二是较重的财务负担。

周晟等（2004）提出，美国 IBM 1980～1984 年在计算机研发上的投入资金约为 280 亿美元，相当于美国在 20 世纪 40 年代投入的原子弹研究金额的 14 倍，这表明技术产品的投入资金量大。新技术探索的不确定性、产品技术突破的不确定性、突破时间的不确定性等意味着高风险。比如美国企业以自主创新领先，研发能力无疑在世界上是出类拔萃的，但是在所有 R&D 项目中，结果能够获取专利的也仅有约 5%。即使获取了专利，但其中能实现产业化，同时形成竞争力、得到认可的仅为 20%。开发时间上也具有高度不确定性，短则数月、数年，长则几十年。为降低风险、不确定性，企业往往进行多方位、多项目的投资。对于自主创新者，在技术创新转化过程中，需要面对种种风险，如果研发失败，所有的投资都将化为乌有。

在生产方面，自主创新企业也比较难招聘到现有的熟练劳动力，都必须进行生产操作人员的特殊培训，提高生产技术能力。此外，新工艺、新产品的可靠风险也主要由创新主体、创新企业来承担。从市场的角度来看，自主创新的产品需要在市场上进行推广，那就需要大量前期广告宣传费用的投入、顾客购买前的体验投入等。对于用户而言，考虑是否使用新产品、是否投入大量的资金购买新产品具有时间的滞后效应，市场推广、产品销售的延迟性，意味着极高的风险和不确定性。

（5）自主创新的知识容易流失，技术成果的实现周期长。据统计，自主创新成本中占比超过 50% 的是技术人才和研发者的工资，这就导致研发活动的不可控性，成果的盈利以知识为基础，盈利具有滞后性。由于知识收益存在于研发人力资本中，更容易流失。考虑到知识容易流失以及自主创新从研发到商业化的长期性，创新企业会倾向于在长时间内平衡 R&D 支出，避免资金不足的问题。

Fagerberg（1994）研究发现，对于新兴工业化国家、半工业化国家，技术模仿对经济增长的贡献比创新大，随着差距的缩小、工业化程度的提高，创新则变得越来越重要。参考亚洲新兴工业化国家和日本的经济增长发现，技术模仿、模仿创新、自主创新都是经济增长最为核心的影响因素。一般而言，完整的产业技术进步包括技术发明、技术商业化、技术转移三个基本的环节。但在整个工业化成长的过程中，技术进步是以技术引进开始，并随工业化水平的提高呈现一种阶段性变化。

第三部分

实证分析

第五章借助于王永中的金融发展对技术创新的内生增长模型推导出金融发展对技术创新具有正向效应，结合宏观数据进行二者的实证检验。

第六章结合理论和实证分析了技术模仿阶段，金融发展对技术创新的效应：①不断完善的金融制度，可以缓解技术模仿的融资规模约束，有利于企业的技术本土化创新；②在技术本土化过程中，融资规模需求满足是核心，金融制度与融资规模显著影响技术模仿。

第七章结合理论和实证分析了模仿创新阶段，金融发展对技术创新的效应：①中国的金融自由化进程有利于技术模仿向自主创新的转换；②金融的信息处理功能促进技术阶段的转换。

第八章结合理论和实证分析了自主创新阶段，金融发展对技术创新的效应：①完善的金融体系，可以降低事前审查成本和事后监督成本，激发企业自主创新能力；②金融自由化通过分散风险、缓解信贷约束等路径影响自主创新。

宏观视角下金融发展对技术创新的实证研究

　　第三章基于技术创新的特征构造金融发展对技术创新直接作用、间接作用的理论模型，从理论分析的角度来看，金融发展对于技术创新可以产生有效的促进作用。本章基于内生增长模型，引入金融因素进行宏观模型的构建，同时采用计量经济学来进行实证研究分析中国的金融发展对于技术创新的影响效应。从查询的现有文献来看，大部分的研究是从金融发展的角度进行论证的，少有文献引入中国金融制度（金融自由化）这个指标来进行对比研究。在第二章的理论综述回顾方面，我们发现关于金融自由化对于不同的经济体产生的影响存在两个方面的结论：有利或者有弊。但是，对于金融自由化对技术创新的影响的研究较少，尤其是关于对我国技术创新的影响研究还较为缺乏。为此，本书的研究核心为金融制度安排结合金融功能对技术创新的影响。就现实的运行状况来看，金融制度本身对技术创新具有影响性，同时表现在通过与金融结构、金融规模、金融功能这些因素的结合共同作用于技术创新上。考虑到技术创新的动态性、异质性，金融发展在不同阶段发挥的作用和影响效应也是存在差异的，这一点将在第六至第八章进行详细的论证和实证研究。

第一节　引入金融部门的技术创新内生增长模型

从第三章论述的金融发展对技术创新的作用机理来看，金融发展对技术创新有非常重要的影响。本部分基于内生增长模型将技术引入典型增长模型，实现技术内生化，即技术进步、技术创新是由消费者偏好、R&D、教育、投资来影响的。金融系统通过动员储蓄、改善资本积累、增加投资等方式促进技术创新。本部分借鉴王永中（2007）的金融发展对技术创新的内生增长模型来验证金融发展对技术创新的正向效应。模型基本假设：整个经济体包括研发部门、金融部门、中间产品部门、最终产品部门、消费者，劳动分配仅在最终产品部门、研发部门中体现，比重分别为 α、$(1 - \alpha)$，金融部门、中间产品部门的就业量为 0，最终产品用劳动和一系列中间产品 x 生产出来。

1. 最终产品部门

假定最终产品表现为 Douglas 收益不变的生产函数，最终产品的生产总量函数表示为 $Y = A (\alpha L)^{1-\beta} \int_0^N x(i)^\beta \mathrm{d}i$。其中，$A$ 表示外生一般生产力技术水平参数，且 $A > 0$；αL 为投入最终产品部门的劳动力数量；N 为中间产品的种类数，N 是连续的；$x(i)$ 为最终产品 Y 中的中间产品 i（$i \in [0, N]$）的投入量。设定最终产品部门是完全竞争的，导致其利润为 0，则生产的利润函数为：

$$\max \pi_{L, x(i)} = A (\alpha L)^{1-\beta} \int_0^N x(i)^\beta \mathrm{d}i - \omega \alpha L - \int_0^N p_{xi} x(i) \mathrm{d}i$$

$p_Y = 1$ 为标准化价格，ω 为最终产品部门劳动力的工资水平，p_{xi} 为 i 种中间产品价格，那么最终产品的生产厂商期望实现利润最大化的条件为 $\omega = \dfrac{(1 - \beta) Y}{\alpha L}$，$p_{xi} = A\beta (\alpha L)^{1-\beta} x(i)^{\beta-1}$。

2. 中间产品部门

对于中间产品部门而言，在 $[0, N]$ 上有无数中间产品生产商，厂商生产的产品单一并且不同。产品被研发部门研发，中间产品部门购买专利，并且进行独立生产，形成一个垄断部门。但是，新产品被研发部门发明后，任意的 $x(i)$ 都需耗费 1 单元的物质资本，物质资本总量为 $K = \int_0^N x(i)\mathrm{d}i$。中间产品部门购买新中间产品设计方案，所花费的为固定成本，生产 $x(i)$ 的可变成本为 $rx(i)$，其中 r 表示市场实际利率。参考假设，生产厂商生产一个中间产品就需要 1 单元的物质资本，那么其总收入为 $p_{xi}x_i$，对于每一个中间产品部门的最优决策为 $\max\pi_{x(i)} = p_{xi}x_i - rx_i$，由于 $p_{xi} = A\beta\ (\alpha L)^{1-\beta}x(i)^{\beta-1}$，那么中间产品的价格弹性为 $\varepsilon_d = \dfrac{1}{(1-\beta)}$，中间产品部门为垄断，制定的价格 p_{xi} 为垄断价格，$p_{xi} = p_x = \dfrac{r}{\beta}$，由此得出 $x_i = \left[\dfrac{A\beta\ (\alpha L)^{1-\beta}}{p}\right]^{\frac{1}{1-\beta}}$，考虑到中间产品的价格、产量都相同，$x(i) = x$，$K = \int_0^N x(i)\mathrm{d}i = Nx$，即 $x = K/N$，因此最终的生产函数可写为 $Y = A\ (\alpha L)^{1-\beta}K^\beta N^{1-\beta}$。

3. 研发部门

在研发部门，技术创新不仅需要劳动投入，还需要金融部门的参与。金融部门不仅能促进资本由投资者向技术创新者的转移，还扮演着风险资本家的角色，直接参与高风险的技术创新活动。新技术生产函数表示为 $\dot{N} = B\left[(1-\alpha)L\right]^\chi N^\varphi F^\eta$，其中 B 代表中间产品创新技术系数，χ 为劳动的产出弹性，φ 为技术外部性程度，F 为金融发展变量，η 为金融产品在技术创新中的外部性，金融系统越发达，则外部性越大，那么就使得金融发展对技术创新的正向效应越大。$\dfrac{\dot{N}}{N} = B\left[(1-\alpha)L\right]^\chi N^{\varphi-1}F^\eta$，由此可知，新技术的创新不仅取决于现有技术和研发部门资源投入量，还取决于金融部门的发展水平。

4. 金融部门

为方便起见，假定经济体系中金融部门的作用是将储蓄转换为投资，也就是 $I = \theta S$，其中 S 为总储蓄，θ 取决于金融部门的发展程度。资本折旧

率为 δ，则当期的总投资为 $I = K - (1 - \delta)K_{-1}$，假定消费者将全部的收入用于消费和储蓄，则 $S = Y - C = A(\alpha L)^{1-\beta}K^{\beta}N^{1-\beta} - C$，按照上述推论得到：

$$\dot{K} = \theta S - \delta K = \theta A(\alpha L)^{1-\beta}K^{\beta}N^{1-\beta} - \delta K - \theta C$$

5. 消费者

假定经济由可存活无限期的 Ramsey（1928）式消费者组成，人口增长率为不变的比率 n，即 $\dfrac{\dot{L}}{L} = n$（$L_t = e^{nt}$，$L_0 = 1$）。消费者收入主要用于个人消费，剩余的才用于储蓄，对于消费者而言，理性的消费者期望实现一生效用最大化，消费者的效用函数为 $U = \displaystyle\int_0^\infty U(c_t)e^{-\rho t}\mathrm{d}t$，其中 c_t 表示个体消费者 t 的消费水平，ρ 为贴现率，ρ 越大，消费者对未来的评价越低，将降低储蓄意愿。即时效用函数为 $U(c_t) = \dfrac{c_t^{1-\sigma}}{1-\sigma}$，$\sigma$ 为相对风险回避系数，σ 越小，则随着消费的增加，边际效用降低得越慢，消费者若是更加喜欢消费，则随时间的延长，跨期消费的弹性越大。

6. 平衡增长路径

在平衡增长路径上，中间产品、最终产品、消费的增长速度是相同的。令 $k = \dfrac{K}{NL}$ 为人均有效资本，在平衡增长路径上有 $\dfrac{\dot{Y}}{Y} = \dfrac{\dot{C}}{C} = \dfrac{\dot{K}}{K} = \dfrac{\dot{N}}{N} + \dfrac{\dot{L}}{L}$，$g_N = \dfrac{\dot{N}}{N}$，$\dfrac{\dot{L}}{L} = n$，$\dfrac{\dot{F}}{F} = g_F$，由此可知 $g_N = \dfrac{\dot{N}}{N} = B[(1-\alpha)L]^{\chi}N^{\varphi-1}F^{\eta}$，在平衡增长路径上 g_N 为常数，表明 g_N 的增长率为 0，关于 g_N 对时间 t 求导：

$$\frac{\dot{g}_N}{g_N} = \chi n - (1-\varphi)g_N + \eta g_F = 0$$

那么平衡增长路径上的长期技术进步率为：

$$g_N = \frac{\chi n + \eta g_F}{1-\varphi}$$

由于 $\dfrac{\dot{Y}}{Y} = \dfrac{\dot{C}}{C} = \dfrac{\dot{K}}{K} = \dfrac{\dot{N}}{N} + \dfrac{\dot{L}}{L}$，那么平衡增长路径上的产出增长率为

$g_Y = \dfrac{\chi n + \eta g_F}{1 - \varphi} + n$ ，由此可知，金融的发展 $g_F > 0$ 对于长期的技术创新和经济增长有显著的重要作用。

基于本部分的宏观模型的推导，我们不难得出如下假设。

H5：金融发展对技术创新有正向显著的影响效应。

第二节　金融制度变量的构建

基于制度经济学，制度是在人际交往中的规则以及社会组织的结构和作用机制。本部分关心的是金融制度安排。金融制度安排是政府在金融领域制定的约束、监督金融主体行为的规则。在制度安排的框架下，政府主要通过银行利率调控、信贷规模调控、准入壁垒（进入金融市场的难度）、银行产权的多元化政策、市场利率调整、准备金率控制、证券发行及市场改革、金融业务监管等正式的金融制度工具来对金融市场进行"制度的约束"。金融制度的出台、调整、制定都会影响到金融结构的调整，金融功能的发挥，乃至影响金融体系的发展和演变。既表现为维持金融稳定、促进金融发展、维持国际收支平衡、促进经济发展、利于技术创新等积极方面，又体现出金融市场的抑制、金融的脆弱、金融非市场的运作等消极方面。从影响技术创新的角度分析，金融制度通过金融工具、金融产品不断满足企业技术创新的融资需求，减少信息不对称，分散技术创新的风险，等等。这样，从金融制度安排促进技术创新的目的出发，选择金融自由化来反映金融制度安排的影响。

研究金融发展对技术创新的作用机理，对于中国而言，当然离不开对金融制度因素的考虑。众多文献研究表明，金融自由化能够很好地作为我国金融制度的代理变量。金融自由化与金融制度并不是相同概念，但金融自由化能够较好体现金融制度的变化。本书结合研究者成果，选用金融自由化作为金融制度的代理变量。金融自由化理论是金融发展理论、金融深化理论的理论延伸，金融自由化的作用主要在于提高金融体系效率。

一 金融自由化度量综述

金融自由化理论主要强调通过金融制度安排，使政府机构、管理部门逐渐减少对于金融体系的过度干预，确保金融机构、金融市场能够按照市场规律运转，提升国内市场金融的融资水平，降低对国外资金的依赖，最终实现经济增长、控制过度通胀。易文斐和丁丹（2007）将金融自由化定义为"一个国家金融部门运行应该放松管制，转为由市场力量决定的过程，以此提高金融效率，刺激储蓄和投资，最终实现金融深化和经济的增长"。

格利和肖建立金融自由化理论时，主要指利率自由化。后续不同的学者不断研究拓展，用汇率、证券市场的开放程度表示金融自由化，只是指标的选取存在差异性。比如 Bekaert 等（2001）就把证券市场化定义为金融自由化；Kawakatsu 和 Morey（1999）就用资本项目的开放程度代替金融自由化。金融自由化指数由 Quinn（1997）提出，但是他仅仅采取了对资本项目管制的程度进行衡量，后来国内外的学者进行了拓展，构建了不同维度的金融自由化指数。Bandiera 等（2000）、黄金老（2001）、刘毅（2002）、易文斐和丁丹（2007）、Mody 和 Abiad（2003）、Laeven（2003）等国内外的研究者都对金融自由化指标分类进行了不断总结、深入研究，归纳如下。

（1）二元法或三元法。二元法主要采取 0 - 1 变量法，其中以 Bekaert 等（2001）人的研究为主；Bandiera 等（2000）也采取了 0 - 1 分类的方法，涉及的维度为 8 个；Koo 和 Maeng（2005）对韩国金融自由化的进程进行研究，就将 1996 年作为一个分断点，使用 0 - 1 的二元分析方法研究金融自由化对韩国部分企业外部融资约束的影响；Gelos 和 Werner（2002）、Bekaert 等（2001）也都采取这种方式进行研究；Montiel 和 Reinhart（1999）为更加精确地研究，采用了 0、1、2 三个值进行度量，选择"控制""非控制"两种状态，并不严格区分类别的效果差异；Kaminsky 和 Schmukler（2003）采取资本账户自由化、金融领域自由化、证券市场自由化，按照完全自由、部分自由、未自由分别赋值为 1、2、3 进行研究。二元法的使用，一般适合于激进改革的国家，通过政策来影响经济、技术创新，但是这不能完全反映改革的现状，对于渐进式改革的国家，这种方式并不适用。

（2）分类别的二元或多值简单平均、等级评分法。二元平均法主要是对多维测度金融自由化的分类，采取（0，1）赋值，相比二元法有一定的进步。比如 Grilli 和 Milesi-Ferretti（1995）结合金融自由化的多个方面，采取（0，1）赋值计算；Johnston（2012）将 142 种资本管制进行了严格的区分，还是采取（0，1）赋值进行平均度量；Laeven（2000）也是采取这种方法度量企业的融资约束。金融自由化改革的情况：国有银行私有化，审慎监管的加强，金融部门进入壁垒的降低，信贷控制的放松，利率管制的解除，降低存款准备金率。经过赋值后，金融自由化指数由六个值反映金融自由化进程，其中，各个维度的重要性都是等价的，该方法提升了金融自由化指数的精度。多值分类别的平均值法是多个方面的等级赋值。Mody 和 Abiad（2003）就采取 6 维的融合来对金融自由化进行测算，包括金融部门的私有化程度、对国际金融交易的控制、审慎监管的加强、直接信贷/准备金要求、金融行业进入壁垒、利率控制。同时将每个维度严格划分为完全抑制、部分抑制、大部分自由化、完全自由化四个主要的类型。黄金老（2001）则采用了 8 个指标来度量我国金融市场化进程，实行 5 个等级的分类研究。等级评分法虽然在自由化程度上实现了从低到高的等级划分，但是在计算综合指数时无法避免简单平均的缺点。

（3）分类别的主成分分析法。主成分分析方法延续了等级设定的优点，也克服了基于平均值计算综合指数的缺点。Bandiera 等（2000）详述了主成分分析方法如何用于金融自由化指标构建过程，并用这个指标研究了其对于经济的影响；Bandiera 基于金融部门、证券市场、国际金融自由化三大核心指标度量金融自由化。衡量国内金融自由化，主要考虑利率自由化、信贷管制放松、审慎监管等。但是考虑到指标过多，应采取主成分分析法，这样非常有利于提取特征值最大的主因素用于度量金融自由化。Koo 和 Maeng（2005）基于利率自由化、外汇自由化、降低准备金率、降低政策性贷款、银行的准入政策、资本市场化、国有银行私有化七个方面，采取累加法、主成分分析法表述了金融自由化指数；Koo 和 Maeng（2005）仔细讨论了金融自由化对企业融资约束的效应；Galindo 等（2002）、Love（2003）、Abiad 和 Abdul（2005）、Laeven（2003）也都对金融自由化进行了研究，从不同维度进行度量；刘毅（2002）基于黄金老的研究，采用主成分分析法进行了研究拓展。

（4）其他的自由化指数替代变量。Al-Hussami 和 Remesal（2012）、Ranciere 和 Kumhof（2011）、Kumhof 和 Benes（2012）、Piketty 和 Saez（2006）研究提出可选取国内私人信贷总量衡量金融自由化程度；麦金农等人提出可采取 M2/GDP、年终信贷余额/GDP、银行金融资产/GDP 等来衡量金融深化的程度和水平，在绝大多数情况下，可以被直接用作代替金融自由化的衡量指标。但需要指出的是，金融深化体现在经济运行层面，金融自由化体现在政策层面。

本书主要引进熵值法进行金融自由化指数的计算。在信息论中，熵值法是一种关于对不确定性因素进行度量研究的方法。信息量越大，熵值就越小；信息量越小，熵值就越大。为此，对于判断一个事件的随机性，可以利用熵值来判断某些影响因素的离散程度。熵值法是一种较为客观的赋权方法，主要通过熵值来比较影响因子之间的重要性，最终确定影响因子对系统的影响程度，也就是各影响因素的权重。熵值法能够比较客观、深刻地反映影响因子的信息熵值的作用，对于给出指标权重，相比德尔菲法、因子分析法、主成分分析法等具有较高的可信度。基于分析的需要，为了验证熵值法的合理性，考虑使用主成分分析法以及分项求和法进行比较运算，从运算的要求和结果来看，熵值法在处理多元数据上存在明显的优势。

二 中国金融自由化进程的度量

20 世纪 80 年代开始，为促进金融资源向战略部门倾斜，确保国家重点项目的开展，维持经济增长，政府实行了过多的金融干预政策，比如设计信贷配额、控制存贷款利率、严格市场准入标准、提高存款准备金率（张杰，1998）。这种方式满足了当时政治主观的需求，但也约束了信贷配置效率，影响了金融发展。20 世纪 90 年代开始，中国推行了银行自由化改革，加入 WTO，金融自由化取得更加显著的成就。

基于文献研究，国际金融自由化度量研究较为成熟，其中以 Bandiera 等
（2000）、Mody 和 Abiad（2003）、Laeven（2003）、Koo 和 Shin（2004）、
Detragiache 等（2008）的研究为代表，主要涉及四个方面，即资本项目、
金融领域、证券市场、金融体系监管，涉及 8 个指标的整理度量；国内以黄
金老（2001）、刘毅（2002）、易文斐和丁丹（2007）、庄晓玖（2007）的
研究为主要代表，涉及金融政策改革利率、资本市场、体系监管等主要方
面。为更加全面考虑我国金融改革的路径，本部分主要采用熵值法、主成
分分析法（避免了多重共线性）、累计求和法（后两种主要用于检验金融自
由化进程度量方式的准确性）。金融自由化主要包括 Williamson 和 Mahar
（1998）所提及的放松利率管制、消除贷款控制、金融服务业的自由进入、
尊重金融机构自主权、银行私有化、国际资本流动的自由化。参考 Bandiera
等（2000）、黄金老（2001）、Mody 和 Abiad（2003）、庄晓玖（2007）、周
业安和赵坚毅（2005）的研究，本书主要将金融自由化定义为以下八个方面：
利率市场化、放松信贷管控、金融业进入的自由度、银行产权多元化、证券
市场改革、资本与经常账户、准备金要求、审慎监管，其解释如表 5.1 所示。

表 5.1　金融自由化指数指标构造

成分指标	指标说明
利率市场化 （利率）	主要指政府或者央行逐渐取消对金融机构利率的管控，由市场的供求关系来决定利率，其重要标志是利率调整的幅度或者频度
放松信贷管控 （信贷）	主要指金融机构在资金配置上自主的程度，通过资金配置规模及对象体现
金融业进入的 自由度（竞争）	主要指对金融机构设置的审批逐渐降低标准，减少对金融机构业务创新的限定，促进金融市场竞争
银行产权多元化 （所有权）	主要指降低国有产权在金融机构的占比，增加非国有产权在金融机构的占比
证券市场改革（证券）	主要指建立及完善证券市场，增加直接融资的比例，政府对证券市场的干预减弱

续表

成分指标	指标说明
资本与经常账户 （账户）	主要指政府对资本流入、流出的管制，其中包括汇率政策、经常账户等
准备金要求（准备金）	主要指准备金率的降低
审慎监管（监管）	主要指央行增强监管的独立性以及金融体系的审慎监管

注：括号内为指标简称。

　　参考央行公布的信息、《中国金融年鉴》、北京大学 CCER 经济发展战略研究组《中国金融体制改革的回顾和展望》、王广谦《中国经济改革 30 年：金融改革卷》、吴晓灵《中国金融体制改革 30 年回顾与展望》，以及李敏（2016）、李明丽（2012）、朱毅（2009）、易文斐和丁丹（2007）、陈驹（2007）、庄晓玖（2007）等学者的研究，结合上述 8 个指标，按照易文斐、丁丹（2007）的自由化赋值方法，对于 1978 ~ 2015 年的每一次重大金融政策调整以及金融受到的影响程度进行酌情赋值，在赋值上采取累计式，以此使得金融自由化指数体现政策的影响。具体做法：一般事件为 0.5，重大事件或一般政策法规为 1，重大政策法规为 2，由于在同一年会发生很多次政策的调整，那么基于事件的影响效应进行合并处理，如果发生反向的事件或者反向影响，则赋值为负数。中国金融自由化进程（1978 ~ 2015 年）的指标赋值（详细的事件及赋值可咨询作者）见表 5.2。

表 5.2　1978 ~ 2015 年中国金融自由化进程各指标赋值

年份	利率	信贷	竞争	所有权	证券	账户	准备金	监管
1978	0	0	0	0	0.5	0	0	0
1979	0	0.5	1	0	1	1	0	0
1980	0	1.5	1.5	0	1.5	1	0	0
1981	0	1.5	2	0	1.5	1	0	0
1982	0	1.5	2	0	1.5	1.5	0	0
1983	0	2	2.5	0	2	2	0	0

年份	利率	信贷	竞争	所有权	证券	账户	准备金	监管
1984	0	4	4.5	0	2	3	1	2
1985	0	4.5	5.5	0	2.5	4	1	2
1986	1	6.5	6	0.5	3.5	4.5	4	2
1987	1.5	6.5	7	1.5	3	5.5	3	2
1988	1.5	6	7.5	2	3	6	2.5	2.5
1989	1.5	5.5	7.5	2	4	6	2.5	2.5
1990	1	5.5	8	2	5	6	2.5	3
1991	1.5	5.5	8.5	3	5.5	6.5	2.5	4
1992	1.5	5.5	9	3.5	6	6.5	2.5	4
1993	1.5	6.5	9.5	4	6.5	6.5	2.5	5
1994	1.5	8.5	10	4	6	7.5	2.5	6
1995	1.5	10.5	10.5	4.5	6.5	8	2.5	9
1996	2.5	11.5	11.5	5	7	10	2.5	9
1997	3	10.5	12	6	7.5	10.5	2.5	10
1998	4	12.5	12.5	6	8	11	3.5	11
1999	5	12.5	14	6.5	8.5	11.5	4.5	11
2000	5.5	12.5	14.5	7	9.5	11.5	4.5	12
2001	5.5	12.5	15	7	10	12	4.5	13
2002	6	12.5	17	7.5	10.5	13	4.5	14
2003	7	12.5	17.5	8	12	13.5	4	15
2004	7.5	13	18	8.5	14	14	4.5	16
2005	8	13	18.5	9	15	14.5	4.5	16
2006	9	13	19.5	10	15.5	15.5	3	16.5
2007	11	12	19.5	10.5	16	16.5	1	17
2008	11.5	13	20	10.5	17	17	0.5	17.5
2009	11.5	13	20	11.5	18.5	17.5	0.5	18.5
2010	11.5	12	22	13.5	19.5	17.5	−0.5	18.5
2011	11.5	11.5	22	13.5	20.5	18	−1.5	18.5
2012	12.5	12.5	22	14.5	21	19	−1	18.5

年份	利率	信贷	竞争	所有权	证券	账户	准备金	监管
2013	13.5	13	22.5	14.5	21.5	19	−1	19
2014	14.5	15	22.5	14.5	21.5	20.5	−0.5	19
2015	16	15	22.5	15	21.5	20.5	0.5	19.5

1978~2015 年，我们从涉及金融自由化的 8 个指标来看，基本处于增长的趋势，金融业进入的自由度、证券市场改革、资本与经常账户的累计增长值增长最快，准备金要求的变化最小，表明准备金率处于相对控制的状态，并未出现过度的调整。

三 中国金融自由化指数构建

1. 基于熵值法计算金融自由化指数

熵值法相比其他的赋值方法具有特殊的优势。以主成分分析法、因子分析法来评价问题，存在一些不足：判定的问题或数据必须服从典型的正态分布；大样本数量必须大于指标数的 15~20 倍，否则权数的精确度低，偏差大；分析原理不够直观。熵值法反映了研究的指标信息主要的效应价值，能够有效满足对指标权重的设计要求。设有 n 项影响因子，m 个样本（本书主要考察 1978~2015 年）形成原始数据矩阵 $X = (x_{ij})_{m \times n}$。对于某项影响因子 x_j，若指标值 X_{ij} 与 x_j 差距越大，则该指标在综合评价中所起的作用越大；如果某项影响因子的指标值全部相等，则该指标在综合评价中不起作用。如果某项影响因子的指标值的离散程度越高，信息熵就越大，该项影响因子权重也越大；反之，信息熵就越小，该项影响因子权重也就越小。熵值法的主要步骤如下。

（1）考虑到研究的各个指标的数量的量纲大小存在严重的差异、数量级之间表现出明显的区别，那么首先需要消除量纲差别对结果造成不一致的影响，进行标准化处理：

$$X_{ij}^* = C + \frac{X_{ij} - \sum_{i=1}^{m} X_i / n}{\delta} (i = 1, 2, \cdots, m; j = 1, 2, \cdots, n)$$

其中, δ 表示标准差, C 表示任意常数, 使得 $X_{ij}^* \geq 0$。

(2) 计算第 j 项影响因素下第 i 个样本值的占比:

$$y_{ij} = \frac{x_{ij}^*}{\sum\limits_{i=1}^{m} x_{ij}^*}(i = 1,2,\cdots,m; j = 1,2,\cdots,n)$$

得到数据的比重矩阵:

$$Y = \{y_{ij}\}_{m \times n}$$

(3) 计算第 j 项指标的信息熵值的公式为:

$$e_j = -K\sum\limits_{i=1}^{m} y_{ij}\ln y_{ij}(i = 1,2,\cdots,m; j = 1,2,\cdots,n)$$

其中, K 为玻尔兹曼常数, $K = \dfrac{1}{\ln m}$。

(4) 某项影响因素的信息效应价值取决于该指标的信息熵 e_j 与 1 之间的差值, 它的值直接影响权重的大小, 信息效应值 d_j 越大, 对评价的重要性就越大, 权重也就越大。

$$d_j = 1 - e_j(j = 1,2,\cdots,n)$$

(5) 第 j 项影响因素的权重为:

$$w_j = \frac{d_j}{\sum\limits_{i=1}^{m} d_j}(i = 1,2,\cdots,m; j = 1,2,\cdots,n)$$

(6) 第 i 项样本的综合评价值为:

$$U_j = \sum\limits_{j=1}^{m} y_{ij} \times w_j(i = 1,2,\cdots,m; j = 1,2,\cdots,n)$$

显然, U_j 越大, 样本效果越好。最终比较所有的 U_j 值, 即得出评价结论。表 5.3 显示, 熵值法计算出的金融自由化指数存在一个递增的趋势, 从 1978 年的 0.06 增长至 2015 年的 16.21, 增长的幅度比较大。

表 5.3　熵值法的金融自由化指数

年份	金融自由化指数	年份	金融自由化指数
1978	0.06	1997	7.88
1979	0.44	1998	8.72
1980	0.71	1999	9.34
1981	0.78	2000	9.76
1982	0.84	2001	10.07
1983	1.1	2002	10.75
1984	2.15	2003	11.28
1985	2.54	2004	12.02
1986	3.63	2005	12.37
1987	3.87	2006	12.78
1988	3.99	2007	12.91
1989	4.03	2008	13.35
1990	4.21	2009	13.83
1991	4.70	2010	14.17
1992	4.88	2011	14.14
1993	5.33	2012	14.77
1994	5.88	2013	15.13
1995	6.79	2014	15.79
1996	7.54	2015	16.21

2. 基于主成分分析法计算金融自由化指数

在本书编制金融自由化指数时，同时采用主成分分析法和分项直接求和法。主成分分析方法主要能识别出影响因子的权重，而分项直接求和法能全面考察综合作用。简单分析表明：两种方法主要是通过对原始的影响因素进行适当的线性组合，选择具有代表意义的指标，体现出指标的典型性、集中性。

主成分分析法（PCA）的基本原理和操作步骤如下。

（1）构建 $n \times p$ 的原始矩阵 $M_{ij}(i = 1,2,\cdots,n;j = 1,2,\cdots,p)$，进行标

准化处理 M'_{ij}，正向指标 $Z_{ij} = \dfrac{(X_{ij} - \overline{X_j})}{S_j}$，逆向指标 $Z_{ij} = \dfrac{(\overline{X_j} - X_{ij})}{S_j}$，其中

$$\overline{X_j} = \frac{1}{n}\sum_{i=1}^{n} X_{ij}, \quad S_j = \sqrt{\sum_{i=1}^{n} \frac{(X_{ij} - X_j)^2}{n}}。$$

（2）计算指标的相关系数矩阵 R_{jk}：

$$R_{jk} = \frac{1}{n}\sum_{i=1}^{n} \frac{(X_{ij} - \overline{X_j})}{S_j} \times \frac{(X_{ik} - \overline{X_k})}{S_k} = \frac{1}{n}\sum_{i=1}^{n} Z_{ij} Z_{jk}$$

其中，$R_{jj} = 1$，$R_{jk} = R_{kj}$。

（3）求解矩阵的特征值 λ_k（$k = 1,2,\cdots,p$）特征向量 L_k（$k = 1,2,\cdots,p$）。

（4）计算贡献率 $T_k = \lambda_k \Big/ \sum_{j=1}^{p} \lambda_i$ 和累计贡献率 $D_k = \sum_{j=1}^{k} T_j$，选取 $D_k \geqslant 80\%$ 的特征值 $\lambda_1,\lambda_2,\cdots,\lambda_m(m < p)$ 对应的几个主成分；计算其对应的权重 W_j。再把主成分特征值的累计贡献率 D_m 定为 1，算出 $T_1,T_2,\cdots,T_m$ 所对应的 $T'_1,T'_2,\cdots,T'_m$，即主成分指标的权重，最后计算主成分的分矩阵 $Y_{ij}(i = 1,2,\cdots,n; j = 1,2,\cdots,m)$。

（5）根据多个指标加权综合评价模型 $F_i = \sum_{j=1}^{p} W_j Y_{ij}$（$i = 1,2,\cdots,n; j = 1,2,\cdots,p$）计算综合评价值，其中 W_j 为 j 个指标的权重，Y_{ij} 为第 i 区域指标 j 的权重，此时 $W_j = T'_j(j = 1,2,\cdots,m)$，$Y_{ij}$ 就是主成分的矩阵（$i = 1,2,\cdots,n; j = 1,2,\cdots,m$）。

主成分分析法主要用于有效地减少共线性问题。

表 5.4 中的 8 个变量的 SMC 都在 0.7 以上，因此适合采取主成分分析法。

表 5.4　主成分的 SMC 检验

名称	变量	SMC
利率	$x1$	0.9832
信贷	$x2$	0.9836
竞争	$x3$	0.9960

名称	变量	SMC
所有权	x4	0.9896
证券	x5	0.9935
账户	x6	0.9976
准备金	x7	0.8600
监管	x8	0.9828

结合主成分分析得到总方差解释结果（见表5.5）。根据表中信息可知，第一个因子的特征值为6.709，对总方差的解释程度达到83.87%，第二个因子的特征值为1.180，累计对总方差的解释程度达到98.62%。基于主因子碎石图（图5.1）可以看出，除了第一、二个因子以外，其他因子的重要性都非常小，因此第一、二个因子可以代表数据的大部分信息，将第一、二个因子作为金融自由化的综合评判指标是合理的。

表5.5　主成分分析总方差解释结果

因子	数据相关矩阵特征值			因子提取		
	因子特征值	占比方差	累计	因子特征值	占比方差	累计
1	6.70948	0.8387	0.8387	6.70948	0.8387	0.8387
2	1.18041	0.1476	0.9862	1.18041	0.1476	0.9862
3	0.0506165	0.0063	0.9926			
4	0.0250379	0.0031	0.9957			
5	0.0187392	0.0023	0.9980			
6	0.00942724	0.0012	0.9992			
7	0.00480987	0.0006	0.9998			
8	0.00148008	0.0002	1.0000			

基于主成分因子分析法，计算出因子得分系数矩阵如表5.6所示。

表5.6　因子得分系数矩阵

x1	x2	x3	x4	x5	x6	x7	x8
0.101	0.162	0.137	0.113	0.108	0.131	0.115	0.134

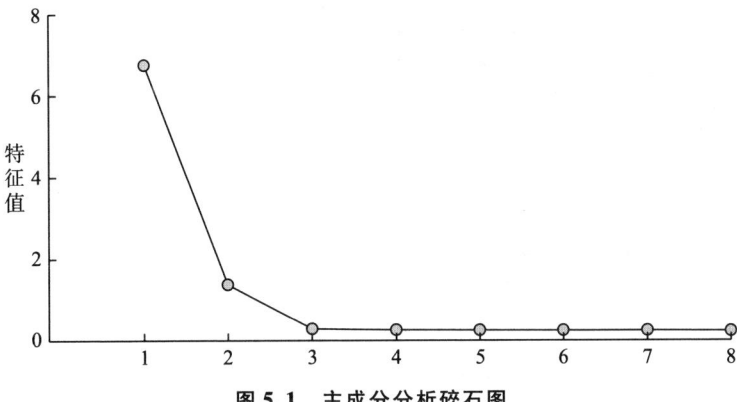

图 5.1　主成分分析碎石图

综合上述分析，结合表 5.6，计算出中国金融自由化指数（见表 5.7）。

表 5.7　主成分分析法的中国金融自由化指数

年份	金融自由化指数	年份	金融自由化指数
1978	0.05	1997	8.12
1979	0.46	1998	8.99
1980	0.74	1999	9.58
1981	0.81	2000	10.00
1982	0.87	2001	10.32
1983	1.14	2002	11.02
1984	2.25	2003	11.55
1985	2.65	2004	12.27
1986	3.72	2005	12.62
1987	3.98	2006	13.05
1988	4.10	2007	13.17
1989	4.13	2008	13.63
1990	4.32	2009	14.10
1991	4.81	2010	14.43
1992	4.98	2011	14.41
1993	5.46	2012	15.03
1994	6.06	2013	15.40
1995	7.03	2014	16.08
1996	7.80	2015	16.47

对于分项直接求和而言，缺点在于多重共线性的不良问题，优点在于采取相同的权重来综合衡量金融自由化指标，显得比较全面，表5.8显示了主要通过分项直接求和法计算的中国金融自由化指数。

表5.8　分项直接求和法的中国金融自由化指数

年份	金融自由化指数	年份	金融自由化指数
1978	0.50	1997	62.00
1979	3.50	1998	68.50
1980	5.50	1999	73.50
1981	6.00	2000	77.00
1982	6.50	2001	79.50
1983	8.50	2002	85.00
1984	16.50	2003	89.50
1985	19.50	2004	95.50
1986	28.00	2005	98.50
1987	30.00	2006	102.00
1988	31.00	2007	103.50
1989	31.50	2008	107.00
1990	33.00	2009	111.00
1991	37.00	2010	114.00
1992	38.50	2011	114.00
1993	42.00	2012	119.00
1994	46.00	2013	122.00
1995	53.00	2014	127.00
1996	59.00	2015	130.50

将三组计算出的金融自由化指数绘成图5.2。三组的契合度很高，表明中国1978～2015年的金融自由化、制度改革都呈现较为明显的渐进特征。

从整体趋势来分析，中国金融自由化水平保持着逐渐提高的趋势。其中，在20世纪80年代后期到90年代初期曾有过一段时间的相对停滞期，这是由于国内经济、政治环境对于信贷、利率管控的影响。其余的时间，中国的金融自由化指数都表现出较为快速的增长，这也表明中国的金融政策在渐进推行。

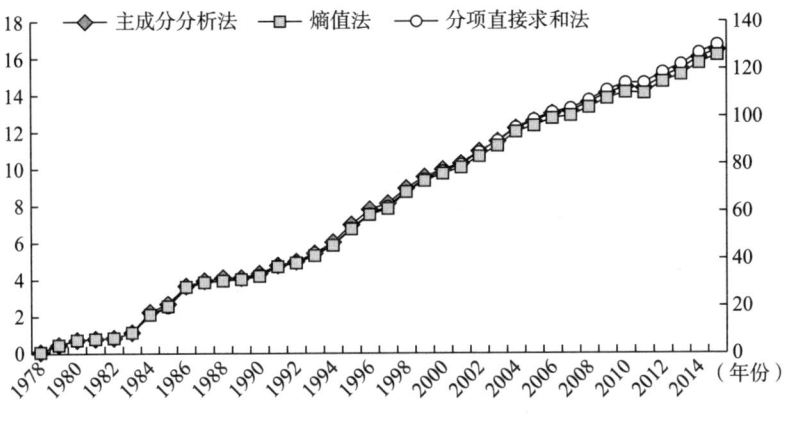

图 5.2 三种方法下金融自由化指数的整体走势

第三节 宏观视角下金融发展对技术创新的作用路径

一 金融自由化对技术创新的作用路径

基于 Levine（1997）的研究，金融发展与技术创新的关系研究可以分为两种路线：一是格利、肖、麦金农等人的研究思想，主要参考货币、利率对储蓄和投资的宏观影响，进而得到金融制度与技术创新的关联性；二是基于金融功能观视角，主要研究金融制度如何影响金融功能，这些功能又如何直接影响到企业的技术创新。基于文献的综述来看，第一个视角建立在金融发展与技术创新的宏观联系的基础之上，第二个视角则更为侧重这种宏观联系机制的微观基础。金融功能观的研究路线是基于对早期研究的深入、微观的拓展，体现了金融发展研究的古典回归趋势。

金融自由化对技术创新的影响取决于其传导机制。基于麦金农、肖的理论模型，传导机制主要通过金融中介运作，通过储蓄率的变化影响储蓄量、投资量。当然，单一的金融中介的传导路径是有限的，随着自由化进程的加快，传导路径发展为通过金融中介、金融市场来影响技术创新。运行良好的金融体系对经济发展、技术创新有重要的作用。王曙光研究认为金融自由化可从三个方面促进经济增长、技术创新（见图5.3）。

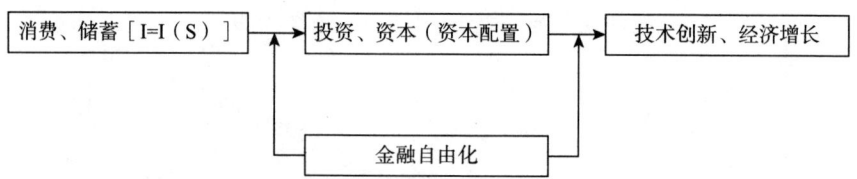

图5.3　影响路径分析下的金融自由化效应作用效果

（1）金融自由化的储蓄动员路径。结合金融自由化在宏观理论中的分析框架，储蓄是一个非常重要的路径，具体主要包含一个体储蓄、政府储蓄。政府储蓄主要是政府的财政资金，来源于税收。不考虑外商的直接投资，政府储蓄是实体经济的主要融资来源。在计划经济体制下，经济投资主要是通过政府财政支出的方式来实现。而在市场经济体制下，市场融资则成为不同产业、不同行业、不同企业获得资金的一种重要的方式，并体现出与金融自由化比较紧密的关联。金融自由化在初始阶段表现为投融资方式转变，即从财政透支转换为金融融资，政府的干预逐渐减少，回归至市场的自动调控。这时候，储蓄的主体从政府变为个人，个人的储蓄地位不断攀升。当储蓄变为跨期的优化配置时，价格体现出激励的作用，利于动员储蓄，此时利率市场化变成了动员储蓄的市场信号。按照麦金农—肖假说，利率市场化能够最为全面、最为准确地反映市场经济的运行状况。对于发展中国家而言，利率的扭曲政策抑制了金融自由化的发展，反而不利于经济增长、技术创新。

（2）金融自由化的储蓄转化投资路径。金融自由化对经济增长、技术创新的促进作用基于储蓄激励机制。除此之外，还依赖储蓄的转换效率，那么核心的问题就是金融摩擦，就是实现储蓄与投资二者的转换。基于储蓄和投资的关系：I（投资）＝I（S）＜S（储蓄）。转换公式为金融摩擦下的储蓄转换为投资。如果金融的效率提高，那么转换效率也就提高。在市场环境下，储蓄转化为投资需要通过金融机构和市场。在间接融资占优的金融市场体系下，银行中介发挥作用，储蓄转换为投资依靠的是商业银行的运作、政策；在直接融资金融体系下，按照市场的配置原则，资金储蓄与流通是通过证券实现的，储蓄转换为投资的效率取决于金融市场的广度和深度。

（3）金融自由化的资本配置路径。企业由于具备的初始条件的差异，在生产技术、运作转换效率上也存在很大的差异。受传统金融体制的影响，正规的金融体系会受到国家政策、行政机构的干预，那么这就可能表现为资本的配置效率低下，如果企业需要融资但不能得到正规渠道的支持，会转向借助非正规渠道。

在金融自由化过程中，金融机构的不断发展壮大、证券市场从无到有的发展都为企业技术创新的融资提供了更加广泛和便利的渠道。首先，银行业从"大统一"格局到多层次的银行体系，更显专业化，更利于企业获取信贷；其次，信托公司、金融租赁、小额贷款为中小企业提供了融资便利，缓解了融资约束；除此之外，证券市场的发展为企业融资提供了渠道，比如发行股票、债券等方式。

二　宏观视角下金融发展影响路径构建

通过上述分析不难发现，金融制度的完善、金融功能的优化、金融结构的调整影响技术创新的投入、技术创新的产出（见图5.4）。本部分基于理论的构建，结合现有文献的研究基础之上，综合整理规模、结构、风险等方面相应的指标，为后面的实证奠定基础。

中国区域金融发展存在明显的区域差异性，加之区域经济外部条件的迥异，使得金融发展对经济发展、技术创新的作用从金融功能发挥上也就表现出明显的差异。金融功能经历了一个从简单到复杂的发展过程，在行业上表现为银行业、保险业、证券业等的不同发展，这个过程中体现着金融总量的变化，也表现为金融结构、金融规模的调整。金融的发展也是金融功能不断完善、金融结构不断调整的动态过程。中国金融体系的构建和发展过程与其他发达经济体的不一致，随着我国金融体制的改革，中国金

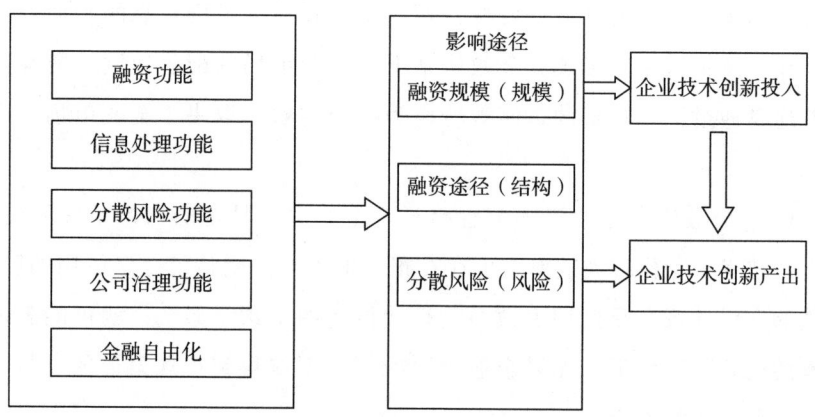

图 5.4　金融发展影响技术创新的路径构建

融体系从当初的单一的金融结构发展为现在的齐全的、有一定规模的金融结构。

　　关于金融发展指标，学术界并未有一个一致的意见。Goldsmith（1969）最早提出用金融相关比率（FIR = 金融资产总值/GDP）作为衡量金融发展的量化指标。后来很多学者以此为基础进行了简化和完善：Mckinnon（1973）提出衡量金融深化的量化指标 M2/GDP，这个指标反映一国的货币金融体系作为支付中介和动员储蓄的功能；Beck（2009）采用 M2/GDP 和银行对私人部门贷款/GDP；Rousseau 和 Wachtel（2000）研究认为 M2/GDP 反映经济货币化程度，并不反映金融发展水平；20 世纪 90 年代，King 和 Levine（1993）用（M3 - M1）/GDP 来表示非货币金融深度，Levine（2002）用（股票市值 + 私人信贷）/GDP 表示金融总量，King 和 Levine（1993）用股票市值/GDP 表示股市规模。

　　（1）金融规模指标。Beck（2009）研究提出了金融市场的规模包括相对规模、绝对规模。绝对规模一般采取某一时点上现有金融资产总额/国民财富来表示，国民财富一般采取 GNP 来表示，现在更多的文献采取 GDP 来表示。比如：Beck（2009）认为可以用央行资产/GDP、货币存款资产/GDP、其他金融机构资产/GDP 等指标来进行衡量，反映三类金融部门提供金融服务对经济规模的重要性；King 和 Levine（1993）、Levine（1997）提出采用现金以及银行等中介的付息负债度量金融中介的规模，再用其除以 GDP 的比值来衡量绝对规模；Mckinnon（1973）提出用 M2/GDP 作为绝对规模的代理变量，同时代表一国金融深化程度；谈儒勇（1999）认为金融主要包括金融中介、股票市场，并采取流动负债 M2/GDP 刻画金融中介规模；章奇等（2003）采用银行信贷余额/GDP 来表示金融规模。本书在宏观视角下的实证分析部分采取 M2/GDP 作为绝对规模的代理变量。在地区的研究上，由于 M2 的地区数据获取不到，难以度量，本书就采用周立（2004）的方法，使用各地区金融机构的存贷余额/GDP。

（2）金融功能指标。关于金融功能指标，现有研究更多。比如：Levine（2002）用金融的效率、金融的活跃程度、金融的规模三个指标来衡量金融功能，主要用于横向比较，但难以纵向测度结构调整对经济的影响。林毅夫和徐立新（2012）、李健和陈传明（2013）在关于金融与实体经济的实证上，采取直接融资和间接融资的相对变化来分析其对经济的影响。朱建芳（2006）认为金融功能分为四大类：一是衡量金融机构资产相对规模的指标；二是衡量金融体系中融资结构的指标；三是衡量金融资产配置状况的指标；四是衡量存款银行与央行相对位置的指标，用存款银行的资产/存款银行和央行资产总量表示。还有部分研究者从货币化程度（M2/GDP）、资本化率（MCAP）、使用股票市值/GDP、私人信贷占比（PRIVATE）来体现金融功能。

（3）金融制度指标。基于前文的研究分析，金融自由化可以作为我国金融制度的代理变量。当然，金融自由化进程的推进会影响到金融市场结构、完善金融功能、降低金融抑制程度，让企业在技术创新过程中易于获取信息，参与资产价格制定。

结合前面的数据分析，以及数据的可得性。本部分的相关变量的选择如下。①融资功能代理变量。采用 Levine（2002）的方法，选取商业银行私人部门的信贷/GDP 反映银行融资功能，选择股票市场总市值/GDP 反映直接融资市场的融资功能。②风险管理与信息处理功能代理变量。对于银行体系和金融市场，分别采取存贷利差以及股市成交额/GDP 表示（见表

5.9）。赵旭（2009）认为交易成本反映间接融资信息生产成本和信息不对称程度，同时反映贷款成本和借贷意愿，高的贷款利率抑制贷款意愿，阻碍银行转移风险；股市成交额能够直接反映出直接融资市场对于信息的收集、处理能力，股市成交额越大表明直接融资市场处理信息的效率越高，同时，股票市场的流动性越大，这意味着直接融资市场能够更好地发挥信息处理优势，不断实现资源的优化配置，风险分散的能力越强。

表 5.9　金融发展路径的指标设定

制度/功能	体系	含义	计算方法	作用
金融制度	制度体系	金融自由化指数	参见本章第二节	金融制度路径
融资功能	宏观体系	市场货币化程度	M2/GDP	宏观金融环境
	银行体系	银行信贷规模	私人部门信贷/GDP	银行效率路径、银行规模发展状况
	金融市场	股票市场资本化率	股市市值/GDP	股市规模状况
风险管理与信息处理功能	银行体系	存贷利差	贷款利率 - 存款利率	银行信息处理、风险分散路径
	金融市场	股市成交规模	股市成交额/GDP	股票市场信息处理、风险分散路径

第四节　宏观视角下的实证研究

一　宏观视角下的实证模型设定

关于金融与经济增长关系的讨论已非常充分，传统的增长理论框架下，金融发展提升资本边际效率、有利于资本的优化配置、间接促进经济增长。考虑到资本边际递减的性质，经济并不能够持续不断增长，这就限制了金融发展对经济增长的作用。结合内生增长理论，内生技术通过研发外部作用并没有出现边际报酬递减，从而使得金融发展对技术创新的作用引起了人们的重视。前面第三章，我们在内生增长模型中引入技术创新、金融发展并进行推导，我们得出的结论是：金融发展对技术创新有显著的正向作用，并能够有效促进经济发展。

张军（2005）采取传统的增长核算方法研究发现，金融发展与全要素增长呈正相关，地区之间存在差异；Guariglia 和 Poncet（2008）研究发现，金融发展指标（固定投资中贷款/财政拨款）对全要素增长有正向积极的作用。关于金融发展、经济增长之间的关系，理论、实证分析已较为成熟，但是从金融功能、金融制度视角进行的研究还是相对较少。肯德里克（1961）研究提出了应该把要素投入增长归结为"要素生产率的提高"，其源于技术创新、资源配置、规模经济等。Kumbhakar 和 Lovell（2003）将全要素生产率（TFP）分解为生产效率、技术进步、规模效率等。TFP 成为现代经济增长的关键。为此，本部分采用金融制度、金融功能作为影响路径，来验证金融发展对我国技术创新的影响效应。为分析金融发展与技术创新二者的关系，计量模型设定如下：

$$TFP_t = \alpha_0 + \sum_{i=1}^{6} \alpha_1 X_{it} + \alpha_2 z_t + \varepsilon_t$$

对于技术创新指标的衡量问题一般采取以下几种重要的衡量方式（孙伍琴和王培，2013）：①技术创新的投入指标；②技术创新的产出指标；③技术的影响，一般采取 TFP 指标。TFP 是经济增长中不能被资本、劳动等投入要素所解释的部分，可以作为技术创新的代理变量。在宏观视角上，采用 TFP_t 作为替代指标。X_{it} 表示金融指标，数据来源于上一部分的研究。

为反映其他因素对技术创新的影响，本部分考虑控制变量组指标的选取，z_t 控制变量组包括外商直接投资、人力资本指数、国际贸易。外商直接投资指标采取外商直接投资实际利用额/GDP 表示，数据来源于中国统计年鉴，国际贸易指标采取进出口总额/GDP 表示，数据来源于 Wind 数据库；全要素生产率、人力资本指数，数据来源于佩恩表，金融发展程度 M2/GDP 反映国家经济的发展水平的高低。一般来讲，金融发展程度与经济发达程度正相关，数据来源于 Wind 数据库，详细的指标及说明见表 5.10。

表 5.10　金融与技术创新指标体系及相关计算的说明

变量	指标结构	指标	计算方法	数据来源
被解释变量	全要素生产率	Y	全要素生产率	佩恩表
核心解释变量	金融自由化指数	X1	金融制度指标的构建	《中国金融统计年鉴》
	金融的融资功能	X2	M2/GDP	世界银行数据库
		X3	私营部门信贷/GDP	世界银行数据库
		X4	股市值/GDP	Wind 数据库
	金融的风险管理与信息处理功能	X5	贷款利率与存款利率之差	世界银行数据库
		X6	股市成交额/GDP	Wind 数据库
控制变量	外商直接投资	Z1	外商直接投资实际利用额/GDP	中国统计年鉴
	人力资本指数	Z2	基于教育年限以及教育回报	佩恩表
	国际贸易	Z3	进出口总额/GDP	Wind 数据库

二　计量模型的实证研究

（一）综合因素的实证结果

本部分进行数据的实证分析，分析思路：①考虑到本部分为时间序列数据，必须确保数据的平稳性，先进行平稳性检验；②在平稳性检验的基础之上，进行协整分析，研究是否存在长期均衡关系；③在确保数据的平稳性、进行协整检验的基础之上，还需要进行格兰杰因果检验，考察数据之间的格兰杰因果关系。结合数据的完整性以及统计口径，本部分选取1995～2014 年数据进行实证。

1. 时间序列平稳性检验

为了避免模型伪回归，采取 Dickey 和 Fuller 关于残差项序列的 ADF 检验方法对变量进行单位根的检验，确保变量平稳。用 ADF 法对变量进行单位根检验的模型如下：

$$DY_t = b_1 + b_2 t + dY_{t-1} + a_i \sum_{i=1}^{m} DY_{t-i} + e_t$$

t 为时间趋势项，i 为滞后阶数，e_t 为白噪声误差项。在进行检验中，检验 $d = 0$，滞后阶数按照 AIC 最小的原则来选择，检验结果如表 5.11 所示。

表 5.11　模型中各变量的单位根检验

变量	ADF 检验值	检验类型（c，t，p）	P 值	是否平稳
Y	0.5260	（c，t，1）	0.9857	非平稳
$\triangle Y$	− 2.8870	（c，t，1）	0.0469	平稳
$X1$	− 1.7580	（c，t，1）	0.4016	非平稳
$\triangle X1$	− 4.5450	（c，t，1）	0.0002	平稳
$X2$	− 1.1880	（c，t，1）	0.6786	非平稳
$\triangle X2$	− 4.5510	（c，t，1）	0.0002	平稳
$X3$	− 1.3500	（c，t，1）	0.6059	非平稳
$\triangle X3$	− 3.5910	（c，t，1）	0.0059	平稳
$X4$	− 0.7330	（c，t，1）	0.8381	非平稳
$\triangle X4$	− 4.0570	（c，t，1）	0.0011	平稳
$X5$	− 6.3650	（c，t，1）	0.0000	平稳
$\triangle X5$	− 6.083	（c，t，1）	0.0000	平稳
$X6$	− 2.2500	（c，t，1）	0.1885	非平稳
$\triangle X6$	− 5.9870	（c，t，1）	0.0000	平稳
$Z1$	− 1.7820	（c，t，1）	0.3896	非平稳
$\triangle Z1$	− 3.3730	（c，t，1）	0.0119	平稳
$Z2$	0.0119	（c，t，1）	0.6884	非平稳
$\triangle^2 Z2$	− 3.8850	（c，t，1）	0.0021	平稳
$Z3$	− 1.1870	（c，t，1）	0.6790	非平稳
$\triangle Z3$	− 2.7320	（c，t，1）	0.0687	平稳

注：p 为滞后阶数；c、t 表示常数项、时间趋势项。

表 5.11 的单位根检验结果表明，对于被解释变量 TFP 以及核心解释变量都是一阶差分平稳，对于控制变量，除了人力资本指数指标二阶差分平稳，其他两个变量都是一阶差分平稳。为此剔除人力资本指数变量，其他

两个作为控制变量引入方程进行回归分析。

2. 协整检验以及模型估计

上述的一阶差分平稳结果符合协整的检验条件，为此进行众多因素的协整性检验，用变量 TFP 对相关变量进行普通最小二乘估计回归，保留模型的残差序列，并对模型的残差进行单位根检验，假如残差序列表现出平稳性，则说明协整关系是存在的，如果残差序列不平稳，则说明并不存在协整关系。回归结果如表 5.12 所示。

表 5.12　综合因素的模型回归结果

	模型 1	模型 2	模型 3	模型 4
X1	0.0590 **	0.1209 ***	0.0913 ***	0.0535 ***
	(3.02)	(5.01)	(4.87)	(3.08)
X2	0.2549	− 0.3899 **		
	(1.20)	(− 2.81)		
X3	− 0.4348 **		− 0.3878 ***	
	(− 2.73)		(− 4.31)	
X4	0.0057		0.0169	
	(0.49)		(1.38)	
X5	− 0.0489 ***			− 0.0649 ***
	(− 3.83)			(− 4.40)
X6	0.0179			0.0452 **
	(0.88)			(2.29)
Z1	38.7989	73.3148	72.7368 *	16.5944
	(1.34)	(1.69)	(2.02)	(0.46)
Z3	0.0035	− 0.1770 *	− 0.0698	0.0372
	(0.04)	(− 1.91)	(− 0.67)	(0.46)
常数项	0.2679	− 0.1445	− 0.0238	0.3223
	(1.04)	(− 0.37)	(− 0.07)	(0.96)
样本数	20	20	20	20

	模型 1	模型 2	模型 3	模型 4
R 值	0.9836	0.9389	0.9609	0.9648
调整 R 值	0.9716	0.9226	0.9469	0.9522

注：括号中为 t 统计量，* p < 0.1，** p < 0.05，*** p < 0.01。

本部分模型 1 是进行所有因素的回归分析，模型 2、3、4 是进行部分因素的回归分析。从 4 个模型的残差检验结果来看都是平稳的，那么这也意味着众多的金融发展因素与 TFP 之间存在长期的协整关系。模型 1 的残差在 1% 的水平上是一个平稳序列，说明众多因素整体与 TFP 具有显著关系，其他三个模型在 5% 的水平上是一个平稳的序列，说明从影响因素来看，金融发展对 TFP 有比较明显的影响（见表 5.13）。

表 5.13　综合因素的模型残差的平稳性检验

模型选定	t 统计量	1% 临界值	5% 临界值	10% 临界值	P 值
模型 1	− 3.537	− 3.750	− 3.000	− 2.630	0.0071
模型 2	− 3.357	− 3.750	− 3.000	− 2.630	0.0125
模型 3	− 3.205	− 3.750	− 3.000	− 2.630	0.0197
模型 4	− 3.206	− 3.750	− 3.000	− 2.630	0.0196

以上模型估计的结果表明，四个模型的估计效果都比较好，核心解释变量大部分通过了 t 检验，拟合优度 R 达到了 90% 以上，残差也比较平稳，说明模型保持长期效果有效。但是部分因素的回归结果与预计方向不一致性，这主要由于变量之间的共线性问题，为此进行下一步单因素的实证分析。

3. 格兰杰因果关系检验

格兰杰因果关系检验主要用于变量之间的滞后阶数的敏感性分析，表 5.14 为格兰杰因果关系检验的 AIC 和 SC 准则对不同滞后阶数的检验评价。表 5.14 的结果表明，X1 ~ X6 的单个因素是 Y 的格兰杰原因，这也说明金融发展相关因素设定的合理性。同时 TFP 与部分金融发展因素之间互为格兰杰原因，表明技术的进步、创新也会影响到金融市场。

表 5.14   TFP 与相关金融发展因素的格兰杰检验

原假设	卡方统计量	df	P 值	检验结论
X1 非 Y 的格兰杰原因	15.851	2	0.000	拒绝
Y 非 X1 的格兰杰原因	5.842	2	0.054	拒绝
X2 非 Y 的格兰杰原因	12.376	2	0.002	拒绝
Y 非 X2 的格兰杰原因	2.167	2	0.338	接受
X3 非 Y 的格兰杰原因	28.839	2	0.000	拒绝
Y 非 X3 的格兰杰原因	0.366	2	0.833	接受
X4 非 Y 的格兰杰原因	10.333	2	0.006	拒绝
Y 非 X4 的格兰杰原因	34.485	2	0.000	拒绝
X5 非 Y 的格兰杰原因	51.011	2	0.000	拒绝
Y 非 X5 的格兰杰原因	17.913	2	0.000	拒绝
X6 非 Y 的格兰杰原因	10.620	2	0.005	拒绝
Y 非 X6 的格兰杰原因	16.392	2	0.000	拒绝

（二）单因素的实证检验

为了进一步分析单个金融发展因素对 TFP 的影响效应，本部分也进行单因素对 TFP 的回归分析，并进行残差平稳性检验。回归结果如表 5.15 所示。

表 5.15   单因素的回归结果

	模型 1	模型 2	模型 3	模型 4	模型 5	模型 6
X1	0.0830 ***					
	(3.47)					
X2		−0.0012				
		(−0.01)				
X3			−0.2354			
			(−1.53)			
X4				0.0323		
				(1.67)		

续表

	模型 1	模型 2	模型 3	模型 4	模型 5	模型 6
X5					-0.0754^{***}	
					(-3.46)	
X6						0.0674^{*}
						(2.05)
Z1	73.5457	$-1.0e+02^{**}$	$-1.3e+02^{***}$	-64.5594^{**}	$-1.1e+02^{***}$	-85.9123^{***}
	(1.42)	(-2.61)	(-6.68)	(-2.50)	(-11.91)	(-6.24)
Z3	-0.1330	-0.1872	-0.2160	0.0155	-0.0243	-0.1133
	(-1.21)	(-1.27)	(-1.60)	(0.09)	(-0.21)	(-0.85)
常数项	-0.3109	1.2930^{***}	1.6540^{***}	0.9976^{***}	1.4711^{***}	1.1537^{***}
	(-0.67)	(3.01)	(6.55)	(5.14)	(16.90)	(10.94)
样本数	20	20	20	20	20	20
R 值	0.9068	0.8368	0.8576	0.8611	0.9066	0.8707
调整 R 值	0.8893	0.8061	0.8309	0.8351	0.8891	0.8465

注：括号中为 t 统计量，$^{*}p<0.1$，$^{**}p<0.05$，$^{***}p<0.01$。

在一阶差分平稳的基础之上，进行单个因素的协整性检验，用变量 TFP 对相关变量进行普通最小二乘估计回归，平稳性检验效果如表 5.16 所示。

表 5.16 单因素的模型残差的平稳性检验

模型选定	t 统计量	1% 临界值	5% 临界值	10% 临界值	P 值
模型 1	-3.546	-3.750	-3.000	-2.630	0.0065
模型 2	-2.272	-3.750	-3.000	-2.630	0.1812
模型 3	-2.585	-3.750	-3.000	-2.630	0.0960
模型 4	-1.992	-3.750	-3.000	-2.630	0.2901
模型 5	-3.280	-3.750	-3.000	-2.630	0.0158
模型 6	-2.407	-3.750	-3.000	-2.630	0.1398

基于回归结果以及残差序列平稳性检验结果来看，金融自由化指数 X1 以及银行之间的存贷利差 X5 与 TFP 保持了长期动态协整关系，从回归

结果来看金融自由化正向显著影响 TFP，中国的金融制度利于技术创新；存贷利差负向显著影响 TFP，高的贷款利率抑制贷款意愿，阻碍银行转移风险，也不利于技术创新，而较低的贷存利差反映了银行具有较强的处理风险的能力，有利于技术创新。基于此，金融发展因素对技术创新有显著的影响效应。

第六章

金融发展对技术模仿的作用机制

对于落后的经济体，在经济发展初期，经济体的储蓄量少引起资金的缺乏，技能劳动力的数量较少导致人力资本薄弱，国家的经济、金融、法律等制度不健全，很难进行自主创新。那么，作为具有后发优势的经济体，应引进和购买其他国家的技术设备，再对先进的技术进行不断模仿，同时基于现有的技术、购买的先进设备，进行模仿改造、消化吸收从而不断提升本国的技术水平。当然，在前面的章节中我们已充分说明，对于技术落后的经济体而言，结合比较优势，引进和吸收先进技术也是一种技术的进步和创新。但是，从世界大部分国家的技术模仿来看，技术的购买、引进、吸收其实并非一个简单重复的过程，很多落后的经济体都陷入技术模仿的困境和陷阱。世界技术不断革新，如果落后经济体一味追求新的技术，而没有结合经济体现有的自身状况，比如经济发展水平、技术引进行业的发展状况、企业的技术模仿经营能力、市场对引进技术的需求、劳动者的素质、资本配置的合理性、金融发展状况、金融制度等，技术模仿可能并不能缩小与技术前沿之间的差距，也不一定能够促进经济的发展。从国外购买、引进技术到本土化的转换过程中，核心的问题是市场的需求如何、是否具备合适的劳动者素质、是否具备足够的资本、是否具备国家资源禀赋的比较优势等。从金融发展的视角来看，主要问题还在于是否具备充足的资本储蓄和储备，现行的金融制度是否满足行业、企业进行技术购买、引进的融资需求，金融功能是否能够充分发挥其作用来促进落后经济体、行业、企业进行技术模仿。对于进行技术模仿的行业、企业，甚至经济体而言，因为先进的技术已在其他市场上流转和采用，所以技术模仿本身的风险系数较小，资金的有效满足对于技术模仿显得更为关键。

世界银行和国务院发展研究中心联合课题组发布的《2030 年的中国》研究报告提出，中国的技术创新主要包括两个阶段：一是借助于技术引进、技术进口来进行改进型创新，按照前面讨论的阶段划分来看，就是技术模仿阶段和模仿创新阶段；二是原创性的创新，也就是中国技术的自主创新阶段。从 1949 年至今，我国成功利用后发优势，通过不断对国外先进技术的引进、对先进设备的购买，借助 FDI、国际贸易的溢出效应，来提升我国科学技术的发展水平。基于中国的技术发展的历史，技术模仿对于我国的技术进步、技术发展、技术创新是一个很好的方式。虽然我国的整体技术已逐渐迈向了世界技术创新的前沿领域，但是在技术发展过程中，我国还是存在一大部分的企业、行业对世界先进的技术进行模仿，毕竟我国不是所有的行业、企业都能够自主创新、都需要自主创新。因此，本部分将讨论金融发展对技术模仿的影响机制及影响路径。

延续 Aghion 等（2009）的思路，第六至第八章将技术模仿、模仿创新、自主创新这三种创新方式、创新阶段纳入一个整体研究框架进行研究。考虑到技术后发优势理论，部分落后的经济体、行业、企业在早期主要采取技术模仿方式，但是并不能排除对于部分企业、行业而言，虽然处于早期发展阶段，但是仍然具有一个较好的资本积累、人力基础，早期也可能进行自主创新。因此，技术模仿、模仿创新、自主创新并不是相互之间排斥，也不存在一个明显的界限，只是存在企业、行业、地域之间的差异。对于不同的产业、不同的行业、不同的企业而言，随着技术水平的不断提升，会逐渐缩短与技术前沿的差距，那么模仿的空间也会不断缩小，自主创新的比重不断提高。本章在熊彼特增长理论基础之上引入技术模仿、技术前沿，同时结合金融发展这一重要的影响因子来研究技术后发优势的转化程度，分析我国经济增长的"俱乐部收敛"现象，以及研究我国金融制度、金融规模对技术模仿的作用机制。

众所周知，技术创新是一个风险系数高的活动，同时需要大量的资本投入和匹配的人力资本。对于相对落后的发展初期的国家而言，技术物质基础薄弱，资本积累贫乏，人力资本储备相对不足，技术水平落后，技术知识相对缺乏，技术技能的储备严重不足，金融发展支持力度不足，金融制度的不完善，等等，很难进行自主创新。但是，其他经济体的先进技术由于国际贸易、FDI 等因素存在溢出效应。Gerschenkron（1962）研究发现相对落后的经济体可通过购买先进设备、引进先进技术、利用技术扩散来促进本国技术不断进步；施培公（1999）基于后发优势理论、肯定了我国技术模仿的优势，并进行了实证；艾志红（2004）强调了技术模仿中的后发优势可以促进本国技术的创新和进步；Amsden 和 Asia（1989）基于韩国的工业过程研究发现，对于工业化早期的发展中国家，技术的引进和模仿占有非常重要的地位；Miller 和 Chen（1994）基于 28 个产品开发历史，研究发现模仿对技术创新有重要作用；Schwartz 和 Daly（1978）研究发现模仿成本是创新成本的 60%，模仿有利于企业成本节约；Mansfield 等（1981）研究发现对于专利化的创新，60% 会在四年内被模仿，表明自主创新的垄断效果并不持久，模仿具有很强的后发优势；薛春志（2011）研究发现日本二战后，在政府的领导下通过大规模的技术引进，缩短了与欧美的技术差距，以此节省了时间和资本；陆园园等（2006）研究发现技术模仿为韩国提供了学习机会，而大量学习的积累，又为模仿中的创新提供了可能。技术模仿可以减少高昂的研发投入、降低试错成本，本身就是一条快捷的提升技术水平的路径。技术落后的经济体具备"技术后发优势"，可借助 FDI、国际贸易等推动本国的技术创新和进步。

对于落后的经济体，需要充分利用本国的后发优势，对先进的技术进行不断学习和模仿，进行本土化转换，从而不断缩小与发达国家的技术差距，实现经济体的经济不断增长。但是，现实并非按照理论进行，对于许多落后的经济体，技术后发优势并没有发挥作用，最终技术差距逐渐拉大，经济发展水平也逐渐分化明显，出现了"俱乐部收敛"的增长规律。Pritchett（1997）指出 1980～1990 年这 10 年之间，世界的最穷国和最富国的生活水平差距扩大了至少 5 倍；Howitt（2004）从 1960～1995 年的数据分析发现穷国、富国之间的人均收入差距以 2.6% 的速度逐渐拉大；David 和 Maddison（2006）用 1950～1998 年的数据发现富国和穷国的差距以 1.75% 的速度逐渐拉开。杨小凯（2003）研究发现：对于落后国家，技术容易模仿，但是制度很难实现模仿，在一般情况下，落后的经济体只是进行了技术、管理模仿，而没有进行制度模仿，技术模仿可能在短期内带来经济的增长，但是只有对制度进行完善才能长期稳定增长。事实证明，技术后发优势并不能够自发实现，资源配置、资源禀赋、初始条件、经济状况、人力发展、制度等都有影响。

从现有的金融发展对技术模仿的影响研究来看：Hermes 和 Lensink（2003）研究发现企业的技术模仿、创新必须有资金的支持，金融部门能够改善资源配置、提高投资效率从而影响技术模仿效应；Alfaro 等（2004）、孙力军（2008）的研究表明金融市场的高效能提高技术的吸收能力，有利于技术外溢和本国技术的进步；阳小晓和赖明勇（2006）研究发现高效的金融体系能降低创新的门槛，有利于吸收外资企业的技术外溢；杨小凯（2004）基于苏联、拉美国家经济增长最后陷入困境的研究发现了后发劣势，制度的落后可能是后发国家经济发展滞后的原因，必须解决制度模仿问题才能解决后发劣势问题；林毅夫和刘明兴（2003）认为制度是内生的，制度转换需要长期、缓慢的过程，后发国家技术差距的缩小关键在于发展战略，应该充分利用要素禀赋的比较优势来发展技术。Aghion 等（2009）研究认为落后的经济体实行技术本土化的过程中，需要结合经济体自身的资源禀赋进行，并不是简单模仿和学习，尤其是一些缄默知识是难以复制和简单模仿的。技术本土化过程是一种模仿行为，本质上也是一种技术创新活动，需要结合经济体的资源禀赋优势进行。当然，金融发展在模仿过程中也显得举足轻重。

落后的经济体主要借助"技术后发优势"，不断对国外先进的技术进行学习、模仿，并结合自身的资源储备、人力积累、制度等进行技术本土化转化的过程，以此不断缩小与先进技术的差距。但是现实并非按照理论进行，全球各个国家的收入表现出一个混合状态，大部分发达国家一直保持经济的长期增长，更多的是很多国家的经济低速增长，使得发达国家与落后国家的经济差距逐渐拉大。范围不断扩大的"俱乐部收敛"现象挑战了新古典理论。新古典理论把技术视为外生变量，由于资本边际效用递减，对于所有的经济体而言，经济应该会收敛到相同的俱乐部中，但现实并没有按照新古典理论发生，同时 AK 模型也没有很好地解释"俱乐部收敛"现象。后来熊彼特增长模型用技术内生化解释了"俱乐部收敛"。

第一节　金融发展因素影响下的技术模仿模型

一　不考虑金融发展因素的技术模仿模型

（一）基本假设

基本模型设定，假定模型与多部门的熊彼特模型保持一致。时间设定离散，最终产品由中间产品 x 和劳动力 L 构成，遵循柯布－道格拉斯的生产函数：

$$Y_t = \int_0^1 (LA_{it})^{1-\alpha} x_{it} di, 0 < \alpha < 1$$

其中，A_{it} 表示生产率参数，x_{it} 表示中间产品 i 投入量，假定 $L = 1$。

经济增长来自生产率 A_{it} 的提高，考虑到中间产品的厂商进行创新活动，可垄断获利。假定最终产品可用于消费，也可以用于生产中间产品。最终利润用收益减成本来衡量：

$$\Pi_{it} = p_{it} x_{it} - x_{it}$$

在完全竞争产业，生产要素的均衡价格等于边际产品的价值，因此：

$$p_{it} = \frac{\partial Y_t}{\partial x_{it}} = \alpha A_{it}^{1-\alpha} x_{it}^{\alpha-1}$$

基于 $\dfrac{\partial \Pi_{it}}{\partial x_{it}} = 0$ ，求得 $x_{it} = \alpha^{\frac{2}{1-\alpha}} A_{it}$ 。

因此，$\Pi_{it} = p_{it} x_{it} - x_{it} = (1-\alpha)\alpha^{(\frac{1+\alpha}{1-\alpha})} A_{it} = \pi A_{it} \left[假定 \pi = (1-\alpha)\alpha^{(\frac{1+\alpha}{1-\alpha})} \right]$ 。

（二）创新投入和创新成功概率

厂商的创新活动需要不断的创新投入。创新是一个风险活动，技术模仿同样面临一定的风险，并不意味着所有的投入都会带来成功。按照统计规律，投入的越多，成功的概率越高。这就是说，创新成功的概率和投入的多少表现为正向关系。考虑到收益与成本的对比约束，对于创新主体而言，不会无限制地对创新活动进行创新投入，依然遵照追求企业利润最大化的原则进行。一般采用 R&D 支出或者人员来衡量投入，国际上通常采取的是 R&D 支出/GDP，模型中采用 $R_{it} = n \times A_{it}$ 来表示。那么创新成功的概率 μ 就是关于生产科研支出 R_{it} 的 $\varphi(n)$ 递增函数。厂商进行创新的利润表示为：

$$\mu \Pi_{it} - R_{it} = \left[\mu\pi - \tilde{n}(\mu) \right] A_{it}$$

其中，$\tilde{n}(\mu)$ 表示关于 $\varphi(n) = \mu$ 的数值。

参考 Aghion 等（2010）的研发投入函数 $\tilde{n}(\mu) = \eta\mu + \psi\mu^2/2$ ，η、ψ 越大，在一定的研发投入下，创新成功的概率越低。边际研发成本 $\tilde{n}'(\mu) = \eta + \psi\mu (\eta, \psi > 0)$ 。即使创新失败，$\mu = 0$ ，边际研发成本也为正，表明研发投入并不一定都能带来成功。另外假定 $\eta + \psi < \pi$ ，保证创新成功概率 $\mu < 1$ 。厂商的创新条件，对于 $\mu \Pi_{it} - R_{it} = \left[\mu\pi - \tilde{n}(\mu) \right] A_{it}$ 关于 μ 的最大化解，解为 $\tilde{n}'(\mu) = \pi$ ，那么 $\mu = (\pi - \eta)/\psi$ 。

当 $\pi > \eta$，$\mu > 0$ 时，创新的利润大于0，厂商持续增加投入。

当 $\pi \leq \eta$，$\mu \leq 0$ 时，创新的利润小于等于0，厂商的研发投入为0。

在上述的模型中我们需要考虑技术模仿活动，引入相应的变量，经济体自身的现有水平为 A_{it} ，前沿水平为 $(1+g)A_{t-1}$ 。

（三）技术模仿和技术前沿

假定经济体的目标是达到前沿水平，模仿成功，追赶上前沿技术 $\bar{A}_t$ ，

并且以速率 g 增长，模仿成功的概率为 μ，不成功则仍然按照上期的技术水平 A_{it-1}，模仿不成功的概率为 $1 - \mu$，那么：

$$A_{it} = \begin{cases} \bar{A}_t（概率为 \mu） \\ A_{it-1}（概率为 1 - \mu） \end{cases}$$

则经济体的平均参数水平为：

$$A_t = \int_0^1 A_{it} \mathrm{d}i = \mu \bar{A}_t + (1 - \mu_t) A_{t-1}$$

考虑到实际技术水平与技术前沿的距离，我们用相对生产率来表示，$a_t = \dfrac{A_t}{\bar{A}_{t-1}}$，则：

$$a_t = \mu + \frac{(1 - \mu)}{(1 + g)} a_{t-1}$$

当 $a_t = a_{t-1}$ 时，求解稳态值 $a^* = (1 + g)\mu / (g + \mu)$。

从上面的模型来看，当 $\pi > \eta$ 时，创新经济体能保持增长，由于技术模仿的存在，落后的经济体发挥更大后发优势；当 $\pi \leq \eta$ 时，经济体将趋于停滞状态。以此来看，不断创新的经济体向技术前沿收敛，创新失败的经济体逐渐停滞，远离技术前沿，这就是"俱乐部收敛"的原因。

二 金融发展因素影响下的技术模仿模型

基于 Howitt 和 Mayer-Foulkes（2002）的研究假设，创新主体离技术前沿越近，随着投入规模的扩大，创新的频率就越依赖技术差距与人力资本储备的比值。当然，技术创新肯定面临资本约束，金融体系和制度的完善将逐渐缓解信贷约束。本部分对 Howitt 和 Mayer-Foulkes（2002）的模型进行了拓展。

厂商在 t 期成功，这也就意味着必须在上一期（$t-1$）进行创新活动。现实中，金融市场并不是高效、完善的，这也就意味着技术创新面临相对严重的信贷约束，主要源于资金缺乏。假定厂商的财富积累为 w，采取 v 衡量信贷约束的程度。v 取决于违约的概率，违约成本越高，则违约的概率越小，v 就越大。现实中，违约成本反映金融体系的运作情况。

构建两期的世代交叠模型，厂商在 t 期的财富源自上期的财富储蓄 w_{t-1}。因此，厂商的研发投入不会超过 vw_{t-1}。此时在创新概率为 μ 的条件下研发投入为 $\tilde{n}'(\mu)A_{it}^*$，A_{it}^* 的目标就是 $\bar{A}_t$，创新概率的最大值为 $\bar{\mu}_t$，其中 $\tilde{n}(\bar{\mu}_t)\bar{A}_t = vw_{t-1}$。$w_{t-1}$ 和 A_{t-1} 成正比，$w_{t-1} = \omega A_{t-1}$，结合这两个式子考虑到 $\bar{A}_t$ 以 g 为增速，则 $\tilde{n}(\bar{\mu}_t)\bar{A}_t = \varpi v\alpha_{t-1}$，其中 $\varpi = \omega/(1+g)$。$\bar{\mu}_t$ 就是关于 v 和 α_{t-1} 的递增函数。$\tilde{n}(\mu) = \eta\mu + \psi\mu^2/2$，则 $\bar{\mu}_t = \varphi(v\alpha_{t-1}) = (\sqrt{2\psi\varpi v\alpha_{t-1} + \eta^2} - \eta)/\psi$，表明 $\bar{\mu}_t$ 和 v、α_{t-1} 都成正比，当 v、α_{t-1} 为 0 时，$\bar{\mu}_t$ 为 0。

当不存在信贷约束时，均衡的创新概率 $\mu = (\pi - \eta)/\psi$。当创新概率大于 0 时，才会产生信贷约束的问题。结合 $a_t = \mu + \dfrac{(1-\mu)}{(1+g)}a_{t-1}$，将 $\bar{\mu}_t$ 用 $\varphi(v\alpha_{t-1})$ 替代，结果 $a_t = \varphi(v\alpha_{t-1}) + \dfrac{1 - \varphi(v\alpha_{t-1})}{1+g}a_{t-1} = H(\alpha_{t-1})$，其中，$H' > 0$，$H'' < 0$，$H(0) = 0$，$H(1) < 1$。图 6.1 体现了信贷乘子 v 足够大，$H'(0) > 1$ 的情形，满足 $v\varphi'(0) > g/(1+g)$。

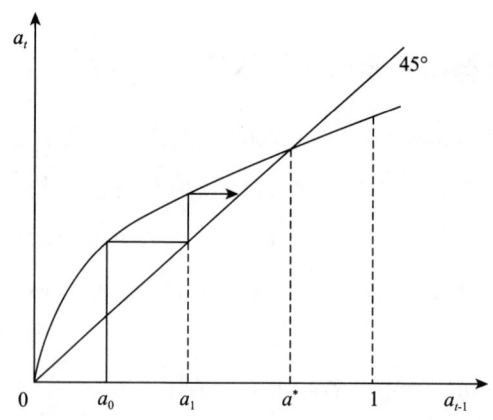

图 6.1 信贷约束、技术模仿与增长收敛

这说明，增长会收敛至 a^*。金融体系运行比较良好的状态下，增长的稳态值 a^* 与信贷乘子 v 成正向关系，v 越大，H 函数的曲线越会向上移动。当信贷市场运行效率低下，$H'(0) \leq 0$，将退至 $a = 0$。这种情形下，增长不会降至 0，会收敛至 g^h，这也取决于信贷乘子 v。

由此我们得出，一个国家的金融发展滞后，就意味着技术很难收敛至技术前沿，低效的金融体系在一定程度上削弱了落后经济体的后发优势。低效的经济体系妨碍了企业家扩大创新投资规模，导致陷入缺乏创新的恶性循环。金融体系完善、金融发展良好可以解决企业创新的融资问题，有助于向技术前沿收敛。基于以上理论和中国的现实，提出本章的假设（H6.1 和 H6.2）以检验金融发展对企业技术模仿活动的影响。

H6.1：不断完善的金融制度，缓解技术模仿的融资规模约束，有利于企业的技术模仿活动。

H6.2：在技术本土化过程中，融资规模需求满足是核心，金融制度与融资规模显著影响技术模仿。

第二节　中国金融发展对技术模仿影响的实证研究

关于中国的金融发展对技术模仿的影响作用是否与假设一致，本节进行实证研究。考虑到数据的可得性、指标的代表性，首先选取行业层面的数据进行实证，数据为 2001～2013 年的行业面板数据。其次，由于中国地区差异性，金融发展对各个地区技术模仿的影响效应也存在差异，为此验证技术本土化过程中金融制度、金融规模的影响是否支持 H6.1 和 H6.2 两个假设。

一　行业面板数据实证

（一）数据说明

1. 被解释变量

为了尽可能保证实现全面的分析，本部分在数据描述方面，从技术模仿阶段技术引进与购买的绝对量和相对量上分析我国的现状。技术模仿的绝对量指标选取技术引进经费和技术购买经费的对数值来衡量，技术模仿的相对量指标选取技术引进经费和技术购买经费与 R&D 支出的比值来衡量，这也能够很好地反映各个行业对技术引进和购买的偏好程度。

通过图 6.2 不难发现在技术模仿阶段，相对量指标呈下降趋势，这说明技术购买和引进的经费支出相比 R&D 支出增长较慢，而绝对量指标处于一个增长趋势，说明我国整体的技术模仿投入在不断增加。

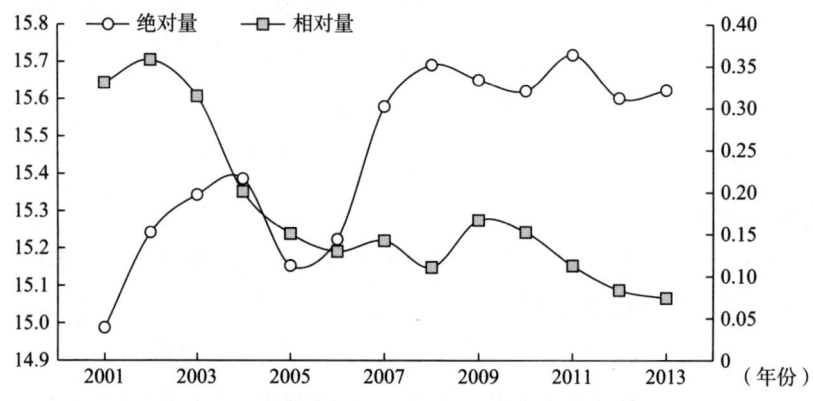

图 6.2　行业技术模仿绝对量、相对量指标走势

2. 解释变量

在影响路径研究上，引入金融规模，由于行业、企业是按照先自融资再外融资顺序进行，因此并不是所有的企业都要进行外源融资。同时，各家企业对于外源融资的需求存在差异。考虑到不同行业的外源融资依赖对于金融功能实现程度存在差异性影响，因此将金融规模与外源融资的交叉项作为核心的解释变量。

（1）路径指标的构建

考虑到金融制度安排的影响，解释变量选定为金融自由化指数。金融制度是政府在金融领域制定的约束、监督金融主体活动的规则。金融规则对于金融体系的运行、金融结构的优化、金融功能的发挥都有非常重要的作用。一方面，有促进金融发展、实现金融稳定等积极作用；另一方面，也会出现金融抑制、金融非市场运行等消极作用。对于技术创新而言，金融制度安排会直接或间接影响到技术创新，适宜的金融制度将利于技术创新，而落后的金融体系或者制度又将阻碍技术创新，延缓经济增长。

由于金融制度的动态调整性，金融结构、金融规模都会发生相应的变化，Levine（2002）从金融活跃程度、效率、规模，构建了金融结构的评价标准。对于技术模仿而言，引进、购买的技术已经相对成熟。因此，技术模仿的技术风险相对较小，市场未知风险、财务风险等都较小，但是进行技术模仿的企业需要充足的资本积累和储备，这个阶段企业需要更多的资金注入，因此在这个阶段融资规模对于企业的技术创新十分重要。考虑到金融制度、金融结构的变动性，金融功能的相对稳定性，本部分主要结合金融功能反映融资规模对技术模仿的整体影响效果。考虑到金融制度与金融功能的共线性问题，本部分主要采取熵值法来构造核心的金融影响指标。

①融资功能代理变量：对于行业、企业外在的整体金融融资环境，选定广义 M2/GDP 这个指标来进行衡量，记为 X1。②间接融资代理变量：采取 Levine（2002）的方法，使用商业银行对私人部门的贷款与 GDP 的比值来反映银行融资功能，记为 X2。③直接融资代理变量：选取股票市场总市值与 GDP 的比值来反映股票市场融资功能，记为 X3。

（2）外源融资依赖指数

Aghion 等（2004）研究发现进行研发的企业选取发行股票、债券等外部融资方式进行融资，行业受外源融资约束存在差异性。Hall 和 Lerner（2010）、Maskus 等（2012）基于企业、行业、国家层面研究发现外部融资约束对技术创新有显著的影响。企业的外源融资由于行业的异质性，对于融资规模的需求也存在差异，为此引入外源融资依赖指数，记为 Z。企业获得资金的方式遵从一定的惯例和规则，规则一般同企业的创新程度有关，也和融资的成本有关。基于 Mayer（1988）的分析，不同国家企业的融资顺序具有一致性，也就是"啄食顺序"，一般先采取的是内部融资，即企业将自身的剩余资金投入技术创新过程中，当内部融资不能满足企业的发展时，再进行外源融资。外源融资一是来源于政府的技术资金支持，二是来源于金融体系的支持，基于职能角度考虑，政府并不能持续对技术创新进行资金的支持，那么这时候最佳的方式便是通过金融体系提供的融资渠道来获取资金。从融资方式的风险性来看，一般是先进行低风险的债券融资，再进行股票融资。当然，企业的融资惯例也会发生变化，不一定完全按照"啄食顺序"进行，原因可能是外部环境发生变化，也可能是供给（金融创新）发生变化，还有可能是融资方式的相对成本发生变化，这与技术有关，同金融系统的监管制度变化有关。为了分析行业对金融市场的依赖性，就需要引入企业外源融资这个影响因素。企业的外源融资取决于两个因素：一是融资的企业现在所处的发展阶段，从初创到成熟阶段，外源融资的依赖程度将不断降低；二是不同行业之间的差异性，资本密集型、高科技产业更多表现的是对于外源融资的需求。为了更好反映技术模仿阶段行业对金融的需求，应结合外源融资进行研究分析。

从查阅的文献研究来看，外源融资依赖程度的衡量指标一般是采取 Rajan 和 Zingales（1996）的研究成果。该文章中的外源融资指标是基于美国企业的数据计算得出的。目前，众多国内外学者一般也采取这个指标来研究其他国家。关于外源融资指标的选定，卢荻采用 1990～2008 年工业行业累计支出的科学活动经费减去自筹经费后再除以支出经费总额来计算外源融资的依赖程度，但是由于《中国科技统计年鉴》提供的科技经费数据并未进行债务融资的区分，可能低估了外源融资的依赖程度。当行业处于基本稳定时，外源融资依赖这一指标还是相对合理的。因此，本书利用外源融资依赖指数和金融相关指标的交叉乘积项来进行实证研究，并对部分行业的数据进行微调，外源融资依赖指数详见表 6.1。

表 6.1　外源融资依赖指数

行业	外源融资依赖指数
煤炭开采和洗选业	0.33
石油和天然气开采业	0.04
黑色金属矿采选业	0.09

续表

行业	外源融资依赖指数
有色金属矿采选业	0.01
非金属矿采选业	0.01
农副食品加工业	0.14
食品制造业	0.14
饮料制造业	0.08
烟草制品业	− 0.45
纺织业	0.40
纺织服装、鞋、帽制造业	0.03
皮革、毛皮、羽毛（绒）	− 0.14
木材加工及木、竹、藤	0.28
家具制造业	0.24
造纸及纸制品业	0.18
印刷业和记录媒介的复制	0.20
文教体育用品制造业	1.06
石油加工、炼焦及核燃料	0.04
化学原料及化学制品制造业	0.22
医药制造业	1.49
化学纤维制造业	0.16
橡胶制品业	0.23
塑料制品业	1.14
非金属矿物制品业	0.06
黑色金属冶炼及压延加工业	0.09
有色金属冶炼及压延加工业	0.01
金属制品业	0.24
通用设备制造业	0.47
专用设备制造业	0.47
交通运输设备制造业	0.31
电气机械及器材制造业	0.45
通信设备、计算机及其他	0.77

行业	外源融资依赖指数
仪器仪表及文化、办公用品	1.06
工艺品及其他制造业	0.47
电力、热力的生产和供应业	0.77
燃气生产和供应业	0.47
水的生产和供应业	0.47

（3）控制变量

考虑到行业的规模大小对行业的技术模仿也存在影响，引入行业特征变量记为 K_{it}，为 i 行业 t 年的产值占工业总产值的比例，体现行业规模大小对技术模仿的影响。同时，也引入劳动力特征变量记为 L_{it}，为 i 行业 t 年的劳动力占全部工业劳动力的比例，反映行业劳动力规模对技术模仿的影响（见表6.2）。

表6.2　行业层面技术模仿阶段核心变量构建

变量性质	变量名称	变量含义	计算方法（数据来源）
被解释变量	mf1	技术引进与购买（绝对量）	（技术引进经费 + 技术购买经费）的对数值（《中国科技统计年鉴》）
	mf2	技术引进与购买（相对量）	（技术引进经费 + 技术购买经费）/R&D 支出（《中国科技统计年鉴》）
核心变量	Z	外源融资依赖指数	Rajan 和 Zingales（1996）
	X1	外部宏观金融融资规模	M2/GDP（世界银行数据库）
	X2	间接融资代理变量	商业银行对私人部门的贷款与 GDP 的比值（世界银行数据库）
	X3	直接融资代理变量	股市市值/GDP（世界银行数据库）
	X4	金融自由化指数	前文计算所得
	Xg	综合变量	X1、X2、X3、X4 依据熵值法计算结果。比如，X1 与 X4 依据熵值法构造变量为 $X_{g_{14}}$，X1、X2、X3 熵值法构造变量为 $X_{g_{1-3}}$
控制变量	K_{it}	行业特征	行业产值/工业总产值（《中国科技统计年鉴》《中国工业统计年鉴》）
	L_{it}	劳动力特征	行业劳动力/工业劳动力（《中国科技统计年鉴》、Wind 数据库）

（二）模型构建及数据统计

本部分选取的是我国工业行业层面数据，首先考察的是核心变量的综合效应，然后再考察直接融资规模、间接融资规模对于不同行业的技术模仿的影响。

$$mf1_{it} = \beta_0 + \beta_{it} \times Z_i \times Xg_t + \gamma \times K_{it} + \delta \times L_{it} + \mu_i + \mu_t + \varepsilon_{it}$$

由于行业分类标准在 2002 年、2010 年存在变化，为确保数据口径统一性，删除了汽车制造业，铁路、船舶、航空航天和其他运输设备制造业，金属制品、机械和设备修理业，剩下共计 37 个行业（见表 6.1），各行业统计范围为规模以上工业企业，本部分选定时间范围为 2001～2013 年。基本数据描述如表 6.3 所示。

表 6.3　行业层面技术模仿阶段核心变量数据统计描述

		平均值	标准差	最小值	最大值
绝对量	综合	10.455270	1.978658	3.218876	14.29184
	组间		1.883231	6.417467	13.62289
	组内		0.676163	6.469177	12.67884
相对量	综合	0.185880	0.250029	0.000213	1.946188
	组间		0.094543	0.049861	0.501636
	组内		0.231947	-0.189158	1.864027
$Z \times Xg_{14}$	综合	2.326469	2.765480	-3.776119	12.503150
	组间		2.770790	-3.219926	10.661530
	组内		0.403154	0.107801	4.168086
$Z \times Xg_{2-4}$	综合	2.217482	2.649155	-3.677153	12.175460
	组间		2.640988	-3.069084	10.162080
	组内		0.466449	0.030202	4.230867
$Z \times Xg_{1-4}$	综合	1.700355	2.040379	-2.863474	9.481280
	组间		2.025097	-2.353359	7.792234
	组内		0.405772	0.035696	3.389402

		平均值	标准差	最小值	最大值
Z × X4	综合	4.190819	4.985212	-6.810388	22.549950
	组间		4.991202	-5.80026	19.205310
	组内		0.750360	-0.015458	7.535464
Z × X2	综合	0.387525	0.458265	-0.609519	2.018186
	组间		0.461537	-0.536350	1.775916
	组内		0.048121	0.143424	0.629795
Z × X3	综合	0.808398	1.178155	-2.120039	7.019685
	组间		0.962789	-1.118855	3.704652
	组内		0.695888	-1.886709	4.123431
Z × X1	综合	0.526606	0.623912	-0.846803	2.803860
	组间		0.627180	-0.728844	2.413283
	组内		0.075797	0.226798	0.917183
行业特征	综合	0.027186	0.024159	0.001395	0.112006
	组间		0.024026	0.002232	0.092557
	组内		0.004568	0.009818	0.046635
劳动力特征	综合	0.026633	0.021336	0.000320	0.093019
	组间		0.020847	0.002289	0.075049
	组内		0.005609	-0.011142	0.050624

注：表中的核心变量为 Z × Xg，即依据熵值法构造的金融发展核心指标与外源融资依赖指数的交叉乘积项目。

为了更加具体地观察各个行业的核心指标的走势，我们绘制了图 6.3。

（三）实证结果

1. 综合因素的回归结果分析

表 6.4 是金融发展核心指标与外源融资依赖指数的交叉乘积项目 Z × Xg 对技术模仿的绝对量变换的回归结果，采取的是固定效应模型。在选择固定效应模型还是随机效应模型时，进行了 hausman 检验，结果表明固定效应模型更适合。①先选取了 M2/GDP 与金融自由化指数的熵值（Z × Xg14），主

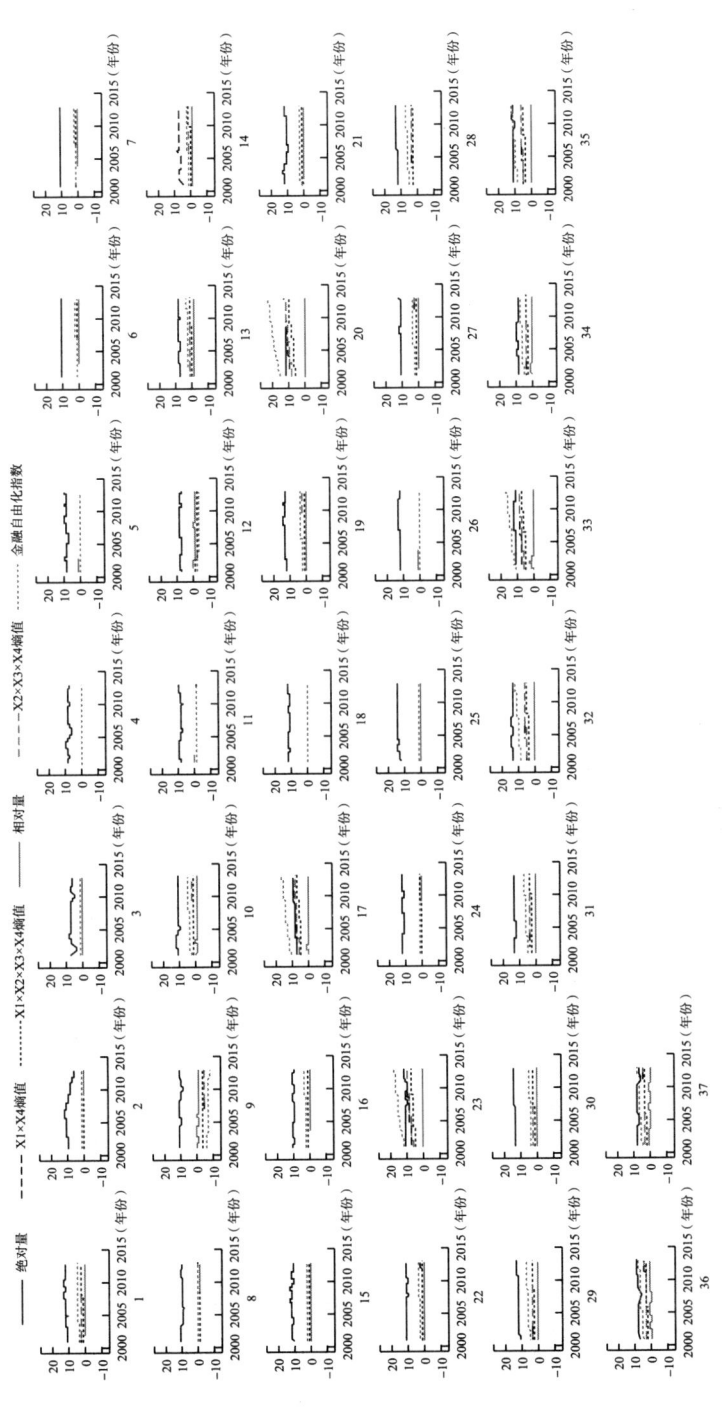

图6.3 37个行业技术模仿绝对量、相对量指标以及核心指标变化趋势

注：图例中的X1×X4峰值表示Z×Xg₁₄，其他依此类推。

要考察整个融资规模以及金融制度对技术模仿的影响，我们发现金融发展正向显著影响技术模仿，在这个阶段，金融制度和融资规模形成的综合值是有利于模仿创新的，从而验证了前面 H6.1、H6.2 的假设。②考虑直接、间接融资渠道的影响，选定了间接融资代理变量、直接融资代理变量、金融自由化指数的熵值（$Z \times Xg_{2-4}$）来进行分析。从回归的结果来看，对绝对量的影响系数为 0.3024，显著正向影响。③综合全局的考量，选定了 M2/GDP、间接融资代理变量、直接融资代理变量、金融自由化指数的熵值（$Z \times Xg_{1-4}$）进行分析，从结果来看，对绝对量的影响系数为 0.3463，显著正向影响。那么从整个分析的稳定性来看，指标的构造以及检验具有一致性。

表6.4　综合金融因素对技术模仿影响的行业层面数据实证

	mfl		
$Z \times Xg_{14}$	0.3444 ***		
	(3.32)		
$Z \times Xg_{2-4}$		0.3024 ***	
		(3.41)	
$Z \times Xg_{1-4}$			0.3463 ***
			(3.45)
行业特征	41.1077 ***	41.5929 ***	41.8090 ***
	(4.04)	(4.13)	(4.18)
劳动力特征	7.1060	7.2854	7.5092
	(1.39)	(1.43)	(1.47)
常数项	8.3472 ***	8.4599 ***	8.5299 ***
	(19.14)	(20.50)	(21.30)
样本数	481	481	481
R 值	0.1144	0.1157	0.1154
调整 R 值	0.1088	0.1102	0.1099

注：括号中为 t 统计量，* $p<0.1$，** $p<0.05$，*** $p<0.01$。

从前面的三个部分分析验证 H6.1、H6.2 的假设。从控制变量来看，行业特征对技术模仿绝对量是正向影响，这就是说行业的规模越大，越有利于行业的技术模仿，但劳动力特征的影响并不显著。

2. 单因素的实证分析

为了进一步分析市场的融资规模，直接、间接融资规模，以及金融自由化指数对技术模仿的个体效应，表 6.5 显示了单因素对技术模仿绝对量的实证研究结果。本部分采用金融指标和外源融资依赖指数的单独交叉乘积项进行回归分析。

表 6.5　单个金融因素对技术模仿影响的行业层面数据实证

	mfl			
$Z \times X4$	0.1838***			0.1606*
	(3.31)			(2.02)
$Z \times X2$		1.8294**		0.7947
		(2.59)		(0.94)
$Z \times X3$		0.1763***		0.0556
		(3.42)		(0.73)
$Z \times X1$			1.7518***	-0.4574
			(3.24)	(-0.34)
行业特征	41.0482***	39.3823***	41.9250***	41.1767***	41.3906***
	(4.02)	(3.83)	(4.23)	(4.10)	(4.10)
劳动力特征	7.1061	9.7964*	8.8967*	7.8821	7.2652
	(1.39)	(1.80)	(1.72)	(1.54)	(1.40)
常数项	8.3799***	8.4148***	8.9360***	8.2034***	8.3513***
	(19.41)	(18.70)	(24.75)	(17.76)	(15.89)
样本数	481	481	481	481	481
R 值	0.1138	0.0904	0.1057	0.1112	0.1164
调整 R 值	0.1083	0.0847	0.1001	0.1056	0.1052

注：括号中为 t 统计量，* $p<0.1$，** $p<0.05$，*** $p<0.01$。

从表 6.5 的结果来看，四个核心变量都是正向显著影响技术模仿。这表明，金融制度、融资规模对技术模仿有正向作用。考虑到引入的金融发展的四个核心因素，最后一列考察总体回归分析，金融自由化指数的估计系数为 0.1606，显著，而其他金融变量不显著，这表明了金融自由化指数作用效果更为明显。对比间接、直接融资状况，银行对于技术模仿的作用效果比资本市场更具有优势，这与我们国家的金融制度环境保持一致。我们可以看出，技术模仿阶段，对于企业而言，风险较小时企业会选择通过银行进行融资以满足资金的需求，而资本市场的影响系数相对较小。从整体金融融资规模来看，外部宏观金融融资规模正向影响技术模仿，也就是说，金融货币化程度越高越有利于企业技术模仿阶段的融资。这个阶段，中国金融制度的改革、中国金融环境的不断完善将有利于技术模仿。

二 省级面板数据实证

通过上面的行业面板数据分析，不难发现金融自由化、直接融资规模、间接融资规模、金融货币化程度对技术模仿的显著影响。考虑到我国的区域之间的差异性，金融发展对技术模仿的影响是否会按照上述假设进行，那么本部分再进行地区工业面板数据的实证研究。为验证上面的两个猜想，结合数据的可得性、指标选取的代表性和统计口径，选择 2003～2013 年地区规模以上的工业面板数据对前文的逻辑进行验证。核心是金融发展路径对技术模仿的影响效应，考虑到金融自由化与金融规模之间存在共线性问题，本部分采取熵值法构造核心解释变量，同时将分别考虑技术模仿对规模路径的依赖性分析（银行提供间接融资路径、股票市场提供直接融资路径），进行进一步的实证研究。

（一）数据说明

1. 被解释变量

考虑到地区的差异性，本部分在数据的描述上，从技术模仿阶段技术引进与购买的绝对量和相对量上进行，技术模仿的绝对量指标选取各个地区的技术引进经费与技术购买经费之和的对数值来衡量，技术模仿的相对量指标选取各个地区的技术引进经费和技术购买经费与 R&D 支出的比值来衡量，这也能够很好反映各个地区对技术引进和购买的偏好程度。

通过图 6.4 不难发现，在全国整体的技术模仿阶段，相对量指标呈下降趋势，这说明对于我们国家整体而言，技术购买和引进的经费支出相比 R&D 支出增长较慢，绝对量指标处于一个增长趋势，说明我国技术模仿的投入不断增加。

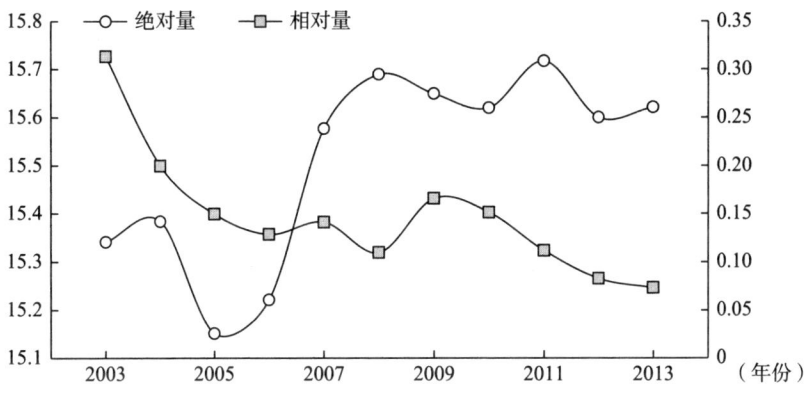

图 6.4　地区层面技术模仿绝对量、相对量指标走势

2. 解释变量

在影响路径研究上，基于金融功能实现的角度引入金融规模，本部分主要侧重于银行的金融规模、股票市场的规模对地区的技术模仿的影响。

（1）路径指标的构建

①金融制度代理变量为金融自由化指数，记为 X1。②间接融资代理变量，国内很多研究者采取的指标如下：李广众和陈平（2002）、史永东和蒋贤锋（2004）、周立（2004）采取的指标是各个地区银行的存贷总额/GDP；章奇等（2003）采用的是信贷余额/GDP。本部分采取 Levine（2002）、周立（2004）的方法，用各个地区银行的存贷余额总量和 GDP 的比值来反映银行融资功能，记为 X2。③直接融资代理变量，选取各个地区的股票市场总市值和 GDP 的比值来反映股票市场融资功能，记为 X3。

（2）控制变量

考虑到各个地区的工业发展的差异性，控制变量选取了地区工业特征变量。地区工业特征变量记为 K_{it}，为 i 地区 t 年的工业总产值占全国工业总产值的比例，体现地区工业规模对技术模仿的影响。同时结合劳动力参与技术市场的情况引入地区劳动力特征变量，记为 L_{it}，为 i 地区 t 年的工业劳动力占全国工业劳动力的比例，反映地区技术创新中人力资本的规模。对于技术创新不同阶段，技术流动性也显得尤为重要。那么对于不同地区的技术流动性，我们可以考虑贸易、FDI 对技术模仿的影响。因此引入对外开放程度来进行考核，变量的选取采用对外贸易 T_{it} 和外商直接投资 F_{it}。对外贸易 T_{it} 主要是通过技术扩散效应、学习能力、竞争效应等渠道对技术模仿产生影响。外商直接投资 F_{it} 主要是通过示范效应、模仿效应、竞争效应、前后向的关联效应等渠道影响技术模仿。本部分 T_{it} 用各地区进出口总额/GDP 来表示，外商直接投资 F_{it} 用各地区外商直接投资额/GDP 来表示（见表 6.6）。

表 6.6 地区层面技术模仿阶段核心变量构建

变量性质	变量名称	变量含义	计算方法（数据来源）
被解释变量	mf1	技术引进与购买（绝对量）	（技术引进经费 + 技术购买经费）的对数值（《中国科技统计年鉴》）
	mf2	技术引进与购买（相对量）	（技术引进经费 + 技术购买经费）/R&D 支出（《中国科技统计年鉴》）
核心变量	X1	金融自由化指数	前文计算所得
	X2	间接融资代理变量	各个地区银行的存贷总额/GDP（《中国金融统计年鉴》）
	X3	直接融资代理变量	股票市场总市值/GDP（《中国金融统计年鉴》）
	Xg	综合变量	X1、X2、X3 熵值计算结果。比如，X1 与 X2 依熵值法构造变量为 Xg_{12}，X1、X2、X3 依据熵值法构造变量为 Xg_{1-3}
控制变量	K_{it}	地区工业特征	地区工业总产值/全国工业总产值（《中国科技统计年鉴》《中国工业统计年鉴》）
	L_{it}	劳动力特征	地区工业劳动力/全国工业劳动力（《中国科技统计年鉴》）
	T_{it}	对外贸易	各地区进出口总额/GDP（《中国金融统计年鉴》）
	F_{it}	外商直接投资	各地区外商直接投资额/GDP（Wind 数据库）

（二）模型构建及数据统计

本部分选取的是我国地区工业数据，运用数据分析，首先考察的是核心变量的综合效应，然后再考察金融自由化指数、直接融资规模、间接融资规模对于不同地区工业的技术模仿的影响。

$$mf1_{it} = \beta_0 + \beta_{it} \times Xg_{it} + \gamma \times K_{it} + \delta \times L_{it} + \tau \times T_{it} + \xi \times F_{it} + \mu_i + \mu_t + \varepsilon_{it}$$

考虑到西藏地区的数据缺失太大，地区数据的研究就只是考虑了全国30个主要地区，各地区的统计范围为规模以上工业，本部分选定时间范围为 2003～2013 年。基本数据描述如表6.7所示。

表6.7 地区层面技术模仿阶段核心变量数据统计描述

		平均值	标准差	最小值	最大值
相对量	综合	0.169830	0.158154	0.001699	1.183560
	组间		0.075778	0.030608	0.335818
	组内		0.139445	− 0.113925	1.061437
绝对量	综合	11.347870	1.543181	4.672829	13.902710
	组间		1.431622	6.919086	13.541960
	组内		0.627823	8.546571	14.116210
X1	综合	13.340700	1.139486	11.280110	15.134200
	组间		0	13.340700	13.340700
	组内		1.139486	11.280110	15.134200
X2	综合	2.645214	1.015018	0.891028	7.480400
	组间		0.996215	1.598211	6.801406
	组内		0.260734	1.491491	3.413195
X3	综合	0.457740	0.954691	0.013289	10.534580
	组间		0.640586	0.118968	3.558069
	组内		0.716629	− 2.936357	7.434255
Xg_{1-3}	综合	4.927965	0.738371	3.965234	10.850570
	组间		0.504963	4.566055	7.292253
	组内		0.545851	2.629408	8.486285

		平均值	标准差	最小值	最大值
Xg₁₂	综合	8.968546	0.821378	7.434301	11.872730
	组间		0.407238	8.540547	10.667530
	组内		0.716841	7.617276	10.342830
Xg₁₃	综合	5.552104	0.765523	4.502401	11.837190
	组间		0.387276	5.347295	7.426457
	组内		0.663779	2.714053	9.962837
地区工业特征	综合	0.048475	0.059451	0.005652	0.259200
	组间		0.059207	0.007695	0.210400
	组内		0.011638	−0.022115	0.103925
劳动力特征	综合	0.003662	0.002831	0.000106	0.012700
	组间		0.002635	0.000241	0.010160
	组内		0.001131	−0.000878	0.008601
对外贸易	综合	0.033366	0.038342	0.000246	0.290411
	组间		0.036877	0.001970	0.144783
	组内		0.012313	−0.009494	0.178994
外商直接投资	综合	0.036135	0.015197	0.009475	0.080000
	组间		0.009419	0.021824	0.061574
	组内		0.012038	0.011535	0.066493

为了观察各个地区的核心指标的走势，我们绘制了图6.5。

（三）实证结果

1. 综合因素的回归结果分析

表6.8是金融制度、直接融资规模、间接融资规模综合因素对技术模仿的影响效应。对于选择固定效应模型还是随机效应模型，进行了hausman检验，决定采用固定效应模型。从影响结果来看，金融指标对技术模仿是正向显著的影响。劳动力特征表现出负向显著相关，说明地区工业劳动力在全国工业劳动力中的占比大并不一定促进技术模仿。因此，从核心变量的实证来看，金融制度与外部金融规模的综合因素正向显著影响技术模仿，金

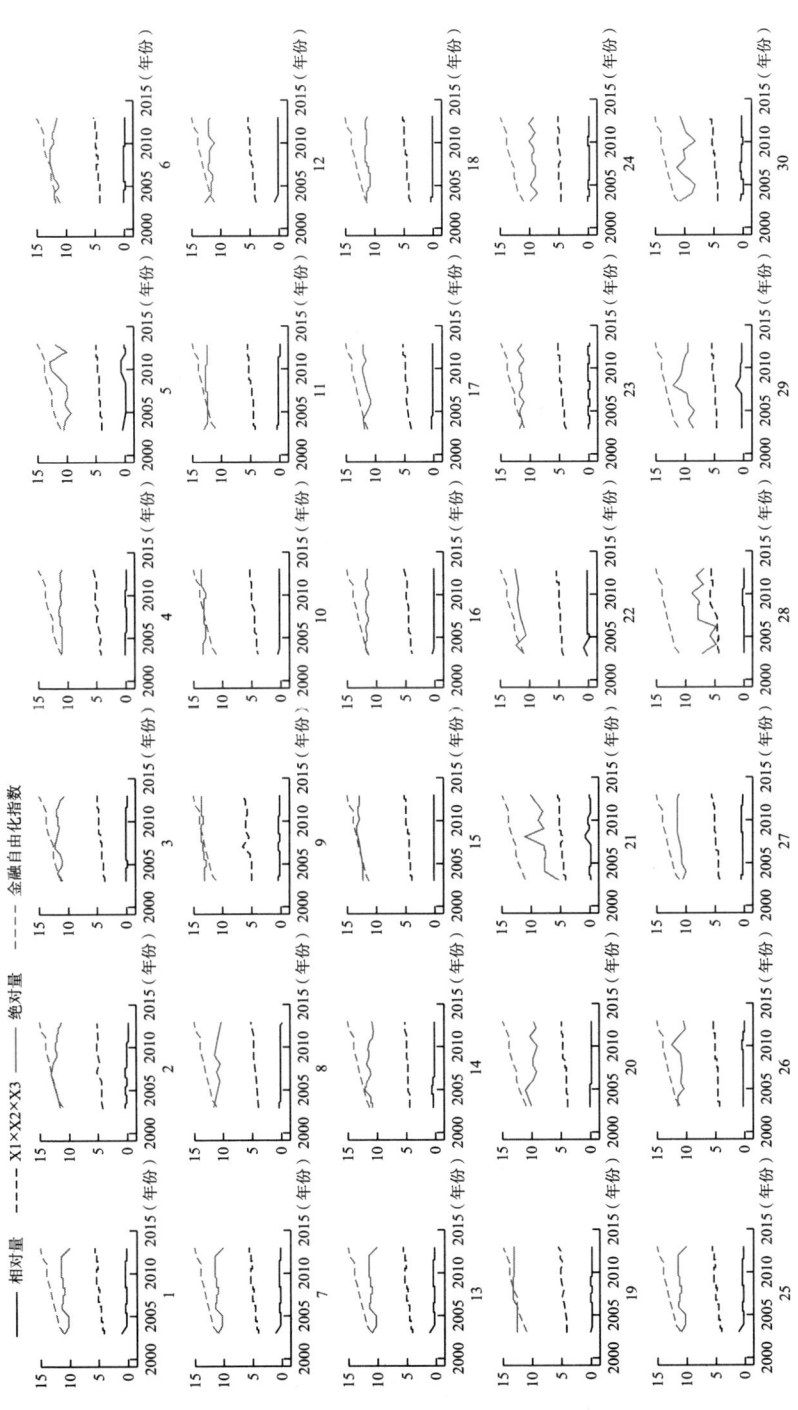

图6.5　30个地区技术模仿绝对量、相对量指标以及核心指标变化趋势

注：图例中的X1×X2×X3熵值表示$X_{g_{1-3}}$。

融制度与直接融资规模的综合因素以及金融制度与间接融资规模的综合因素都正向显著影响技术模仿。从对地区技术模仿的影响来看,金融制度的完善、金融规模的扩大有利于技术模仿,从而验证了 H6.1 和 H6.2 的假设。

表 6.8　综合金融因素对技术模仿影响的地区层面数据实证

	mf1		
Xg_{1-3}	0.2592***		
	(3.20)		
Xg_{12}		0.1692**	
		(2.29)	
Xg_{13}			0.2151***
			(3.15)
地区工业特征	2.4256	3.2531	2.3461
	(0.73)	(1.08)	(0.70)
劳动力特征	−74.6200**	−77.4040**	−75.8941**
	(−2.18)	(−2.25)	(−2.21)
对外贸易	0.2502	−0.3214	0.1563
	(0.14)	(−0.16)	(0.09)
外商直接投资	−1.7566	−1.1368	−1.9017
	(−0.53)	(−0.31)	(−0.58)
常数项	10.2812***	10.0075***	10.3811***
	(22.38)	(12.34)	(23.94)
样本数	330	330	330
R 值	0.0870	0.0732	0.0883
调整 R 值	0.0729	0.0589	0.0743

注:括号中为 t 统计量,$^*p<0.1$,$^{**}p<0.05$,$^{***}p<0.01$。

2. 单因素的实证分析

为了进一步分析直接、间接融资规模以及金融自由化指数对技术模仿的影响,表 6.9 显示了单因素对技术模仿绝对量的实证研究结果。从对技术模仿绝对量的影响来看，三因素都加入，X2 作为核心变量时，使用的是随机效应模型；X1、X3 作为单个因素引入时，使用固定效应模型。

表 6.9　单个金融因素对技术模仿影响的地区层面数据实证

	mf1			
X1	0.1073 ***	0.1060 **		
	(2.89)	(2.22)		
X2	−0.0806		0.0285	
	(−0.64)		(0.23)	
X3	0.1073 **			0.1243 **
	(2.02)			(2.35)
地区工业特征	7.4242 ***	3.2352	8.9794 ***	4.0136
	(2.96)	(1.05)	(3.58)	(1.03)
劳动力特征	−44.0334	−79.2820 **	−53.1323 *	−81.1700 *
	(−1.47)	(−2.28)	(−1.75)	(−1.92)
对外贸易	5.6757 **	−0.4885	4.7881 *	−0.4228
	(2.09)	(−0.24)	(1.75)	(−0.25)
外商直接投资	0.6040	−1.3292	−3.6729	−5.6961 *
	(0.17)	(−0.36)	(−1.16)	(−1.73)
常数项	9.6705 ***	10.1314 ***	11.0046 ***	11.6135 ***
	(14.79)	(13.02)	(26.11)	(46.63)
固定/随机	随机	固定	随机	固定
样本数	330	330	330	330
R 值		0.0736		0.0651
调整 R 值		0.0593		0.0507

注：括号中为 t 统计量，* $p < 0.1$，** $p < 0.05$，*** $p < 0.01$。

从结果来看，三个核心因素都考虑时，金融自由化指数、直接融资规模都显著正向影响技术模仿，而间接融资规模并不显著。从单个因素来看，金融自由化指数、直接融资规模也是显著影响，间接融资规模并不显著，地区技术模仿的金融发展路径体现在金融制度和直接融资规模的影响上。地区工业特征为显著正向影响，对外贸易也是显著正向影响，这也说明地区工业发展越好，对外贸易发展的程度越高，越有利于地区的技术模仿。这进一步说明在这个阶段，地方企业通过技术扩散效应、学习能力、竞争效应等渠道可以影响技术模仿。

第七章

金融发展对模仿创新的作用机制

单纯的技术模仿并不能实现技术的不断突破，纯粹的自主创新也不一定使得创新主体获取成功，在先进的技术基础之上的模仿创新能很好地兼具二者的优点。模仿创新是创新主体通过向领先者、技术前沿企业等进行技术引进、设备购买后，在已有技术的基础之上不断进行技术突破和改进的过程，根据市场供求、技术发展特点进行已有技术的不断创新的行为。模仿创新实质是在已有的技术之上的一种学习、改进、完善、创造的创新方式，是纯粹技术模仿向自主创新的一个过渡阶段。

经过40多年的发展，我国部分地区、行业的技术发展快速，部分技术接近世界前沿，但是部分企业还是以引进购买技术为主。那么如何能减少对技术模仿的依赖，又能保持一定的原有技术的创新，不断提升独立创新能力和产出？在这个过程中，金融发展需要提供融资，发挥金融的各项功能。在这个过渡阶段，从纯粹的技术模仿到自主创新，当企业进行选择时，需要结合自身的资源优势，这其中也离不开对金融的依赖。部分创新主体和银行之间存在合作关系，部分企业已通过发行股票在市场上进行直接融资，但是对于银行、投资者而言，信息在此时表现出严重的不对称。因此，金融的核心便是发挥信息处理功能。本部分主要是在过渡阶段的信息不对称的基础之上，构造了最优的技术增长路径。通过省级、行业数据实证研究发现，中国的金融自由化进程有利于技术模仿向自主创新的转换，模仿创新阶段，金融发挥信息处理功能促进技术转换。

Simon（1991）研究发现技术人员的流动有利于本国技术模仿创新，特别是在外企工作的经验有利于本土企业的技术发展；Amsden（1989）研究发现学习是技术模仿的重要方式；Fagerberg（1994）实证发现外来技术模仿在技术创新中的角色日益重要，而对于相对落后的发展中国家，技术扩散、技术模仿创新影响国家经济发展；Coe 和 Helpman（1995）、Eaton 和 Kortum（1996）研究发现，即使是发达国家也不仅仅是依靠自身研发能力成为世界技术的前沿，南北技术扩散模型、技术模仿创新对发达经济体也有影响；Grossman 和 Helpman（1990）参考南北技术扩散模型研究发现，发展中国家通过模仿发达经济体的技术，缩小了技术差距；王乃静（2007）研究发现我国技术引进后并没有进行消化吸收，整体上出现了"消化不良"状态，但是还是对技术的进步和经济发展有促进作用；Keller（2004）研究发现了北方创新—南方模仿的范式，技术模仿创新对后发经济体的技术进步有正向影响；柏振忠（2007）研究发现我国技术过于注重技术引进，而忽略了对技术的模仿创新，过于依赖国外先进的技术，需要不断在现有的技术上进行创新；Grossman 和 Helpman（1993）研究发现由于后发与领先国家的技术水平、技术创新差距大，促进对国外技术的消化吸收是实现经济赶超的主要途径；薛春志（2011）研究发现日本在学习、模仿国外先进技术的过程中，不断地消化吸收先进的技术，以此提升了本国的技术能力，20 世纪 50 年代后期，日本的技术创新就侧重于在技术消化吸收上的再创新，不断进行二次创新，形成了一条日本特色的"技术引进—技术消化吸收—自主创新"的技术发展道路。基于众多的研究发现，模仿创新能够促进技术的不断进步，缩小与技术前沿的差距，有利于本国的经济增长，尤其是在日本、韩国成功的技术引进与再创新上体现得较为明显。

但是，世界银行发布的《东亚经济发展报告（2006）》研究表明，从世界经济发展状况来分析，只有极少数的国家进入高收入行列，而大部分的发展中国家陷入经济的停滞期。在这时期，大部分发展中国家的成本优势逐渐丧失，根本无法与低收入国家竞争，同时缺乏技术创新的能力，导致无法与尖端创新技术富裕的国家同台竞争，结果陷入了"中等收入陷阱"。虽然现实中很多的发展中国家陷入增长停滞阶段，但是也有日本、韩国等国家成功避开了"中等收入陷阱"，逐渐成为经济高速增长的国家。Aghion等（2009）研究发现在一个国家的技术水平不断提高、逐渐接近技术前沿的过程中，自主创新的贡献将逐渐增大，技术模仿的贡献将逐渐下降。那为什么这些落后的经济体不能顺利地从模仿向自主创新进行转化？也就是从技术模仿升级为自主创新。部分研究者发现，自主创新的一系列配套制度是短缺的，比如投资的环境、私有财产的保护、教育、宏观环境、金融政策等。在通常状况下，为促进技术的模仿创新，政府会采用一系列的措施，这其中就包括出台相关的金融政策和能够促进技术模仿的金融制度安排。这些政策一般都有助于提升原始资本积累，更利于落后的经济体进行相应技术的引进、设备的购买、技术的模仿。但这些政策出台也可能并不利于技术自主创新，对于企业、行业而言会向收益好的政策靠近，这就可能阻碍企业、行业的技术自主创新。那么，考虑到各个国家的初始条件、经济基础、制度、法律、金融等的差异性，需要结合经济体本身资源禀赋进行分析，选取适宜的方法来不断拓展技术。当然，政策制度是否有利于技术模仿向自主创新转型显得尤为重要。

为此，本章重点讨论，处于发展较为高级阶段时，如何保持技术的不断进步？如何从技术模仿转换为模仿创新，实现向技术前沿的收敛？金融在这个阶段的作用如何发挥？这些问题的解决，对于中国的技术转换、技术迁移有一定的现实意义。

第一节　模仿创新阶段的技术选择模型

参考 Aghion 等（2009）的研究构建两阶段的技术进步模型。模型的思想是：对于创新型企业，在技术引进、设备购买的基础之上进行模仿创新。为防止陷入技术模仿陷阱，政府也实施鼓励技术模仿、技术创新的政策，对于企业而言，一方面在原有基础之上模仿创新，另一方面进行自由探索性质的创新。那么对于不同的政策影响，就会形成不同的增长方式、不同的增长路径，进而影响到经济增长的收敛与否。

一　基本假设

参考上一章的假定，经济体的生产函数设定为 $Y_t = \int_0^1 A_{it}^{1-\alpha} x_{it}^\alpha \mathrm{d}i$，$A_{it}$ 为生产率参数，x_{it} 表示中间产品 i 的投入量。假定中间产品 i 的边际成本为 1，价格为 $p_{it} = \chi > 1$。另外，在 t 时刻部门 i 的垄断利润可表示为 $\pi_{it} = \pi A_{it}$，其中 $\pi = (\chi - 1)(\alpha/\chi)^{1/\alpha}$，$A_t = \int_0^1 A_{it} \mathrm{d}i$ 表示在 t 时刻的平均生产率，$\bar{A}_t$ 表示世界技术前沿，并以速度 g 增长，也就是 $\bar{A}_t = (1 + g)\bar{A}_{t-1}$，令 $\alpha_t = A_t/\bar{A}_t$，α_t 为相对技术水平。

中间厂商主要通过模仿已经存在的前沿技术和在已有的技术基础上创新两种方式来提升生产率。对于企业或者经济体而言，两种方式并没有一个十分严格的界限。企业在某一时间可能同时进行技术模仿和自主创新。在前面我们已做出了说明，技术模仿是一种创新，只是在难度上相对较低而已。对于一个技术落后的国家，后发优势明显，在模仿、学习前沿技术方面具有优势。但是对于落后的经济体，这也并不意味着就没有自主创新。只是这个时期的技术模仿更加明显。

假定生产率 $A_{it} = \eta \bar{A}_{t-1} + \gamma A_{t-1}$，其中 $\eta \bar{A}_{t-1}$ 表示模仿，η 是模仿效率的乘子，γA_{t-1}（$\gamma > 1$）表示创新，γ 表示创新效率的乘子。结合 $\bar{A}_t = (1 + g)\bar{A}_{t-1}$，那么有：

$$\alpha_t = \frac{1}{1 + g}(\eta + \gamma \alpha_{t-1})$$

这也就表明创新对生产率增长显得尤为重要，当一个国家、一个地区、一家企业离技术前沿越远（α_{t-1} 较小）时，η 对于 α_t 的贡献越大，γ 对 α_t 的贡献越小，这就更多表现为"技术后发优势"，对于相对落后的经济体在经济发展的初期，更多是通过技术模仿来不断提高生产率。当不断接近技术前沿（α_{t-1} 逐渐变大并趋于 1）时，γ 对于 α_t 的贡献变大，η 对 α_t 的贡献变小，自主创新更利于提高该国的生产率。

二 增长策略的选择

$\alpha_t = \dfrac{1}{1+g}(\eta + \gamma\alpha_{t-1})$ 引出了"适宜增长制度"的理论：假定模仿和创新并不需要相同的制度来支持。对于相对落后的经济体，其生产力水平比较低下，那么实施有助于技术模仿的政策更为有效。随着生产力的不断提高，政府提供促进自主创新的政策更为有效。η 可以表示技术模仿的政策参数，Aghion 等（2009）研究发现日本、韩国在生产率较低的时候，采取的是偏向技术模仿的信贷鼓励、产业补贴政策。γ 表示自主创新的政策参数。自主创新的风险、不确定性更大。实践中，更注重对项目和企业家的甄别和判断。

为分析技术模仿、自主创新对经济增长的影响，本部分构建两组参数来描述政策的强度，用 $\eta \in \left[\underline{\eta}, \bar{\eta}\right]$ 反映技术模仿政策强度，$\gamma \in \left[\underline{\gamma}, \bar{\gamma}\right]$ 反映自主创新政策强度。政府实施技术模仿政策 $R = 1$，政策参数组合为 $\{\bar{\eta}, \underline{\gamma}\}$；实施自主创新政策 $R = 0$，政策参数组合为 $\{\underline{\eta}, \bar{\gamma}\}$。假定 $1 + g = \underline{\eta} + \bar{\gamma}$，经济增长是通过技术模仿和自主创新两条路径共同实现的。同时，假定位于技术前沿的国家的增长主要来源于自主创新，通过技术创新驱动的经济体恰好能获得 g 的增长率。那么，$\alpha_t = \dfrac{1}{1+g}(\eta + \gamma\alpha_{t-1})$。

如果实施 $R = 1$，那么 $\alpha_t = \dfrac{1}{1+g}(\bar{\eta} + \underline{\gamma}\alpha_{t-1})$；如果实施 $R = 0$，那么 $\alpha_t = \dfrac{1}{1+g}(\underline{\eta} + \bar{\gamma}\alpha_{t-1})$。

通过图 7.1 可以看出 α_{t-1} 较小、与技术前沿差距大时，采取 $R = 1$ 比 $R = 0$ 更优；当 α_{t-1} 不断增大，技术水平靠近前沿时，采取 $R = 0$ 比 $R = 1$ 更优。这也就意味着在经济发展的不同阶段需要不同的政策支持，这对于金融政策也是一样的。通过 $R=0$ 与 $R=1$ 相交，求出 $\alpha^*=\dfrac{\bar{\eta}-\eta}{\gamma-\gamma}$ 作为经济增长的转换点。$\alpha_{t-1}<\alpha^*$ 时，技术模仿利于经济增长；$\alpha_{t-1}\geqslant\alpha^*$ 时，自主创新利于经济增长。在经济增长中，政府的战略调整显得尤为重要，这也包括金融政策、金融制度的调整。

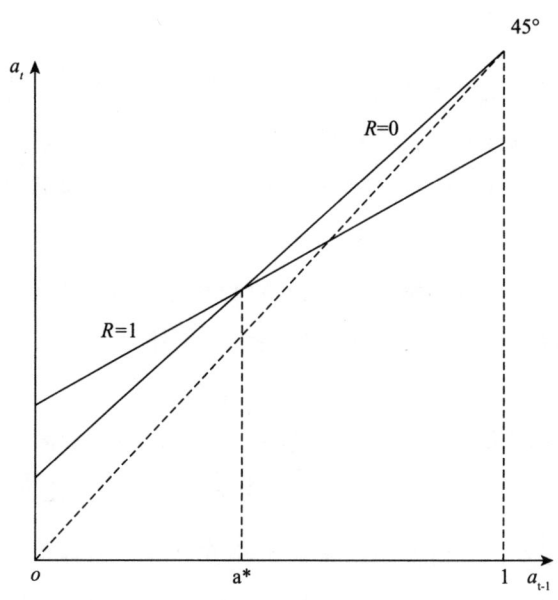

图 7.1　技术模仿和自主创新的转换点示意

　　在现实中，我们也看到很多国家陷入增长的陷阱。任何政策的出台，都有滞后经济发展的需求，并且政策的执行滞后，同时执行后又都具有"惯性"。不难想象的是，对于技术模仿政策的受益者获利企业而言，为了实现高额的利润，就会形成一个非常强大的利益集团，对政策制定者进行游说、施压，以此确保支持技术模仿政策能够得到延续，从而延迟、阻碍支持自主创新政策的出台。从理论模型来看，经济增长的停滞并非经济问题，也源自于制度的安排。比如巴西、墨西哥等国家发展初期，采取进口替代的政策，摆脱贫困，促经济增长，但是后期政策并没有及时调整，导致陷入增长陷阱。韩国、日本、香港等地区实施了弹性的政策，摆脱了经济增长陷阱，保持了经济的较好发展。

对于经济转型中的中国，理论模型有一定的指导作用。由于不可再生资源的约束、出口的弱化，处于经济转型期的中国必须转换增长方式，对经济结构、产业结构进行调整。当然，政府实施的大量政策中，金融政策显得尤为重要。在过渡阶段，企业选择自主创新还是技术模仿，对于外部融资需求而言表现出了严重的信息不对称，因此需要不断通过金融系统去了解企业的信息，缓解这种信息不对称。基于理论模型推导和现实情况，我们提出以下假设。

H7.1：中国的金融自由化进程有利于技术模仿向自主创新的转换。

H7.2：模仿创新阶段，金融的信息处理功能促进技术阶段的转换。

第二节　中国金融发展对模仿创新影响的实证研究

技术模仿创新阶段，对于行业、企业而言，在选择进行技术模仿、模仿创新、自主创新时，会参考自身的资源禀赋优势。企业的创新需要外部资金的支持，在这一阶段对于企业而言，是选择直接市场融资还是间接市场融资显得尤为不确定，表现出信息的不对称，严重影响了企业技术创新。上述理论模型表明了政策对模仿创新的显著影响作用。是否现有的金融制度有利于技术模仿创新，这需要验证。结合数据的可得性、指标的代表性、统计口径等因素，选取 2001～2013 年工业行业的面板数据、2003～2013 年省级工业面板数据对假设进行验证。

一　行业面板数据实证

（一）数据说明

1. 被解释变量

精确测定创新转换，也就是对模仿创新阶段的测度较为困难。技术创新活动本身就是一个复杂的社会实践活动，任何一个企业、行业中模仿和自主创新都是同时存在的。对于企业而言，在何时何地选择哪种创新模式，需要考虑自身现有的禀赋，在技术模仿、模仿创新、自主创新之间并不存在孰优孰劣的区分。对于处于转型期的中国，大部分的企业处于模仿创新阶段。参考 Mani 的研究，使用了自主创新投入和企业模仿创新投入的比例来反映企业创新活动的转换，我们也选用这个指标作为相对量指标：其中自主创新投入选择 R&D 支出代表；模仿创新投入选择《中国科技统计年鉴》中的"技术吸收和改造"支出代表，主要指技术的消化吸收支出、改造支出。绝对量指标选择技术的消化吸收支出和改造支出的对数值进行考量。通过图 7.2 不难发现，在模仿创新阶段，相对量、绝对量指标都处于增长趋势，表明我国模仿创新阶段的自主创新投入、模仿创新投入都实现了增长，其中自主创新投入增长更快。

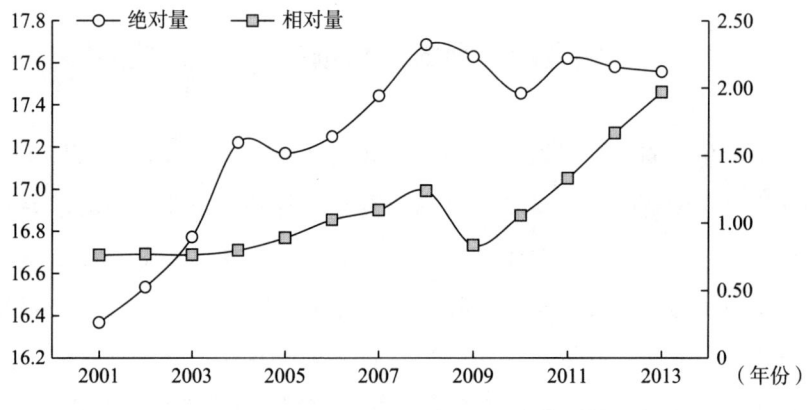

图 7.2　行业层面模仿创新绝对量、相对量变化趋势

2. 解释变量

在影响路径上，基于金融功能实现的角度引入金融信息处理功能，同时考虑到不同行业的外源融资依赖对于金融功能实现程度的影响存在差异性，将金融信息处理与外源融资形成的交叉乘积项作为核心解释变量。对于间接融资渠道的信息处理代理变量，选取存贷利差来衡量银行体系的交易成本的高低，记为 X2，交易成本反映间接融资信息产生成本和信息不对称程度。贷款成本和企业的借贷意愿负相关，高额的贷款利息将抑制企业贷款的意愿。因此，指标越小反映银行的信息处理能力

越强。对于直接融资渠道的信息处理代理变量，采取股市成交额/GDP
来反映股票市场的信息处理和收集能力，记为 X3，成交规模越大表明
信息处理的能力越高，流动性越大表明股市在优化资源配置上发挥的作
用越大。外源融资依赖指数、控制变量与第六章一致，不再赘述，所有
指标的计算方法详见表 7.1。

表 7.1　行业层面模仿创新阶段核心变量构建

变量性质	变量名称	变量含义	计算方法（数据来源）
被解释变量	mfcx1	技术吸收和改造（绝对量）	（消化吸收支出＋改造支出）的对数（《中国科技统计年鉴》）
	mfcx2	技术吸收和改造（相对量）	R&D 支出／（消化吸收支出＋改造支出）（《中国科技统计年鉴》）
核心变量	Z	外源融资依赖指数	Rajan 和 Zingales（1996）
	X1	金融自由化指数	前文计算所得
	X2	存贷利差	贷款利率与存款利率之差（世界银行数据库）
	X3	股市成交额	股市成交额/GDP（Wind 数据）
	Xg	综合变量	X1、X2、X3 熵值计算结果。比如，X1 与 X2 依据熵值法构造变量为 Xg_{12}，X1、X2、X3 依据熵值法构造变量为 Xg_{1-3}
控制变量	K_{it}	行业特征	行业产值/工业总产值（《中国科技统计年鉴》《中国工业统计年鉴》）
	L_{it}	劳动力特征变量	行业劳动力/全部工业劳动力（《中国科技统计年鉴》、Wind 数据库）

（二）模型构建及数据统计

本部分选取的是我国工业行业层面数据，运用数据分析，首先考察
的是核心变量的综合效应，然后再考察直接融资、间接融资渠道对于不同行
业技术创新的影响。

$$mfcx1_{it} = \beta_0 + \beta_{it} \times Z_i \times Xg_t + \gamma \times K_{it} + \delta \times L_{it} + \mu_i + \mu_t + \varepsilon_{it}$$

$$mfcx2_{it} = \beta_0 + \beta_{it} \times Z_i \times Xg_t + \gamma \times K_{it} + \delta \times L_{it} + \mu_i + \mu_t + \varepsilon_{it}$$

由于行业分类标准在 2002 年、2010 年发生变化，为确保数据口径统一性，删除了汽车制造业，铁路、船舶、航空航天和其他运输设备制造业，金属制品、机械和设备修理业，剩下共计 37 个行业，各行业统计范围为规模以上工业企业，本部分选定时间范围为 2001～2013 年。整体数据的基本统计量如表 7.2 所示。

表 7.2　行业层面模仿创新阶段核心变量数据统计描述

			平均值	标准差	最小值	最大值
绝对量	综合			1.582076	8.500251	16.392170
	组间		12.662490	1.480022	9.941947	15.793370
	组内			0.606020	10.623130	14.342350
相对量	综合			1.865082	0.019415	19.301200
	组间		1.564485	1.483864	0.249079	8.053988
	组内			1.154005	-5.579611	12.811700
$Z \times Xg_{1-3}$	综合			1.149162	-1.620424	5.365404
	组间		0.951861	1.133652	-1.317413	4.362101
	组内			0.259879	-0.189441	1.955163
$Z \times Xg_{12}$	综合			2.411714	-3.293109	10.903850
	组间		2.027585	2.414824	-2.806259	9.291835
	组内			0.361632	0.000782	3.639599
$Z \times Xg_{13}$	综合			1.446836	-2.040955	6.757828
	组间		1.198248	1.427096	-1.658423	5.491224
	组内			0.328095	-0.243194	2.464852
$Z \times X1$	综合			4.985212	-6.810388	22.549950
	组间		4.190819	4.991202	-5.800260	19.205310
	组内			0.750361	-0.015458	7.535464
$Z \times X2$	综合			0.012422	-0.016200	0.053640
	组间		0.010527	0.012537	-0.014570	0.048242
	组内			0.001028	0.006986	0.015925

续表

		平均值	标准差	最小值	最大值
Z×X3	综合	0.232098	0.371544	− 0.766934	2.539403
	组间		0.276425	− 0.321233	1.063638
	组内		0.252080	− 0.579670	1.707863
行业特征	综合	0.027186	0.024159	0.001395	0.112006
	组间		0.024026	0.002232	0.092557
	组内		0.004568	0.009818	0.046635
劳动力特征	综合	0.026633	0.021336	0.000320	0.093019
	组间		0.020847	0.002289	0.075049
	组内		0.005609	− 0.011143	0.050624

注：表中的核心变量为 $Z×Xg$。

为了更加具体地观察各个行业的各个指标的走势，我们绘制了图 7.3，可以看出行业之间的差别还是比较大的，行业异质性较为明显。

（三）实证结果

1. 综合因素的回归分析

表 7.3 是模仿创新阶段金融指标与外源融资依赖指数的交叉乘积项 $Z×Xg$ 的回归结果，采取的是固定效应模型。①先检验了直接融资、间接融资、金融自由化指数熵值（$Z×Xg_{1-3}$）的结果，在绝对量变化、相对量变化上，金融都发挥了信息搜集优势，利于技术模仿创新。模仿创新阶段，最主要的问题是信息的不对称，此时金融系统体现出其重要的作用，更利于从技术模仿逐渐转向自主创新。②同时引入间接融资、金融自由化指数熵值（$Z×Xg_{12}$）与直接融资、金融自由化指数熵值（$Z×Xg_{13}$）进行实证，都显著正向影响了相对量、绝对量（见表 7.3）。

二者对比来看，金融自由化结合间接融资的优势更为明显，这体现为银行信息处理功能上的关系融资优势明显。从控制变量的角度进行分析，在绝对量变化过程中，行业的规模越大越利于技术模仿创新。行业特征与相对量出现负相关，但是并不显著，可能表明行业规模大并不一定利于从技

中国技术创新的金融发展路径研究

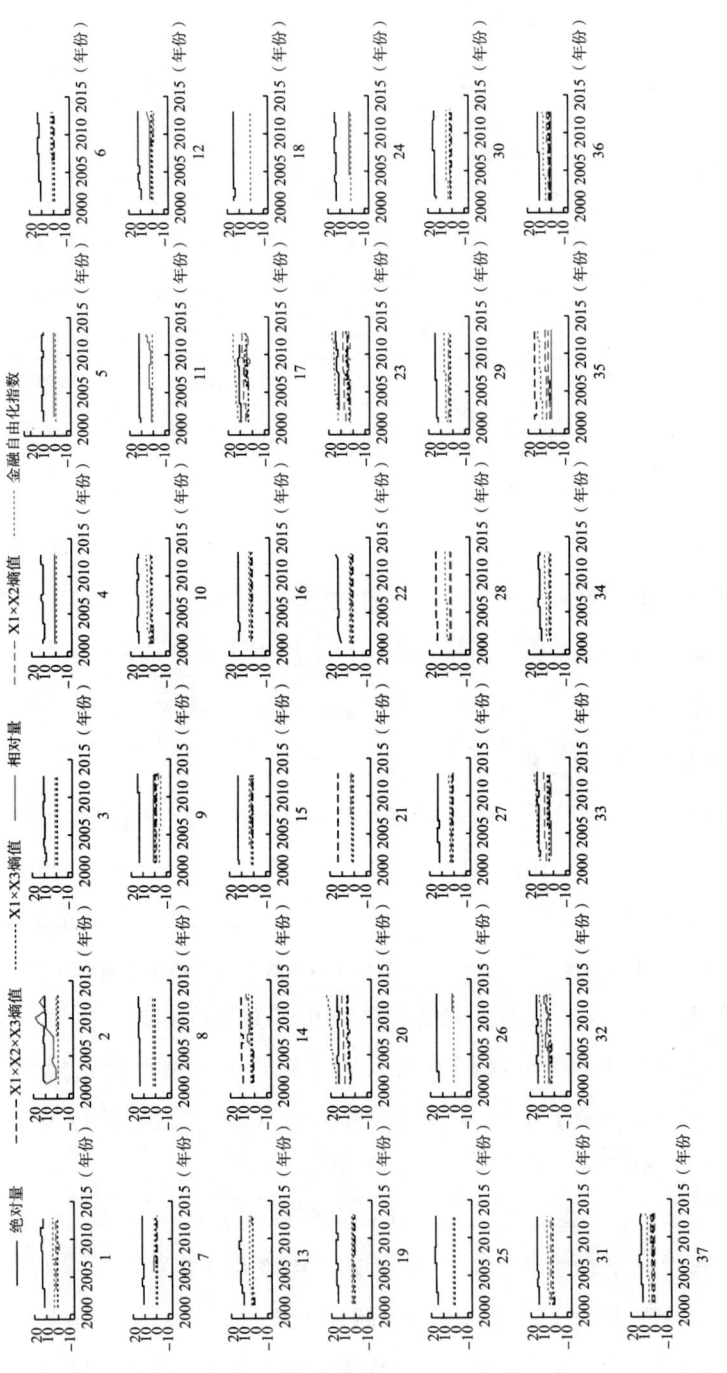

图7.3 37个行业模仿创新绝对量、相对量指标以及核心指标变化趋势

注：图例中的X1×X2×X3熵值表示Z×X×g_{i-3}，其他依此类推。

184

术模仿、模仿创新向自主创新阶段转换。劳动力特征显著正向影响绝对量，表明劳动力的规模相对大时，是有利于技术模仿创新的，这与实践是相符合的；而对相对量没有显著影响，说明相对量变换更多地依赖技术、优质劳动力的贡献。那么这也就验证了假设 H7.1、H7.2，在金融制度的改革过程中，金融自由化将逐渐结合金融信息处理功能实现从技术模仿到自主创新的转换，逐渐缓解信息不对称，促进技术创新。

表 7.3　综合金融因素对模仿创新影响的行业层面数据实证

	绝对量	相对量	绝对量	相对量	绝对量	相对量
$Z \times Xg_{1-3}$	1.0883***	0.7640***				
	(4.74)	(5.91)				
$Z \times Xg_{12}$			0.9285***	0.6424***		
			(5.02)	(6.22)		
$Z \times Xg_{13}$					0.8622***	0.6053***
					(4.74)	(5.91)
行业特征	32.5129***	−47.3868	32.9745***	−47.1195	32.5151***	−47.3857
	(3.74)	(−1.54)	(4.17)	(−1.54)	(3.75)	(−1.54)
劳动力特征	18.0966**	13.9609	15.3073**	12.0972	18.0941**	13.9597
	(2.56)	(1.68)	(2.35)	(1.56)	(2.56)	(1.68)
常数项	10.2607***	1.7537*	9.4757***	1.2209	10.2635***	1.7557*
	(25.21)	(1.72)	(19.44)	(1.19)	(25.24)	(1.73)
样本数	481	481	481	481	481	481
R 值	0.3004	0.0801	0.3854	0.0905	0.3005	0.0801
调整 R 值	0.2960	0.0743	0.3815	0.0847	0.2961	0.0743

注：括号中为 t 统计量，$^* p < 0.1$，$^{**} p < 0.05$，$^{***} p < 0.01$。

2. 单因素的回归分析

为了进一步分析银行、股票市场发挥的信息搜集功能以及金融自由化指数对技术模仿创新的影响，进行了实证研究（见表 7.4）。考虑到行业、企业的外部融资需求，本部分还是采用金融指标和外源融资依赖指数的单独交叉乘积项进行回归分析。

表 7.4　单个金融因素对模仿创新影响的行业层面数据实证

	绝对量	相对量	绝对量	相对量	绝对量	相对量	绝对量	相对量
Z × X1	0.4475 ***	0.3095 ***					0.4012 ***	0.3585 ***
	(5.02)	(6.22)					(4.36)	(4.02)
Z × X2			− 2.8e + 2 ***	− 1.7e + 2 ***			− 55.8849 ***	41.1277
			(− 5.31)	(− 5.85)			(− 2.87)	(0.79)
Z × X3					0.6513 ***	0.4701 ***	− 0.0851	− 0.0190
					(3.99)	(4.64)	(− 0.92)	(− 0.21)
行业特征	32.9767 ***	− 47.1187	32.2646 ***	− 48.0924	29.9143 ***	− 49.1625	33.0419 ***	− 47.2924
	(4.17)	(− 1.54)	(3.84)	(− 1.55)	(2.82)	(− 1.58)	(4.22)	(− 1.54)
劳动力特征	15.3074 **	12.0985	18.6888 **	15.0196 *	22.4258 **	16.9590 *	15.3731 **	12.0069
	(2.35)	(1.56)	(2.70)	(1.71)	(2.55)	(1.76)	(2.38)	(1.55)
常数项	9.4827 ***	1.2260	14.2387 ***	4.2183 ***	11.1008 ***	2.3403 **	10.2816 ***	0.5994
	(19.50)	(1.19)	(22.92)	(4.05)	(26.09)	(2.30)	(17.88)	(0.44)
样本数	481	481	481	481	481	481	481	481
R 值	0.3854	0.0905	0.3093	0.0726	0.1605	0.0616	0.3893	0.0909
调整 R 值	0.3816	0.0847	0.3050	0.0667	0.1552	0.0557	0.3828	0.0814

注：括号中为 t 统计量，$^*p < 0.1$，$^{**} p < 0.05$，$^{***} p < 0.01$。

①金融自由化指数对绝对量和相对量都是正向影响，再一次验证了 H7.1 的假设，我国金融自由化进程有利于技术创新阶段的转换。从绝对量来看，控制变量中的劳动力特征，行业特征都是有利于模仿创新的。②从信息处理的功能来分析，存贷利差显著负向影响技术创新阶段的转换，这表明贷款成本和企业的借贷意愿负相关，高额的贷款利息将抑制企业贷款的意愿，与现实相符合。从绝对量来看，控制变量中的劳动力特征、行业特征都有利于模仿创新，从相对量来看，劳动力特征显著正向影响技术创新阶段转换。③从指标 X3 来看，实证结果表明，股市的收集信息功能正向

显著影响技术创新阶段的转换。股票市场的成交规模越大表明信息处理的能力越高，流动性越大表明股市在优化资源配置中发挥的作用越大。从绝对量来看，控制变量中的劳动力特征、行业特征都是有利于模仿创新的，从相对量来看，劳动力特征具有显著正向影响效果。④为进一步分析，同时考虑三个核心因素的整体效应，我们发现金融自由化指数、银行信息处理功能显著影响绝对量，行业特征、劳动力特征仍显著正向影响绝对量。对于相对量，只有金融自由化指数影响显著，这也表明，金融制度的改革的确显著利于我国技术创新的阶段转换。因此，结合①～④进一步分析，不难发现我国金融制度推行以及银行、股市的信息处理功能在模仿创新阶段凸显出金融对技术创新的正向作用。

二 省级面板数据实证

行业面板数据验证了从技术模仿到自主创新这个阶段，金融政策、金融制度，以及银行、资本市场的信息处理功能的显著影响。但是考虑到中国地区差异化较大，对于同一个金融政策的反映和传导，各个地区也存在一定的差异化，进而表现为各个地区的金融发挥的功能效应也存在一定的差异性。在从技术模仿到自主创新的过渡阶段——模仿创新阶段，体现更多的是信息不对称，市场与创新行业、创新企业之间的信息不对称更为严重，此时银行通过存贷的利率差来反映供求，资本市场通过市场的交易量情况来反映供求，是否地区金融也能发挥金融功能需要进一步验证。为此本部分结合 2003～2013 年的省级工业面板数据进行实证研究。

（一）变量说明

1. 被解释变量

参考 Mani 的研究，利用地区的自主创新投入与模仿创新投入的比例来反映企业创新活动的转换，选用这个指标作为相对量指标。自主创新投入选择地区的 R&D 支出代表，模仿创新投入数据选择《中国科技统计年鉴》中地区的"技术吸收和改造"支出代表，主要是指技术的消化吸收支出、技术改造支出。绝对量指标选择地区的技术消化吸收支出、技术改造支出的对数值进行考量。通过图7.4不难发现，在模仿创新阶段，相对量、绝对量指标都呈现增长趋势，这也表明我国模仿创新阶段的自主创新投入、模仿创新投入都实现了增长，其中自主创新投入增长更快速。

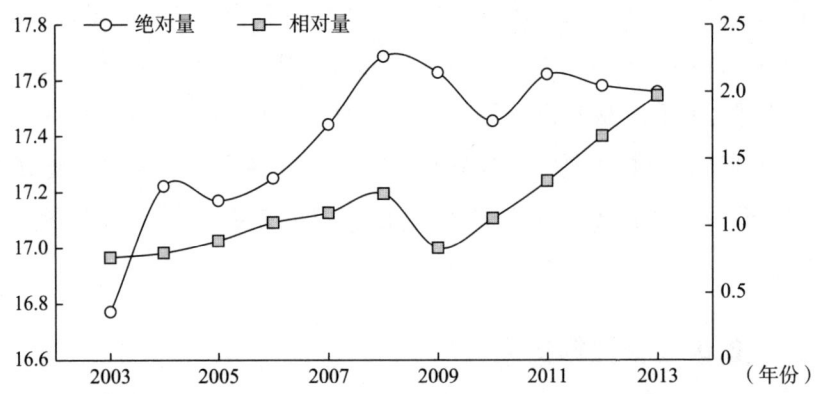

图7.4　地区层面模仿创新绝对量、相对量指标变化趋势

2. 解释变量

在影响路径上，基于金融功能实现的角度引入金融信息处理功能。对于间接融资渠道的信息处理代理变量，选取存贷利差来衡量银行体系的交易成本的高低，记为X2，交易成本反映间接融资信息产生成本和信息不对称程度，同时贷款成本和企业的借贷意愿负相关，高额的贷款利息将抑制企业贷款的意愿。指标越小反映银行的风险管理能力越强。由于银行的存贷利率由央行直接调控，因此视为不存在地区的差异（虽然各个商行之间的利率会有一定的下浮上调的可能性）。对于直接融资渠道的信息处理代理变量采取地区的股市成交额/GDP来反映股票市场的信息处理和收集能力，记为X3，地区上市公司的股票成交规模越大表明信息处理的能力越高，流动性越大表明股市在优化资源配置中发挥的作用越大。所有指标的计算方法详见表7.5。

表 7.5 地区层面模仿创新阶段核心变量构建

变量性质	变量名称	变量含义	计算方法（数据来源）
被解释变量	mfcx1	技术吸收和改造（绝对量）	各地区（消化吸收支出＋改造支出）的对数（《中国科技统计年鉴》）
	mfcx2	技术吸收和改造（相对量）	各地区的 R&D 支出/各地区（消化吸收支出＋改造支出）（《中国科技统计年鉴》）
核心变量	X1	金融自由化指数	前文计算所得
	X2	存贷利差	贷款利率与存款利率之差（世界银行数据库）
	X3	股市成交额	各地区股市成交额/GDP（Wind 数据）
	Xg	综合变量	X1、X2、X3 熵值计算结果。比如，X1 与 X2 依据熵值法构造变量为 Xg_{12}，X1、X2、X3 依据熵值法构造变量为 Xg_{1-3}
控制变量	K_{it}	地区工业特征	地区工业总产值/全国工业总产值（《中国科技统计年鉴》《中国工业统计年鉴》）
	L_{it}	劳动力特征	从事 R&D 劳动力/地区工业劳动力（《中国科技统计年鉴》）
	T_{it}	对外贸易	各地区进出口总额/GDP（《中国金融统计年鉴》）
	F_{it}	外商直接投资	各地区外商直接投资额/GDP（Wind 数据库）

（二）模型构建及数据统计

本部分选取的是地区工业层面数据，运用数据分析，首先考察的是核心变量的综合效应，然后再考察直接融资信息处理功能、间接融资信息处理功能对不同地区模仿创新的影响效应。

$$mfcx1_{it} = \beta_0 + \beta_{it} \times Xg_{it} + \gamma \times K_{it} + \delta \times L_{it} + \tau \times T_{it} + \xi \times F_{it} + \mu_i + \mu_t + \varepsilon_{it}$$

$$mfcx2_{it} = \beta_0 + \beta_{it} \times Xg_{it} + \gamma \times K_{it} + \delta \times L_{it} + \tau \times T_{it} + \xi \times F_{it} + \mu_i + \mu_t + \varepsilon_{it}$$

本部分整体数据的基本统计量如表 7.6 所示。

从图 7.5 来看，多数地区技术模仿创新的相对量和绝对量呈现逐渐增长的走势，这也表明，在模仿创新阶段，多数地区对于技术的资金投入有逐年上升的趋势。相对量呈现增长趋势也表明技术的自主创新投入更为明显。被解释变量以及核心变量的变动趋势存在地区的差异性，这些和地区的经济发展状况、技术发展禀赋、劳动力的素质等因素都有关系。

表 7.6 地区层面模仿创新阶段核心变量数据统计描述

		平均值	标准差	最小值	最大值
相对量	综合	1.183247	0.856195	0.179769	4.712481
	组间		0.671622	0.348749	3.256640
	组内		0.543786	−0.372903	3.357616
绝对量	综合	13.517160	1.272304	7.502738	15.822130
	组间		1.210036	9.763947	15.309480
	组内		0.446178	11.255960	15.738430
X2	综合	0.031964	0.001876	0.030000	0.036000
	组间		0	0.031964	0.031964
	组内		0.001876	0.030000	0.036000
X3	综合	1.858573	2.737978	0.089279	25.125230
	组间		2.299832	0.334297	11.733860
	组内		1.538852	−6.378503	15.249940
Xg_{1-3}	综合	4.494665	1.518321	3.030720	17.070990
	组间		1.196381	3.701731	9.631826
	组内		0.957851	−0.045257	11.933830
Xg_{12}	综合	7.352763	0.626160	6.219883	8.338436
	组间		0	7.352763	7.352763
	组内		0.626160	6.219883	8.338436
Xg_{13}	综合	5.723260	1.936492	3.855919	21.762420
	组间		1.525748	4.712028	12.274700
	组内		1.221822	−0.066882	15.210980

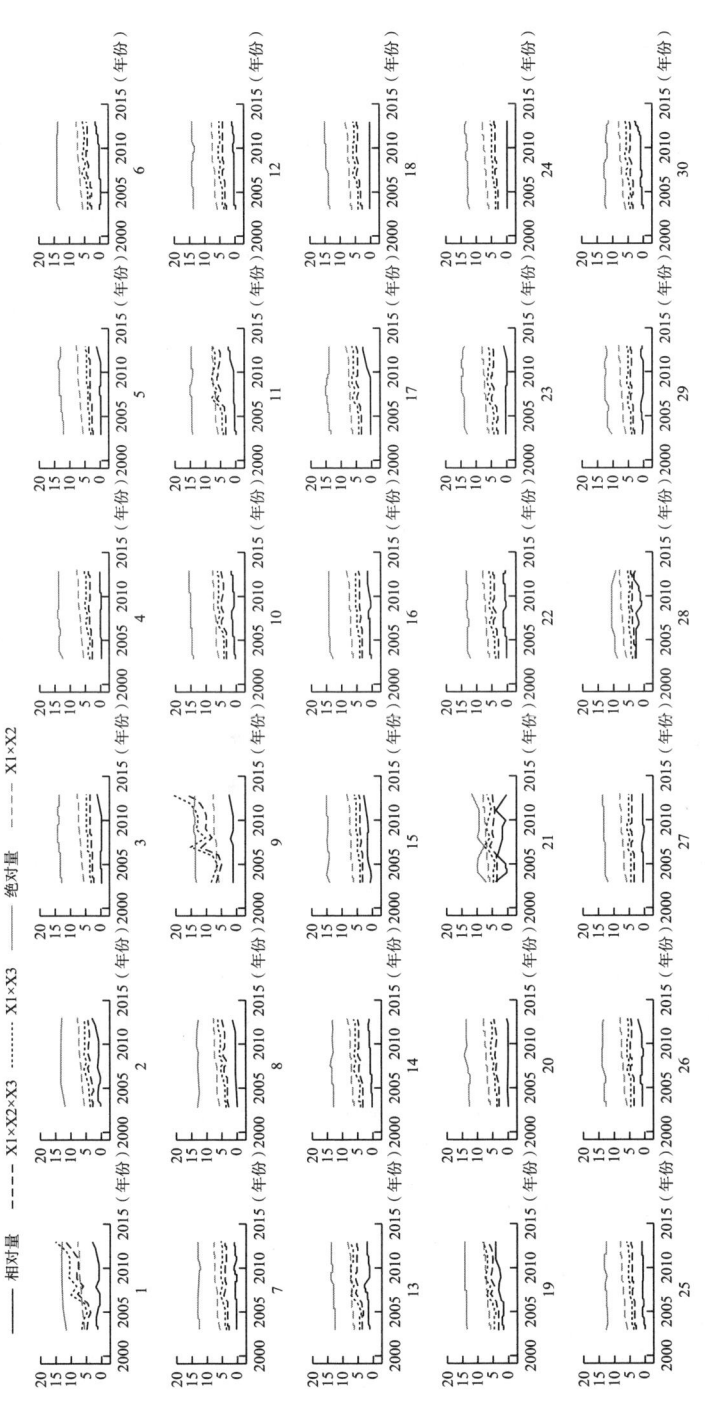

图7.5 30个地区模仿创新绝对量、相对量指标以及核心指标变化趋势

（三）实证结果

1. 综合因素的回归分析

在选取固定效应模型还是随机效应模型上，已进行了 hausman 检验，固定效应模型更适合。无论从相对量还是从绝对量的角度来看，基本实证结果都表明了核心的金融变量显著影响了技术模仿创新。金融自由化进程与银行信息处理功能、资本市场的信息处理功能能有效缓解信息不对称。这也验证了 H7.1、H7.2 的假设。从控制变量来看，外商直接投资对技术模仿创新有一定影响效应，地区工业特征、劳动力特征、对外贸易并非显著影响技术模仿创新（见表 7.7）。

表 7.7　综合金融因素对模仿创新影响的地区层面数据实证

	相对量	绝对量	相对量	绝对量	相对量	绝对量
Xg_{1-3}	0.1812***	0.1309**				
	(3.61)	(2.23)				
Xg_{12}			0.5005***	0.3598***		
			(5.79)	(5.46)		
Xg_{13}					0.1421***	0.1026**
					(3.61)	(2.23)
地区工业特征	1.7791	2.5492	-0.5432	0.8888	1.7782	2.5487
	(0.56)	(1.05)	(-0.18)	(0.45)	(0.56)	(1.05)
劳动力特征	18.2260	-41.3902	25.5828	-36.1298	18.2296	-41.3881
	(0.47)	(-1.16)	(0.78)	(-1.52)	(0.47)	(-1.16)
对外贸易	2.1663	0.5401	1.0891	-0.2435	2.1671	0.5406
	(0.86)	(0.48)	(0.65)	(-0.18)	(0.86)	(0.48)
外商直接投资	3.6844*	-7.8378***	13.0860***	-1.0872	3.6884*	-7.8351***
	(1.74)	(-2.99)	(5.24)	(-0.41)	(1.74)	(-2.99)
常数项	0.0103	13.2221***	-3.0734***	11.0079***	0.0113	13.2229***
	(0.04)	(43.45)	(-4.80)	(21.97)	(0.04)	(43.51)

续表

	相对量	绝对量	相对量	绝对量	相对量	绝对量
固定/随机	固定	固定	固定	固定	固定	固定
样本数	330	330	330	330	330	330
R 值	0.1021	0.1660	0.2605	0.2871	0.1021	0.1660
调整 R 值	0.0882	0.1531	0.2491	0.2761	0.0883	0.1532

注：括号中为 t 统计量，$^*p<0.1$，$^{**}p<0.05$，$^{***}p<0.01$。

2. 单因素的回归分析

上面运用熵值法来考察金融核心变量对技术模仿创新的作用效应。为了进一步分析各个因素的影响，本部分从单个因素进行了实证，在选择固定效应模型和随机效应模型前，都进行 hausman 检验（见表 7.8）。

表 7.8　单个金融因素对模仿创新影响的地区层面数据实证

	相对量	绝对量	相对量	绝对量	相对量	绝对量	相对量	绝对量
X1	0.2751***	0.1978***					0.2345***	0.1935***
	(5.78)	(5.46)					(5.92)	(4.91)
X2			-1.5e+2***	-92.2813***			-46.7337*	-6.5615
			(-4.68)	(-4.56)			(-1.91)	(-0.48)
X3					0.0590***	0.0496*	-0.0119	-0.0041
					(2.94)	(1.85)	(-0.61)	(-0.20)
地区工业特征	-0.5434	0.8891	2.2170	3.1059	4.0443**	3.5916	-0.2975	0.9475
	(-0.18)	(0.45)	(0.73)	(1.39)	(2.43)	(1.32)	(-0.09)	(0.49)
劳动力特征	25.5873	-36.1281	19.4400	-41.5203	26.0940	-44.6621	25.6229	-36.1969
	(0.78)	(-1.52)	(0.56)	(-1.36)	(1.14)	(-1.11)	(0.77)	(-1.51)
对外贸易	1.0907	-0.2424	1.2024	-0.3399	2.3084	-0.1772	1.1025	-0.2972
	(0.65)	(-0.17)	(0.53)	(-0.30)	(1.17)	(-0.16)	(0.67)	(-0.22)
外商直接投资	13.0992***	-1.0789	14.9525***	-1.0818	0.4111	-9.5037***	15.6555***	-0.6730
	(5.24)	(-0.40)	(4.16)	(-0.34)	(0.16)	(-3.75)	(4.37)	(-0.21)
常数项	-3.0642***	11.0149***	5.1511***	16.5187***	0.6901***	13.7637***	-1.1111	11.2735***

续表

	相对量	绝对量	相对量	绝对量	相对量	绝对量	相对量	绝对量
	(-4.80)	(22.04)	(5.11)	(26.01)	(4.33)	(74.85)	(-1.41)	(17.89)
固定/随机	固定	固定	固定	固定	随机	固定	固定	固定
样本数	330	330	330	330	330	330	330	330
R 值	0.2606	0.2871	0.1741	0.1897		0.1224	0.2693	0.2874
调整 R 值	0.2492	0.2761	0.1614	0.1772		0.1089	0.2534	0.2719

注：括号中为 t 统计量，$^*p<0.1$，$^{**}p<0.05$，$^{***}p<0.01$。

①从绝对量和相对量来看，无论是考虑全部的因素引入还是单个因素，金融自由化指数正向显著影响技术创新模仿。这支持了 H7.1 的假设。②从银行信息处理功能来看，存贷利差显著负向影响技术模仿创新。银行的存贷利差越小，反映出银行信息处理功能越强，越有利于技术模仿创新；银行的存贷利差越大，反而越不利于技术的模仿创新。在这个阶段银行发挥了信息处理功能来缓解模仿创新的信息不对称。③从资本市场来看，股票市场的交易量越大，越有利于技术模仿创新。股票市场的成交规模越大表明信息处理的能力越高，流动性越大表明股市在优化资源配置中发挥的作用越大。因此，结论支持了本部分的两个假设。

第八章

金融发展对自主创新的作用机制

前面两章从金融制度以及金融的融资、信息处理功能视角研究了金融发展对技术模仿、模仿创新的影响。由于与技术前沿存在差距，那么经济体将通过技术模仿、在已有的技术上模仿创新来不断地追赶先进的技术，尽可能使先进的技术本土化。但当经济体的技术水平达到世界前沿时，技术的标杆就已不存在，此时，对于企业而言，想要获取更多的利润，就要进行探索式的自主创新。自主创新和技术模仿、模仿创新在本质上是相同的，只是在创新阶段、程度、方式上存在不同。对于不同的阶段，金融发挥的功能都是缓解企业融资约束、降低信息不对称、分散风险、降低成本等。本章将结合熊彼特增长理论，立足于更为普遍意义的增长研究视角，基于金融的融资与风险分散功能对自主创新进行研究。

赵玉林（2004）研究发现自主创新具有高投入、高产值、高收益、高附加值、高渗透率以及高创新性的特点；史清琪和尚勇（2000）研究指出自主创新通过不断实践能够将技术、知识不断地转换为产品或者新的工艺，从而推动技术创新不断地进步；Choi（2003）认为20世纪80年代高新产业技术的不断发展促进了各个国家的经济增长，那么自主创新是推动高新产业发展的重要方式。

Duijn（1981）研究认为促进技术创新的条件除了创新主体、市场、宏观环境，还包括市场需求、技术知识、资金，对于企业而言，资金需求能否得到有效满足决定了企业自主创新的成败；王晓群和陆朴瓴（1995）研究认为风险是对于未来行为的不确定性以及与预期目标的偏离，技术创新风险主要包括流动性风险、生产性风险；Saint-Paul（1992）发现厌恶风险的投资者喜欢固定收益低风险的项目，而喜欢风险的投资者对技术创新了解不充分，较少进行技术创新项目的投资，这也就容易导致技术创新不足和经济发展缓慢；Fagerberg（1994）研究发现技术创新常在复杂环境下进行，因此表现出更多的不确定性，这种不确定性表现为理性的预测基本是不可能的，风险根本无法规避。自主创新的高风险的属性导致自主创新对于创新主体并不是容易实现的。

Diamond 和 Dybvig（1983）构建的 DD 模型说明了金融市场规避风险的作用，股票市场通过证券的流动性来规避流动性风险；Saint-Paul（1992）研究表明金融体系与金融结构对创新主体的技术选择有明显的影响；King 和 Levine（1993）指出金融市场的风险分散有助于减少风险，促进对创新活动的投资，促进技术进步和经济发展；Utterback 等（2013）研究认为，在高创新、高风险的自主创新投资项目上，市场导向的资本市场比银行更有利，银行导向的金融体系更适合较低风险的项目；Allen 和 Gale（2000）研究认为，对于技术不成熟的自主创新项目，由于银行难以判断新产业的价值，因此资本市场比银行更具有相对的信息优势，对于相对成熟的产业，银行则更能够控制风险；贺晟和孙烽（2002）通过跨期的内生增长模型比较发现，金融体系中的银行、股票市场对于流动性风险的处理机制存在差异；林毅夫等（2003）研究发现，金融发展对自主创新的影响效应受到外部经济因素的影响，而且与产业的规模、行业的集中度有很大的关系；康志勇和张杰（2008）采取 1998～2004 年中国的数据研究发现金融结构与中国的自主创新存在一个较为长期的稳定关系；何国华和常鑫鑫（2010）通过研究 1991～2007 年中国自主创新的融资方式，发现银行主导更突显优势；Achatz 等（2009）采用 32 个发达国家以及新兴国家 1976～2006 年的数据研究发现，银行负向影响了外部依赖性强的行业的专利活动；卢荻和王天骄（2013）研究发现经济发达时，模仿创新的收益减少，自主创新的收益、机会增加，但是技术风险、市场风险增加，需要更加全面了解市场的信息来进行评估，银行存在一定的优势，但是资本市场更能够反映价格信号。众多的实践表明金融系统、金融安排与自主创新的成功存在显著的关系。

众所周知，经济增长需要投资的支持。无论是新古典增长理论还是 AK 理论都发现资本的投资、人力的投资影响经济增长。产品多样化模型和熊彼特模型则强调技术投资对于经济增长的影响更为重要。在现实中，企业在进行投资时都面临一个融资约束的问题。为了更好地研究金融发展在自主创新、经济增长中的角色，引入金融发展这个因素到现有模型中进行研究。Levine 在《经济增长的手册》中归纳了金融发展对经济增长的影响：一是拥有高效的银行和金融市场的国家，经济增长更快；二是同步偏差不能得出这样的结论；三是高效的金融体系有助于减轻企业技术创新的外部融资压力。本部分将从风险合约的角度，在基础模型中加入融资约束来分析金融发展对自主创新的影响机理。

第一节　风险视角下的自主创新模型

自主创新本身就是一个包含大量合约的过程，从风险合约的角度来看，表现在：事前成本，自主创新的不可预测性以及自主创新的高信息搜集成本；事中成本，自主创新的复杂性、知识型劳动力的难以控制和度量带来履约的高成本；事后成本，当产生合约之后，需要不断对投资主体进行监督，防止投资风险过大产生系统风险危机，从而产生监督成本。自主创新的高垄断收益、技术创新的风险收益推动技术创新，但自主创新的不确定性风险、高交易成本又阻碍了技术进步。合理的金融制度安排可以降低技术不确定性，分散风险。

一　不考虑金融发展的自主创新模型

构建一个没有金融约束的模型。假定个体生命周期为 2 期，在第 1 期，个体为最终产品部门劳动，在第 2 期，个人可能变为中间产品的垄断者或者企业家。个体在第 1 期赚取的工资用于第 2 期的科研创新投资。

假定人口 L 固定，标准化为 1。第 1 期拥有的初始禀赋为 1 个单位的人力资本，而在第 2 期没有禀赋，为 0，同时个体表现为风险中性。对于最终产品，在非完全竞争的条件下，中间投入品为 $Y_t = \int_0^1 (LA_{it})^{1-\alpha} x_{it}^{\alpha} di, 0 < \alpha < 1$，其中 x_{it} 表示最新的中间产品，A_{it} 表示生产率参数。最终产品是用于生产中间产品的投入、消费、R&D 投入。对于任意时刻 t，中间部门都考虑进行技术创新。创新成功，将变为垄断者；不成功，则垄断的机会自动移交其他的劳动者。假定任意的时间 t 部门 i 的生产率 A_t 是中间产品生产率的平均值，$A_{t-1} = \int_0^1 A_{i,t-1} di$。创新成功的企业生产率为 $A_{it} = \gamma A_t$，$\gamma > 1$，其中 γ 为创新的规模。创新失败，生产率和上期的一样，$A_{it} = A_{t-1}$。

用 μ 表示 t 时刻部门 i 的创新成功概率。因此，在所有的厂商中，μ 比例的厂商创新成功，生产率提高至 γA_{t-1}；$(1 - \mu)$ 比例的厂商创新不成功，生产率为 A_{t-1}。因此，所有部门的平均生产效率为 $A_t = \mu \gamma A_{t-1} + (1 - \mu) A_{t-1}$。这也就表明平均生产率的增长率 g 为：

$$g = (A_t - A_{t-1})/A_{t-1} = \mu(\gamma - 1)$$

创新成功的中间部门中，垄断者可以以最终产品为投入，按照 1:1 比例生产任意数量的中间产品，价格等于中间产品的边际产量，也就是：

$$p_{it} = \frac{\partial Y_t}{\partial x_{it}} = \alpha A_{it}^{1-\alpha} x_{it}^{\alpha-1}$$

利润最大化时，部门的中间产品生产者的均衡利润为：

$$\Pi_{it} = p_{it}x_{it} - x_{it} = (1 - \alpha)\alpha^{\left(\frac{1+\alpha}{1-\alpha}\right)} A_{it} = \pi A_{it} \left[假定\ \pi = (1 - \alpha)\alpha^{\left(\frac{1+\alpha}{1-\alpha}\right)} \right]$$

最终产品的总产出是 $Y_t = \varphi A_t$，其中 $\varphi = \alpha^{2\alpha/(1-\alpha)}$，GDP 和平均生产率成正比，从而经济增长率还是等于生产率的增长速度 g。

假定创新投入的弹性参数为 1/2，即 $\mu = \varphi(R_t/A_t^*) = \lambda (R_t/A_t^*)^{1/2}$，$\lambda > 0$，$R_t$ 表示 R&D 的最终产品投入，$A_t^* = \gamma A_{t-1}$ 为厂商的目标生产率。调

整 $a_t = \mu + \dfrac{(1-\mu)}{(1+g)}a_{t-1}$ ，得到 R&D 投入函数，$R_t = A_t^* \psi\mu^2/2$，其中 $\psi = 2/\lambda^2$ 为衡量创新成本的参数。

创新的企业选择创新投入，目标是利润最大化。那么选择最优的 R_t，也就是选择最优的 μ。因此，利润最大化就是使 $\mu\pi A_t^* - A_t^* \psi\mu^2/2$ 关于 μ 的一阶导数等于0，均衡的创新概率为 $\mu = \pi/\psi$，增长率为 $g = (\pi/\psi)(\gamma - 1)$。

二 金融约束的事前审查模型

自主创新同样面临金融约束，我们以带有事前审查、事后监督的两个模型进行分析，主要分析银行的审查、监督效率对自主创新活动的影响。

交易成本主要是指在金融交易中需要花费的时间和资金成本，交易成本成为影响金融体系效率的最主要因素。银行的贷款都存在事前的审查，但是审查需要付出成本。假定创新者工资性收入为 w_{t-1}，为开展创新活动需要投资 R_t，那么差额 $L = R_t - w_{t-1}$ 需要向中介融资，在这个过程中假定差额始终为正数，没有融资活动需求也就没有代理成本问题。

从现实中来看，厂商的融资需要付出成本，参考 King 和 Levine（1993）的模型，市场中存在真正、虚假的创新企业。对于虚假创新企业的创新，投资可能并不能带来任何回报。那么，需要对于银行贷款的申请者进行审查，防止被欺骗。市场构成中 θ 为真正的需求者，$(1-\theta)$ 为虚假的申请者。fR_t 个单位最终产品的审查结果决定是否发放贷款。

假定 P 是某个项目的回报，银行自筛选项目的利润为 $\theta P - fR_t$。当 $P = f \times R_t/\theta$ 时，对于银行的任意项目，银行才能保持收支平衡，弥补审查成本。那么对于银行、企业来说，回报是预期利润减去创新成本和审查成本，$\mu\pi A_t^* - R_t - fR_t/\theta$，不考虑时间价值问题，结合前面的定义，综合收益表示为：

$$\mu\pi A_t^* - (1 + f/\theta)A_t^* \psi\mu^2/2$$

那么最大化收益的均衡创新概率为 $\mu = \pi/(1 + f/\theta)\psi$，增长率为 $g = \pi(\gamma - 1)/(1 + f/\theta)\psi$。

由此，我们从上面的模型可以看出，银行的审查成本越大，创新的概率就越低，那么经济增长的速度也就越慢。

三 金融约束的事后监督模型

当然，银行的职能不仅仅是对创新企业的贷款申请进行筛选，银行还得监督借款人的表现，尤其是对于自主创新企业，面临更大的风险时，事后的监督显得尤为重要。基于 Aghion 等（1999）的模型，本部分研究事后监督时引入信用乘数。

（一）信用乘数与 R&D 投资

假定创新者工资性收入为 w_{t-1}，为开展创新活动需要投资 R_t，那么差额 $L = R_t - w_{t-1}$ 需要融资。本部分假定借款人的拖欠贷款可能导致借款困难。银行为了监督贷款人，支付成本 hR_t，$0 < h < 1$，企业家可以隐藏创新收益，规避偿还贷款。成本参数 h 就成为银行在监督方面的一个指标。完善的金融市场、功能良好的银行使得欺诈变得非常困难。企业家若自私且激励相容约束被破坏时，将选择不诚实的行为：

$$hR_t \geq \mu_t(R_t)\Gamma(R_t - \omega_{t-1})$$

其中，Γ 表示贷款的利息因子；$\mu_t(R_t)$ 是由 $\mu = \varphi(R_t/A_t^*) = \lambda(R_t/A_t^*)^{1/2}$ 决定，在给定 R&D 的条件下，时刻 t 的创新概率。上式表示在不诚实行为的情况下期望节省的数额。也就是说，选择不诚实是可以回避还贷的，这等于利息因子乘上贷款数量，项目成功的概率为 μ。

在世代交叠模型中，潜在的借出者是其他年轻人，这些年轻人只有在期望回报等于贷款数额时才会同意借出。即使项目没有时间成本，贷款依然面临一个正的利息因子，给定 $\mu_t(R_t)\Gamma = 1$，利用套利的条件替换 Γ，不难发现，激励相容的式子相当于设定了一个企业家投资的上限：

$$R_t \leq \frac{1}{1-h}\omega_{t-1} = v\omega_{t-1} = \bar{R}_t$$

参数 v 称为信用乘数，较高的隐藏创新收益的成本意味着较大的信用乘数。

（二）金融约束的创新和增长

在 $R_t = A_t^* \psi \mu^2 / 2$ 的条件下，$\tilde{R}_t$ 为 R&D 成本，并且小于无金融约束时可保证的创新概率 $\mu = \pi / \psi$ 支付成本，约束条件 $R_t \leq \dfrac{1}{1-h} \omega_{t-1} = v \omega_{t-1} = \tilde{R}_t$ 就是紧的：

$$v \omega_{t-1} < \gamma A_{t-1} \pi^2 / (2\psi)$$

均衡工资 ω_{t-1} 等于劳动的边际产品，在 $Y_t = \displaystyle\int_0^1 (L A_{it})^{1-\alpha} x_{it}^\alpha \mathrm{d}i, 0 < \alpha < 1$，设定的科普道格拉斯形式下，边际产品等于 $(1-\alpha)$ 乘以最终产品 Y_{t-1}，由此可知：

$$\omega_{t-1} = \omega A_{t-1}, \omega = (1-\alpha)\varphi$$

那么，$v \omega_{t-1} < \gamma A_{t-1} \pi^2 / (2\psi)$ 就变成了 $v < \gamma \pi^2 / (2\psi\omega)$。

当金融体系的发展水平（用 v 度量）较高时，企业家初始财富 ω 占总产出的比例较高，企业家不愿意面临金融约束。较大的 v 的成本更大，债权人愿意借出的金额更多。

在 $v < \gamma \pi^2 / (2\psi\omega)$ 成立时，将 $v \omega_{t-1} = \tilde{R}_t$ 代入生产函数 $\mu = \varphi(R_t / A_t^*) = \lambda (R_t / A_t^*)^{1/2}$，利用 $g = \mu(\gamma - 1)$ 以及 ψ 的定义，则均衡增长率为：

$$g^h = (\gamma - 1) \sqrt{2 v \omega / (\gamma \psi)}$$

那么增长率关于金融发展（v 度量）以及企业家的初始财富 ω 都是递增函数。g^h 并不依赖经过生产率调整的利润，较高的利润激励从事更多的科研，但是并不会影响激励相容调节，从而并不会导致借出人愿意为更多的科研融资。基于以上事前审查模型、事后监督模型理论和中国的现实，提出本章的假设。

H8.1：完善的金融体系，降低事前的审查成本和事后监督成本，激发企业自主创新能力。

H8.2：金融发挥着分散风险、缓解融资约束的功能从而作用于自主创新。

第二节　中国金融发展对自主创新影响的实证研究

为实现创新型国家，提升国家、行业、企业的自主创新能力显得尤为重要。徐朝阳和林毅夫（2010）提出企业创新能力的形成和提高过程需要一系列政策的支持，当然，非常重要的是金融政策。为验证上面的两个假设，结合数据的可得性、指标的代表性、统计口径等，选取 2001～2013 年工业行业的面板数据、2003～2013 年的省级面板数据对假设进行检验。

一　行业面板数据实证

（一）变量说明

1. 被解释变量

为了保证对自主创新分析的全面和稳健，本部分主要结合自主创新投入、自主创新产出两个维度来衡量金融发展对自主创新的影响。创新投入方面，可以通过实证来检验企业创新事前金融的融资支持能力；创新产出方面，可以通过实证来反映金融的信息不对称处理能力、风险信息处理能力、分散风险能力。

①对于企业自主创新产出，借鉴 Schmookler（1962）、Griliches（1979）、Bilbao-Osorio 和 Rodríguez-Pose（2004）、Brown 和 Karagozoglu（1989）的研究，选取专利申请数量的对数值度量技术创新产出水平，记为 y1。这里需要说明的是，本书采取的是专利申请的数量而不是授权的专利数量，主要是考虑到现行的专利申请的办法，授权专利存在 1～2 年的滞后期，因此不能反映当年的创新水平。考虑到产品的异质性，并不是简单的相加就可以进行比较，为实现稳健性估计，选择新产品产值/总产值来反映行业的创新产出，记为 y2。②对于企业自主创新投入，选取 R&D 支出与主营业务收入的比值来考察技术创新投入，记为 y3。从图 8.1 中 2001～2013 年我国的总量指标来看，y1 随时间呈现逐渐增长趋势，y2、y3 呈波动性、曲折性上升趋势。

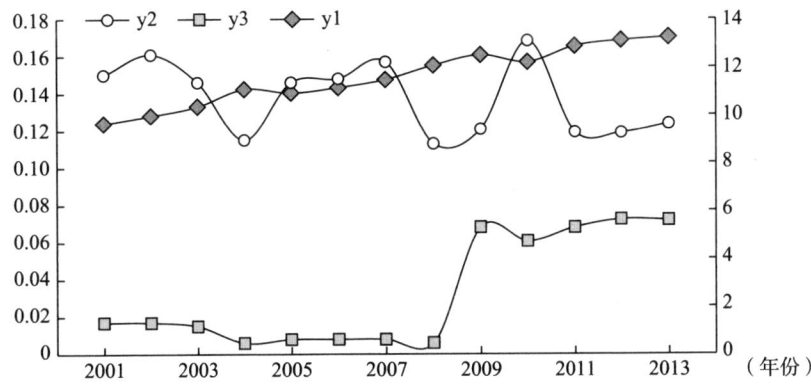

图 8.1　行业层面自主创新产出变化趋势

2. 解释变量

在影响路径上，基于金融功能实现的角度引入分散风险、融资功能维度进行研究，同时考虑到不同行业的外源融资差异性，采取金融的指标与外源融资依赖指数形成的交叉乘积项作为核心解释变量。

路径指标的构建。①金融制度代理变量：金融自由化指数，前文已进行说明，记为 X1。②融资功能代理变量：对于间接融资规模代理变量，采取 Levine（2002）的方法，用商业银行对私人部门的贷款与 GDP 的比值来反映银行融资功能，记为 X2；对于直接融资规模代理变量，选取股票市场总市值和 GDP 的比值来反映股票市场融资功能，记为 X3。③风险管理与信息处理功能代理变量：对于间接融资渠道，选取存贷利差来衡量银行体系的交易成本，同时也反映银行对信息不对称的处理能力和风险分散能力，记为 X4；对于直接融资渠道，采取股市成交额/GDP 来反映股票市场的信息处理、信息收集以及分散风险的能力，记为 X5。外源融资依赖指标、控制变量中的行业特征变量与第六、第七章一致，不再赘述，控制变量中的劳动力特征变量选定 R&D 研究人员/职工数代表，考虑本部分主要是研究对自主创新的影响，劳动力方面更关注进行研究的人员。指标的解释详见表 8.1。

表 8.1　行业层面自主创新阶段核心变量构建

变量性质	变量名称	变量含义	计算方法（数据来源）
被解释变量	y1	技术创新产出水平	行业专利申请数量的对数值（《中国科技统计年鉴》）
	y2	技术创新产出水平	行业新产品产值/行业总产值（《中国科技统计年鉴》）
	y3	技术创新投入水平	行业 R&D 支出/行业主营业务收入（《中国科技统计年鉴》）
核心变量	Z	外源融资依赖指数	Rajan 和 Zingales（1996）
	X1	金融自由化指数	前文计算所得
	X2	间接融资代理变量	商业银行对私人部门的贷款和 GDP 的比值（世界银行数据库）
	X3	直接融资代理变量	股市市值/GDP（世界银行数据库）
	X4	存贷利差	贷款利率与存款利率之差（世界银行数据库）
	X5	股市成交额	股市成交额/GDP（Wind 数据）
	Xg	综合变量	X1、X2、X3、X4、X5 熵值计算结果。比如，X1 与 X2 依据熵值法构造变量为 Xg_{12}，X1、X2、X3、X4、X5 依据熵值法构造变量为 Xg_{1-5}
控制变量	K_{it}	行业特征	行业工业总产值/工业总产值（《中国科技统计年鉴》《中国工业统计年鉴》）
	L_{it}	劳动力特征	R&D 研究人员/职工数（《中国科技统计年鉴》、Wind 数据库）

（二）模型构建及数据统计

本部分引入金融制度、融资、金融风险分散的综合金融因素分析其对不同行业的创新产出、投入的影响效应。选取我国工业行业层面数据进行实证分析。首先考察多因素核心金融变量对自主创新的综合影响效应，然后从融资功能、风险分散功能的视角分析金融对不同行业自主创新的影响。

$$y1_{it} = \beta_0 + \beta_{it} \times Z_i \times Xg_t + \gamma \times K_{it} + \delta \times L_{it} + \mu_i + \mu_t + \varepsilon_{it}$$

$$y2_{it} = \beta_0 + \beta_{it} \times Z_i \times Xg_t + \gamma \times K_{it} + \delta \times L_{it} + \mu_i + \mu_t + \varepsilon_{it}$$

$$y3_{it} = \beta_0 + \beta_{it} \times Z_i \times Xg_t + \gamma \times K_{it} + \delta \times L_{it} + \mu_i + \mu_t + \varepsilon_{it}$$

由于行业分类标准在 2002 年、2010 年发生变化，为确保数据口径统一性，删除了汽车制造业，铁路、船舶、航空航天和其他运输设备制造业，金属制品、机械和设备修理业，剩下共计 37 个行业，各行业统计范围为规模以上工业企业，本部分选定时间范围为 2001 ~ 2013 年。基本统计描述如表 8.2 所示。

表 8.2　行业层面自主创新阶段核心变量数据统计描述

		平均值	标准差	最小值	最大值
y1	综合	6.852841	2.103758	0.693147	11.395940
	组间		1.692191	2.782911	9.955739
	组内		1.278230	3.598612	9.813488
y2	综合	0.205286	0.544307	0	6.198567
	组间		0.185823	0.001890	0.740808
	组内		0.512448	− 0.294522	5.663046
y3	综合	0.055676	0.213584	0	3.983926
	组间		0.098395	0.007048	0.623669
	组内		0.190206	− 0.565992	3.415934
$Z \times Xg_{1-5}$	综合	0.897227	1.093929	− 1.583594	5.243457
	组间		1.068584	− 1.241798	4.111732
	组内		0.288712	− 0.168935	2.028952
$Z \times X1$	综合	4.190819	4.985212	− 6.810388	22.549950
	组间		4.991202	− 5.800260	19.205310
	组内		0.750360	− 0.015458	7.535464
$Z \times X2$	综合	0.387525	0.458265	− 0.609519	2.018186
	组间		0.461537	− 0.536350	1.775916
	组内		0.048121	0.143424	0.629795
$Z \times X3$	综合	0.808398	1.178155	− 2.120039	7.019685
	组间		0.962789	− 1.118855	3.704652
	组内		0.695888	− 1.886709	4.123431

续表

		平均值	标准差	最小值	最大值
Z × X4	综合	0.010527	0.012422	− 0.016200	0.053640
	组间		0.012537	− 0.014570	0.048242
	组内		0.001028	0.006985	0.015925
Z × X5	综合	0.232098	0.371544	− 0.766934	2.539403
	组间		0.276425	− 0.321233	1.063638
	组内		0.252080	− 0.579670	1.707863
行业特征	综合	0.027186	0.024159	0.001395	0.112006
	组间		0.024026	0.002232	0.092557
	组内		0.004568	0.009818	0.046635
劳动力特征	综合	0.032747	0.023539	0.001529	0.115000
	组间		0.020745	0.006713	0.070436
	组内		0.011596	− 0.023912	0.080818

（三）实证结果

1. 综合因素的回归结果分析

表 8.3 是金融综合指标与外源融资依赖指数的交叉乘积项 Z × Xg 对自主创新的回归结果，采取的是固定效应模型。在选择固定效应模型还是随机效应模型时，已进行了 hausman 检验，结果显示固定效应模型更适合。

对于自主创新阶段，无论从投入还是产出来看，核心变量都正向显著影响自主创新。因此综合金融功能视角的整体指标能够有效促进技术创新的发展，基于风险、融资路径，金融发展有利于技术的自主创新，结论验证了假设 H8.1、H8.2。控制变量中，劳动力特征出现负向显著影响。

表 8.3　综合金融因素对自主创新影响的行业层面数据实证

	y1	y2	y3
Z × Xg$_{1-5}$	1.9926 ***	0.1984 ***	0.0534 *
	(5.02)	(4.10)	(1.67)

续表

	y1	y2	y3
行业特征	21.5822	-3.5427	-5.4799***
	(0.85)	(-0.94)	(-2.83)
劳动力特征	-28.5789***	-11.3029***	-2.6486***
	(-3.22)	(-4.91)	(-3.35)
常数项	5.4141***	0.4937***	0.2434***
	(5.20)	(3.43)	(3.40)
样本数	481	481	481
R值	0.3350	0.0963	0.0603
调整R值	0.3309	0.0906	-0.0228

注：括号中为 t 统计量，* p < 0.1，** p < 0.05，*** p < 0.01。

2. 单因素的实证研究

为了进一步分析银行、股票市场发挥的风险分散、融资功能及金融自由化指数对自主创新的影响。本部分还是采用金融指标和外源融资依赖指数单因素的交叉乘积项进行回归分析（见表8.4）。

表8.4 单一金融因素对自主创新影响的行业层面数据实证

	y1				
Z × X1	0.8886***				0.7252***
	(5.26)				(5.64)
Z × X2		6.8900***			-1.2102
		(3.77)			(-1.49)
Z × X3			0.7808***		0.2728***
			(4.79)		(2.92)
Z × X4				-5.7e+2***	-1.0e+2**
				(-5.04)	(-2.56)
Z × X5				1.1605***	-0.5688***
				(4.66)	(-4.43)

续表

	y1					
行业特征	20.8476	11.3384	23.2096	19.1142	13.4248	22.8165
	(0.85)	(0.41)	(0.91)	(0.77)	(0.47)	(0.94)
劳动力特征	−25.8168***	−37.2839***	−31.7296***	−28.2797***	−37.3121***	−26.1468***
	(−3.14)	(−4.10)	(−3.81)	(−3.39)	(−3.65)	(−3.26)
常数项	3.4075**	5.0955***	6.6298***	13.2094***	7.4404***	5.4852***
	(2.69)	(3.82)	(7.37)	(12.30)	(7.88)	(4.86)
样本数	481	481	481	481	481	481
R 值	0.3977	0.2160	0.3191	0.3390	0.2009	0.4086
调整 R 值	0.3939	0.2110	0.3149	0.3348	0.1959	0.3999

注：括号中为 t 统计量，$^*p<0.1$，$^{**}p<0.05$，$^{***}p<0.01$。

①表 8.4 对专利进行了面板回归，单一金融因素的回归与前文综合金融因素的回归结果高度一致；②金融自由化指数显著正向作用于自主创新。③从融资规模的金融功能视角看，银行、股票市场都有利于技术创新，银行的作用效果更为明显。④从风险以及信息搜集来看，存贷利差负向显著影响技术创新。交易成本反映银行融资信息成本和信息不对称程度，同时，贷款成本和企业的借贷意愿负相关，较高的贷款利率将抑制创新主体进行企业贷款的意愿。因此，存贷利差越大反映银行的风险管理能力越弱，存贷利差越小反映银行的风险管理能力越强，从结果来看，我国的银行对技术创新的风险管理能力是较好的。直接融资渠道的信息处理代理变量与技术创新显著正相关，说明股票市场的规模越大则信息处理能力越强。这也说明流动性越强，市场资本配置越有效，风险管理能力越强。⑤从整体的效应来看，金融制度正向显著影响自主创新；从融资规模影响的对比来看，股票融资功能更为凸显，这也表明在技术自主创新阶段，自主创新具有高风险，股票市场更有利于分散风险；从风险分散、信息处理的功能来看，股票、银行市场都凸显了各自的作用。同时，作者也考察了关于投入和产出的回归分析，基本和此结论保持一致，就不再一一赘述。

二　省级面板数据实证

（一）变量说明

1. 被解释变量

①对于企业自主创新产出，借鉴 Brown 和 Karagozoglu（1989）的研究，选取 30 个地区的工业专利申请数量的对数值度量技术创新产出水平，记为 y1；考虑到产品的异质性，并不是简单相加就可以进行比较，为实现稳健性估计，选择地区工业的新产品产值/总产值来反映技术创新产出，记为 y2。②对于企业自主创新投入，选取地区的 R&D 经费占主营业务收入比重来考察技术创新投入，记为 y3。从图 8.2 来看，y1 随时间呈现增长趋势，y2、y3 呈波动性、曲折性上升趋势。

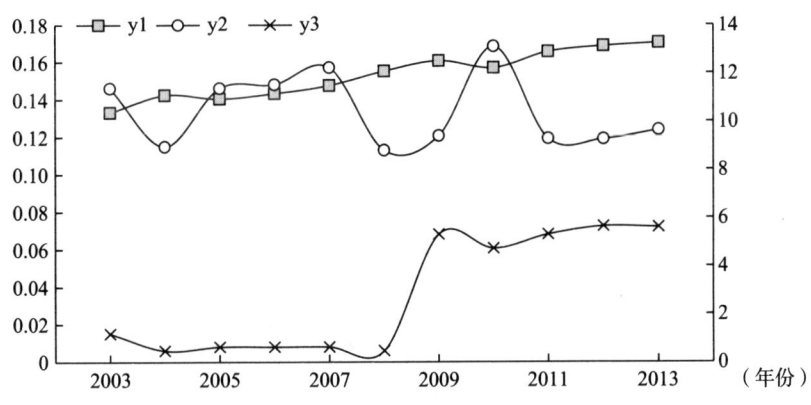

图 8.2　地区层面自主创新产出变化趋势

2. 解释变量

在影响路径上，基于金融功能实现的角度引入分散风险、融资功能维度，企业自主创新最主要的是解决资金需求和风险分散的问题，那么金融也就在这个阶段发挥重要的作用。

构建金融发展对自主创新的路径指标。①金融制度代理变量：金融自由化指数，前文已进行说明，记为 X1。②融资功能代理变量：对于间接融资代理变量，采取 Levine（2002）的方法，用地区商业银行的存款和贷款余额的合计值与 GDP 的比值来反映银行融资功能，记为 X2；对于直接融资代理变量，选取地区的股票市场总市值和 GDP 的比值来反映股票市场融资功能，记为 X3。③风险管理与信息处理功能代理变量：对于间接融资渠道，选取存贷利差来衡量银行体系的交易成本，记为 X4；对于直接融资渠道，采取地区的股市成交额/GDP 来反映股票市场的信息处理、信息收集以及分散风险的能力，记为 X5。控制变量与第六、第七章保持一致，详见表 8.5。

表 8.5　地区层面自主创新阶段核心变量构建

变量性质	变量名称	变量含义	计算方法（数据来源）
被解释变量	y1	技术创新产出水平	地区的专利申请数量的对数值（《中国科技统计年鉴》）
	y2	技术创新产出水平	地区的新产品产值/总产值（《中国科技统计年鉴》）
	y3	技术创新投入水平	地区的 R&D 支出/主营业务收入（《中国科技统计年鉴》）
核心变量	X1	金融自由化指数	前文计算所得
	X2	间接融资代理变量	（地区的商业银行的存款 + 贷款余额）/GDP（《中国金融统计年鉴》）
	X3	直接融资代理变量	地区的股市市值/GDP（《中国金融统计年鉴》）
	X4	存贷利差	贷款利率与存款利率之差（世界银行数据库）
	X5	股市成交额	地区的股市成交额/GDP（Wind 数据）
	Xg	综合变量	X1、X2、X3、X4、X5 熵值计算结果。比如，X1 与 X2 依据熵值法构造变量为 Xg_{12}，X1、X2、X3、X4、X5 依据熵值法构造变量为 Xg_{1-5}
控制变量	K_{it}	地区工业特征	地区工业总产值/总产值（《中国科技统计年鉴》《中国工业统计年鉴》）
	L_{it}	劳动力特征	从事 R&D 劳动力/地区工业劳动力（《中国科技统计年鉴》）
	T_{it}	对外贸易	各地区进出口总额/GDP（《中国金融统计年鉴》）
	F_{it}	外商直接投资	各地区外商直接投资/GDP（Wind 数据库）

（二）模型构建及数据统计

本部分引入金融制度、融资、金融风险分散的综合金融因素分析其对不同地区的创新投入、创新产出的影响效应。选取我国地区层面数据进行实证分析。首先考察多因素核心金融变量对自主创新的综合影响效应，然后从融资功能、风险分散功能的视角分析金融对不同地区自主创新的影响。

$$y1_{it} = \beta_0 + \beta_{it} \times Xg_{it} + \gamma \times K_{it} + \delta \times L_{it} + \tau \times T_{it} + \xi \times F_{it} + \mu_i + \mu_t + \varepsilon_{it}$$

$$y2_{it} = \beta_0 + \beta_{it} \times Xg_{it} + \gamma \times K_{it} + \delta \times L_{it} + \tau \times T_{it} + \xi \times F_{it} + \mu_i + \mu_t + \varepsilon_{it}$$

$$y3_{it} = \beta_0 + \beta_{it} \times Xg_{it} + \gamma \times K_{it} + \delta \times L_{it} + \tau \times T_{it} + \xi \times F_{it} + \mu_i + \mu_t + \varepsilon_{it}$$

由于西藏的数据缺失严重，因此只选取全国 30 个省份的工业数据进行研究，统计范围为规模以上工业企业，本部分选定时间范围为 2003 ~ 2013 年。基本统计描述如表 8.6 所示。

表 8.6　地区层面自主创新阶段核心变量数据统计描述

		平均值	标准差	最小值	最大值
y1	综合	7.595184	1.710499	1.609438	11.478810
	组间		1.427753	4.551120	10.371060
	组内		0.974314	4.653503	9.661468
y2	综合	0.119936	0.074559	0.005493	0.412968
	组间		0.065304	0.028352	0.287652
	组内		0.037737	0.001568	0.314472
y3	综合	0.044694	0.069132	0.001000	0.716699
	组间		0.030961	0.020549	0.199181
	组内		0.062047	− 0.152487	0.562213
Xg_{1-5}	综合	3.254800	1.186999	2.206866	11.686260
	组间		0.969537	2.585033	6.943620
	组内		0.705362	0.163481	7.997436

续表

		平均值	标准差	最小值	最大值
Xg_{1-3}	综合	4.927965	0.738371	3.965234	10.850570
	组间		0.504963	4.566055	7.292253
	组内		0.545851	2.629408	8.486285
Xg_{145}	综合	4.494665	1.518321	3.030720	17.070990
	组间		1.196381	3.701731	9.631826
	组内		0.957851	-0.045257	11.933830

通过图 8.3 来看，被解释变量基本属于增长趋势，表明自主创新在我国，逐渐呈现显著的增长趋势。地区之间存在一定的差异性，这和地区的经济发展、对自主创新的支持力度等因素都有一定的关系。

（三）实证结果

1. 综合因素的回归结果分析

为了验证金融发展对技术自主创新的影响效应，参照众多研究者的研究，选择了 3 个被解释变量进行实证。为了分析在这个阶段金融融资、风险分散功能，本部分在基本回归中选定综合因素进行实证分析。

实证结果如表 8.7 所示。①从创新产出来看，总体核心因素对 y1 是正向显著的影响，对 y2 的影响并不显著；而从创新投入来分析，为显著正向影响，这保持了与行业数据分析的一致性。②从融资规模，信息处理、风险分散的核心因素分析来看，都对 y1 和 y3 有显著的正向影响。因此，支持了 H8.1 和 H8.2 两个假设。③从控制变量来看，外商直接投资是负向显著的影响，这说明外商直接投资在我国可能不能促进自主创新。

2. 单因素的实证研究

为进一步分析核心因素对自主创新阶段的影响效应，本部分采取单个因素的实证研究。选取技术创新投入水平作为被解释变量（其余两个被解释变量不一一赘述）。从表 8.8 的实证结果来看，考虑总体核心因素时，金融自由化指数、间接融资规模都有显著的影响，其余因素的影响并不显著，从上面的分析结果来看，可能是由于存在共线性问题。从单个因素的分析来

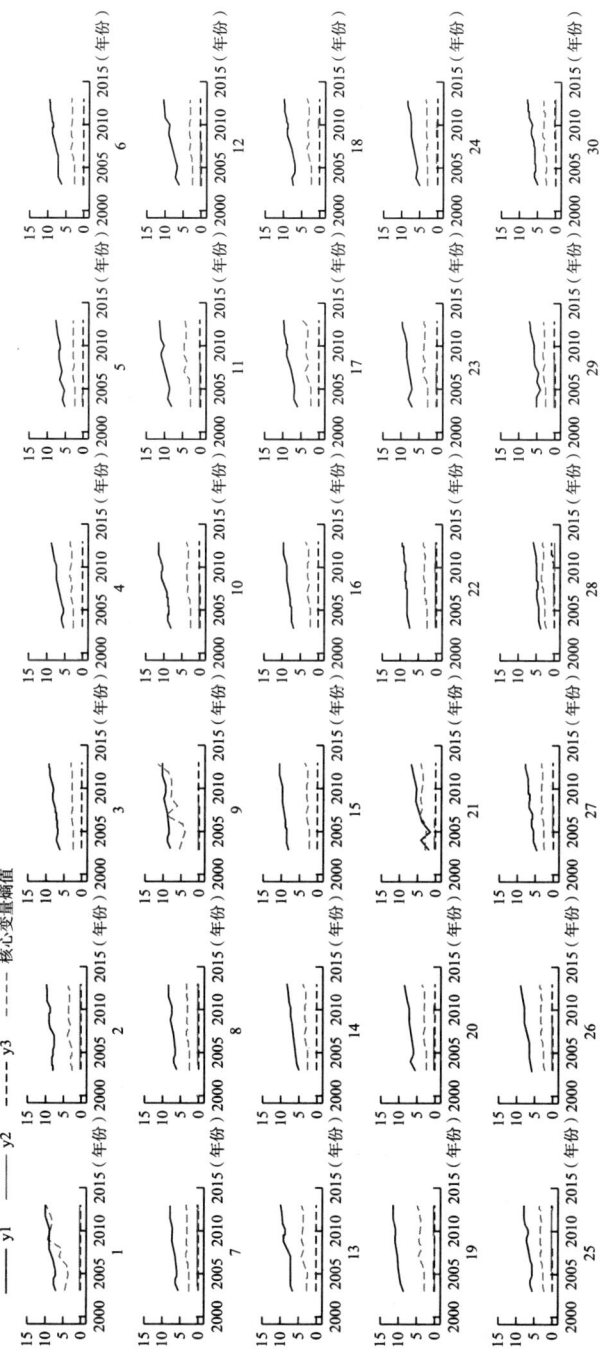

图8.3　30个地区自主创新产出指标以及核心指标变化趋势

表 8.7　综合金融因素对自主创新影响的地区层面数据实证

	y1			y2			y3		
Xg_{1-5}	0.6363*** (3.43)			0.0027 (0.64)			0.0214*** (3.43)		
Xg_{1-3}		1.0299** (2.37)			0.0054 (1.08)			0.0406** (2.19)	
Xg_{145}			0.5142*** (3.22)			0.0010 (0.30)			0.0165*** (3.27)
地区工业特征	7.0152 (1.41)	3.9153 (0.73)	6.9152 (1.48)	-0.2719 (-0.86)	-0.2958 (-0.91)	-0.2528 (-0.80)	-0.3125 (-1.38)	-0.4806 (-1.64)	-0.3021 (-1.39)
劳动力特征	-44.1235 (-0.49)	-28.6389 (-0.37)	-46.6192 (-0.55)	0.9506 (0.29)	1.0580 (0.31)	0.8788 (0.27)	-9.8195 (-1.17)	-9.0495 (-1.18)	-9.9467 (-1.18)
对外贸易	3.9732 (1.11)	2.1371 (0.91)	4.5559 (1.21)	-0.0926 (-1.06)	-0.0950 (-1.17)	-0.1093 (-1.31)	0.0517 (0.24)	0.0219 (0.13)	0.0578 (0.26)
外商直接投资	-36.1849*** (-12.73)	-26.3136*** (-5.58)	-35.3642*** (-11.20)	1.1785*** (5.79)	1.2366*** (5.67)	1.1629*** (5.74)	-2.0653*** (-4.65)	-1.6359*** (-4.41)	-2.0510*** (-4.56)
常数项	6.5206*** (8.40)	3.3143 (1.51)	6.2453*** (6.92)	0.0814*** (3.92)	0.0625** (2.23)	0.0863*** (4.05)	0.0989* (1.94)	-0.0404 (-0.47)	0.0940* (1.75)
固定/随机	固定	固定	固定	固定	固定	固定	固定	固定	固定
样本数	330	330	330	330	330	330	330	330	330

续表

	y1			y2			y3		
R 值	0.5001	0.5818	0.5407	0.1453	0.1479	0.1436	0.2816	0.3322	0.2867
调整 R 值	0.4924	0.5753	0.5337	0.1321	0.1348	0.1304	0.2705	0.3219	0.2757

注：括号中为 t 统计量，* p<0.1，** p<0.05，*** p<0.01。

看，和行业面板数据实证结果具有高度一致性。从金融功能的视角来看，都有力支持了 H8.1、H8.2 的假设。

表 8.8　单一金融因素对自主创新影响的地区层面数据实证

	y3（技术创新投入水平）							
X1	0.0239 ***	0.0235 ***	0.0250 ***	0.0266 ***				
	(4.46)	(6.57)	(4.19)	(5.78)				
X2	0.0642 *	0.0608 *			0.0791 **			
	(1.94)	(1.99)			(2.48)			
X3	−0.0023	−0.0047				0.0032		
	(−0.61)	(−1.02)				(1.40)		
X4	−1.6401		−2.6022 ***				−13.6303 ***	
	(−1.48)		(−3.02)				(−7.05)	
X5	−0.0040		−0.0018					0.0059 ***
	(−1.29)		(−0.78)					(3.34)
地区工业特征	−0.4994 **	−0.5210 **	−0.5187 **	−0.5431 **	−0.1482	−0.0710	0.0482	−0.1629
	(−2.47)	(−2.56)	(−2.36)	(−2.31)	(−0.72)	(−0.25)	(0.42)	(−0.68)
劳动力特征	−7.5057	−7.5745	−9.2147	−9.1834	−8.2163	−10.6554	−4.8462 **	−10.3833
	(−1.13)	(−1.11)	(−1.19)	(−1.20)	(−1.14)	(−1.22)	(−2.52)	(−1.19)
对外贸易	0.0421	0.1025	−0.0544	−0.0297	0.0347	−0.1810	−0.0446	−0.0427
	(0.36)	(0.61)	(−0.43)	(−0.23)	(0.20)	(−1.03)	(−0.29)	(−0.21)
外商直接投资	−0.7011 ***	−0.8742 ***	−0.9619 ***	−1.1254 ***	−1.7837 ***	−2.2972 ***	−0.9150 ***	−2.2633 ***
	(−3.00)	(−4.06)	(−3.82)	(−4.34)	(−5.14)	(−4.94)	(−3.21)	(−4.83)
常数项	−0.3070 **	−0.3461 ***	−0.1065 **	−0.2082 ***	−0.0638	0.1748 ***	0.5303 ***	0.1629 ***
	(−2.14)	(−3.74)	(−2.06)	(−7.11)	(−0.98)	(3.38)	(9.23)	(3.08)
固定/随机	固定	固定	固定	固定	固定	固定	随机	固定
样本数	330	330	330	330	330	330	330	330
R 值	0.4663	0.4597	0.4109	0.4080	0.3257	0.2301		0.2484
调整 R 值	0.4513	0.4479	0.3981	0.3988	0.3153	0.2182		0.2368

注：括号中为 t 统计量，* p < 0.1，** p < 0.05，*** p < 0.01。

第四部分

路径设计

考虑到技术创新模式的多样性、阶段的复杂性，理想的金融体系应该适应不同阶段、不同方式的技术创新。而现实的经济运行中各种技术都是纷繁复杂的，不同的技术创新方式所需要的金融支持也存在千差万别。这也就是说，包括银行在内的各种金融中介和金融市场的功能对于技术创新的影响存在差异性、动态性。为此，本书从匹配性、适度性、创新性、弹性四个角度构造了金融发展的最优路径来满足技术创新活动。结合金融实践，从这四个维度构建了金融发展对技术创新的影响路径。

第九章

金融发展与技术创新发展展望：
寻找最适的金融发展路径

我们从第六至第八章的技术创新阶段的研究发现：在技术创新的不同阶段，金融功能发挥的作用存在差异性。理想的金融系统应该能够很好地适应动态性、阶段性、异质性的技术创新。众所周知，在现实的经济运行中，技术又表现出复杂、多样、变化等特性，那么阶段不同的技术创新所需要的金融支持也是存在千差万别的。这也就是说，包括银行在内的各种金融中介和金融市场的功能对于技术创新的影响存在差异性。理想的金融系统应该充分发挥功能优势，在不同技术创新阶段、不同创新方式上，充分利用金融工具来促进技术创新。为此，本章从匹配性、适度性、创新性、弹性四个维度构造了适宜的与技术创新相协调的金融发展路径。

第一节　寻找最适技术创新的金融发展路径：目标导向

有人曾说过，100个经济学家对于经济发展的问题会给出101个政策建议。同样，对于金融发展与技术创新之间的研究也是如此。这或多或少有些讽刺的意味，但也反映了一个基本事实——经济学的研究依赖前提假设和经济环境，不同的假设和不同的前提条件下会得出不同的结论。基于前面的章节我们分析出，对于不同的技术创新阶段，金融系统发挥的金融功能是不一样的，因此，很难给出一个放之四海而皆准的形式。然而，无论形式如何，从技术的演进和技术创新阶段来看，我国的金融系统应当满足以下四个标准来适应技术创新。

一是匹配性。所谓匹配性即意味着一个国家的金融规模能动态适应技术创新，以此实现资源和资金的最优化配置。在对匹配性进行衡量时需要采取动态和静态的视角。在现有状态下，一国的金融规模需要满足当前的技术创新所需要的融资规模；从未来时点来看，一国的金融体系应该能够满足动态调整的创新行业的新增投资需求，从而确保技术的不断创新，以此利于经济的增长。为了实现技术创新与金融之间的匹配，不应过分关注创新企业融资需求满足是以银行主导还是以市场主导，重要的是金融系统对于技术创新融资需求的满足程度，即金融系统的发达程度。

二是适度性。所谓适度性主要指金融发展提供的资金和服务在技术创新的总量、结构上与需求保持着一定比例关系。总量适度，相对于技术创新的融资需求，金融系统的资金供给规模应当是适当的，这也就是说市场的资金供求保持一个相对合适的比例关系，这样就能够引导市场资金合理流向不同的发展良好的技术行业、技术创新方式不同的企业。这类的指标包括 M2/GDP、银行存贷余额/GDP、股票市场市值/GDP、股票市场的交易额/GDP 等。结构适度，对于不同类型技术创新行业、不同阶段技术创新企业，其资金需求量存在差异，为此金融市场提供资金应存在一个临界值。当过于低于临界值时，并不能达到最优的状态，这样使得创新行业的发展整体滞后；当超过临界值时，又会产生过度的供给，引发创新行业的资产泡沫。金融系统有自己的发展规律，也存在一定的风险问题，可能出现在某个时期，资金提供不足或者资金供给过度的状况。如果供求关系偏离严重，融资成本并不能按照市场规律发展，那么系统会自己调节，淘汰产能过剩产业；供给不足时，会提高融资成本。

三是创新性。所谓创新性是指金融自身需要结合市场、服务群体、创新行业进行创新，确保能够为"实体经济、实体行业、技术创新"服务，避免仅仅为了"交易而交易"。创新性表现在适应过去、当前的行业发展，还能够不断满足未来产业、未来技术创新行业的发展。金融系统能够按照市场规律来服务实体行业，避免过度的金融市场虚拟化，滋生资产泡沫；为"实体经济服务"的金融创新产品、创新工具能够动态满足技术升级、产业转型需求，促进经济发展。

四是弹性。所谓弹性是指金融系统防范、应对、消化市场危机的能力；当金融无法服务实体、技术创新时，金融弹性能够协调、缓解这种冲突。金融系统应该是一个开放式的系统，应该具备以下特点。其一，金融监管弹性。这样在抵御风险时，也避免对实体经济、技术创新、经济发展产生负向的影响。金融监管需要平衡风险与经济增长的关系。其二，金融自由化弹性。为确保技术不断进步、经济不断增长，政府干预应适度，使得金融提供服务时保持一定的弹性，按照市场规律进行。同时，为了实现金融的稳定，政府也需要利用无形的手对市场进行一定的干预，确保不会出现系统性风险。其三，利率市场化弹性。利率是金融市场核心变量，利率高低反映市场化的充分程度；我国在存贷利率上还是存在一定的管制现象。从国际经验来看，利率市场化弹性越大，越容易避免市场风险，提升应对金融危机的能力。金融弹性是金融系统自我调节能力的体现，当受到冲击时，需要自我恢复到适度的状态，同时具备很强的转移、分散风险的能力。一国最为合适的金融系统应该具备"匹配性、适度性、创新性、弹性"四个特性，以此促进技术创新与经济发展。

第二节　构建我国技术创新的最适金融发展路径

无论是从理论研究，还是从我国技术创新的发展历史来看，技术创新与金融发展都可以看成一个相互演化的动态过程。一是表现在：技术创新引发了大批量的科技发展，从而导致行业分类、产业淘汰，引发了产业革命，在这个过程中，资金需求的有效满足、金融的介入、金融的指引等在各个环节都体现得淋漓尽致。技术创新的高收益性、高风险性、复杂特性等在某种程度上诱发了爱好风险的投资者的兴趣，提供了投资的方向。那么，相对有效的金融制度则能化解技术创新过程中的高风险、降低不确定性、提供资金。二是表现在：随着科技创新的发生，创新技术不断地被模仿、扩散、转移，那么这也对传统的产业结构造成冲击，引发相关产业的结构升级和突变，当然金融行业同样面临结构的调整。只有金融结构不断优化、金融功能不断完善、金融制度不断调整，才能不断适应新技术的发展、适应新行业的发展。在为先进技术提供融资渠道、提高融资效率的同时，技术创新也为金融提供新的需求空间、新的平台，促进金融效率提升、回报递增。

一 与技术创新相适应的"匹配性"

为实现金融系统与不同阶段技术创新较好的匹配，本书认为最为重要的政策应当是逐步建立多层次、多元化的金融体系，鼓励 QFII、项目融资、商业票据、出口信贷、融资租赁等多种融资方式，来促进技术创新。基于理性的投资视角，现实中，有人爱好风险，有人风险中立，有人厌恶风险，对风险的喜爱程度存在差异，表现出的投资也存在差异。高新技术的风险大、收益高，当然是风险爱好者的投资方向，而国债、储蓄、保本的银行理财产品一般是风险厌恶者、风险中立者的选择。因此，单一的银行融资市场并不能满足众多差异性投资的需求，这也导致资金的流向并不能实现合理的分配和优化。考虑到我国现有的金融体系中，仍然是以银行为主的间接融资方式为主，居民的储蓄、投资还是集中在银行，企业更多地通过银行融资进行创新，这与西方发达国家存在差异性。为突破这种融资的单一性问题，基于我国资本市场体系，应该鼓励构建多层次、多元化的金融体系，不断地推进主板、中小板、科创板、创业板、"新三板"等一系列资本市场的发展，合规合理地发展期权、期货市场、风投市场。

首先，技术创新活动就是对应着资本积累率的提升、要素禀赋结构的完善，这也是整个产业结构发生一定的突变或者部分行业被淘汰的结果。通过市场的选择、淘汰，资本要素逐渐向适应环境的行业集聚。这也就使得部分行业、部分企业的资金需求量不断增加，技术风险、产品风险也日趋增大。因此，资本市场的不断发展能够为创新主体提供资金，化解和对冲技术创新引发的高风险。

其次，技术创新可能导致生产系统的多元化。考虑到规模的差异，创新主体的资源优劣，企业、行业的差异，在不断转型中发展表现出明显的差异性、复杂性、动态性。为满足这种差异化发展，构建多元的金融服务体系显得必要而且重要。

再次，我国的技术创新企业大多数属于中小型企业，因此，构建针对中小企业的金融服务信贷体系，显得迫在眉睫。一方面，我们可以不断发展地方性、区域性金融机构；另一方面，为有发展前景、市场空间大的中小企业提供多元化的融资渠道，地方政府、地方金融机构应该重点培育优质的创新项目、收益高的项目、自生能力强的项目，构建完善的信贷体系，引导金融机构为中小企业发展服务，推动中小企业做大做强。

最后，经过几十年的经济发展和资产积累，居民的财富配置需求随之上升，因此股票、债券、保险市场应该不断地发展、壮大，这将有利于为居民财富配置提供"池子"。考虑到当前中国正快速进入老龄化社会，社保资金和养老资金面临投资渠道较少和投资体制落后等问题，保值和增值压力巨大，只有通过专业的理财机构科学合理地参与金融市场才能从根本上解决这一问题。另外，从生产与消费相互匹配的角度来看，只有通过资本市场的正常发展，为居民提供资产保值增值的渠道，才能为居民消费的跨期选择提供可能，从而保证生产与消费在时间轴上的匹配与协调。

二 控制金融系统自我膨胀的"适度性"

控制金融系统自我膨胀的"适度性"的核心表现为金融发展对技术创新的支持的"度"和"范围"。

这里的"度"主要表现在金融发展对于动态的、变化的技术创新在支持程度上存在一个"均衡点"，当低于这个"均衡点"或者高出这个"均衡点"时，都不能实现金融发展与技术创新的完美结合。在达到"均衡点"之前，金融发展通过金融功能可以有效促进技术创新，表现出二者的正向相互效应；但是一旦超出了"均衡点"，就表现出金融发展对技术创新的过度支持，也就是没有很好的规模、结构相匹配。当金融发展过度支持创新行业时，可能就导致行业的资产泡沫化严重，引发金融泡沫，诱发金融、产业、经济风险。

所谓金融发展对技术创新的支持"范围"主要是指金融发展应该避免"为交易进行交易创新、为防范风险进行创新"，而是应该表现出为"新的技术、新的产品"提供金融服务。以美国的"次贷危机"为例，主要就是不断将金融资产进行包装组合，针对不同的环节进行不断的金融创新，但是又没做好对不同产品的风险防控、风险设置、风险度量，最终就引发了系统性风险。对于中国当前的金融产品，很多金融产品以影子银行为主要渠道被销售给投资者，存在一定的风险，但是部分投资者并没有风险意识。同时，部分金融产品都是打包销售，延长了产业链。从中国当前金融产品来看，也出现了一系列以影子银行的金融创新为主体的融资支持工具，金融产品创新发展有了一定的创新性和合理性，但是这也加大了风险识别难度，容易诱发金融风险。因此，在推进金融发展和技术创新的过程之中，把握金融支持的"度"和"范围"显得尤为关键，一旦超过"均衡点"，金融系统可能表现出的不是促进作用，而是阻碍技术创新。

三 引领技术创新的"创新性"

这里的本质要求在于：对于技术创新，金融发展除了应发挥融资功能外，还需要发挥信息优势、降低融资成本、分散风险等不同的金融功能，不管是商业银行，还是资本市场、风险投资市场、天使基金等，都需要参考技术创新方式、技术创新阶段提供动态的金融服务，这样使得金融发展能够满足当下的发展，同时又能着眼于未来，支持技术创新，支持实体经济发展。

商业银行创新对技术创新的重要性。商业银行作为我国金融的核心主体，会一直是技术创新的重要影响机构。基于技术创新发展的需求，结合商业银行盈利的目标，银行也必须不断地进行产品多元化、服务多元化变革。①商业银行必须参考市场环境，构建现代化的金融企业制度，以盈利为目标，做好风险防控，以市场化的工具为导向来促进不同阶段的技术创新、不同方式的技术创新，甄别具有发展潜力的技术、盈利能力强的项目来促进技术创新。②商业银行需要认真研究不同创新行业的市场供求状况，创新项目、创新行业的未来发展状况，市场对创新行业政策的支持程度，根据创新主体的资金成本收入比率、投资收益等，对于发展潜力好、未来收益高、轻资产的创新项目逐渐降低对其抵押贷款的抵押品要求，优化放贷的流程，这样有利于创新项目尽快落地，同时又能避免不良资产影响银行的风险收益。③我国的创新主体，还是以中小企业为主，但是商业银行的信贷支持仍然关注大型企业，而并不是有力支持中小企业的发展，中小型、创新型企业的发展也就因此受到限制。考虑到技术创新发展的需求，应该不断完善商业银行对中小企业的融资支持，缓解中小企业融资难、融资贵的问题。同时推动民营商业银行的发展，促进银行之间的竞争，削弱金融抑制，为中小企业发展提供更好的金融环境。

资本市场创新对技术创新的重要性。资本市场需要参考技术创新进行不断变动，主要体现在以下几个方面：一是融资渠道拓宽，对于风险爱好者而言，参与资本市场承担风险的同时也获取了更多风险收益，对于创新主体而言通过直接融资渠道将社会的储蓄、投资资金转为生产性投资，实现以股票为核心的权益类投资的收益不断增长，也能优化创新型企业的债券、股权的融资结构；二是资本市场高效率，不断提高资本配置效率，使投资资金流向发展良好、收益率高、未来预期好的创新行业、产业、产品；三是上市、增发、退市等一系列资本市场机制的安排，有利于创新主体不断调整质量和数量，这增大了技术创新主体的自我认知能力和纠错能力。比如，铁路在19世纪，能够在英国普及，就是在伦敦交易所获得大规模的市场融资的结果；汽车在美国大规模的普及和商业化，究其原因就是由于美国发达的金融市场促进了技术的扩散；日本的家电、汽车支柱产业的发展也与日本资本市场的发展有直接的关系；美国的微软、思科、谷歌、雅虎、苹果、英特尔等一系列优秀的创新型高新技术企业，促进美国的技术创新由工业化主导向高新技术主导的实质性转变。因此，应培育、创新多层次的资本市场，不断完善债券市场、期货衍生品市场，形成多层次、高效率的市场来推动金融工具的不断创新。

风险投资体系的完善对技术创新的重要性。风险投资体系是除银行、资本市场之外，在技术创新活动中又一重要的金融工具，主要表现在能够有力推动企业的技术创新、高新产业的不断发展。对于风险投资体系，从我国现在的发展基础来看，需要不断优化风险投资体系的运行管理机制、资金筹集方式、资本退出机制、防控风险的处理机制等。一是需要不断优化和完善私募的管理制度，这将有利于民间的资金不断流向优质的创新项目和企业，从而促进高技术产业的发展；二是不断完善对知识产权的保护，当知识产权得到保护后，以知识产权为融资方式，确保金融环境的不断优化，还能保障风险投资能够在此基础上获取更多利润；三是不断完善中间服务体系，考虑与商业银行、会计师事务所、律师事务所、证券公司等联姻来共同为风险投资服务，提供多种技术创新需求的融资和咨询等中介服务。

四 构建富有弹性的金融系统

最适的金融系统应该能够根据技术演进的变化，适时在各种融资规模之间进行调整。参考国际的相关经验，形成金融定价机制的市场化、保持金融系统的开放性、完善金融服务体系都能很好提升金融系统应对风险的能力。

不断推进金融定价机制的市场化。随着技术创新链条的延伸和金融结构的复杂化，现代经济系统的核心特征是具备了三套价格体系：一是基于要素稀缺程度的要素价格体系；二是基于市场供求关系的商品价格体系；三是基于资金供求关系的资金和资本定价体系。不管是金融发展还是技术创新都必须将市场的发展作为参考，那么就需要以市场化的价格为资源配置、价格形成的基础。从中国现有的发展来看，我国虽然不断以市场化为发展出发点，但是，大部分的商品、产品并未真正实现市场化发展，这其中表现尤为明显的是利率市场化方面。

伴随利率市场化改革的推进，作为金融市场中最为核心的配置资金的手段，利率市场化将能够降低一些企业的融资成本，同时提高风险大的企业的贷款成本，有利于企业、项目的不断分化，使企业融资需求得到满足，这本身就有利于创新个体、创新产业的不断分化，形成优胜劣汰的局势，这将有利于宏观经济增长。此外，利率市场化将表现出逐渐弱化的金融监管，对于盈利能力弱的银行予以淘汰，这将优化金融业市场化的运作，提升资金和资源配置效率。最为重要的是，通过利率市场化，以市场的力量改变了信贷资源的投向格局。利率市场化能够不断调节市场的融资结构，确保金融资源能够分配到最需要、最合理、效益最好、更有发展前景的技术创新行业，从而实现资金的优化配置。考虑到利率和汇率的相关性大，在推进利率市场化的同时，需要不断推动汇率市场化，可以逐步扩大市场在汇率体系中的作用，构建浮动性汇率体制。

保持金融系统的开放性。①对外开放，构建开放性金融发展调控机制。随着技术不断变革，金融的格局也将不断进行变化，这也意味着金融发展的服务方式、金融结构、金融制度等都需要不断适应外部的变化。目前来看，进入经济增速为6%～8%的稳定增长区域、出口企稳、资本双向流动是未来的趋势。这也表明了央行的货币过度投放方式将发生变化，货币政策将从被动调控变为主动管控。②对内开放，由于中小型企业为创新的主力军，那么对于小微金融的发展也就表现出多元化满足创新企业的发展。构建多元化的金融体系是满足技术创新的一个重要方式，参考中小企业的运营机制，不断丰富和完善与中小企业发展、融资需求、风险防控等匹配的小微金融显得更有意义，在风险可控的基础之上，鼓励民间资金进入金融体系。

完善金融服务体系。加快对于技术创新重大项目的融资平台的建设，创建重大技术项目的服务公司，增强对于产业影响较大、技术发展占优的服务平台的能力构建，鼓励各类中小金融机构服务科技型中小企业，研究这类企业的风险防控，做好对于科技型企业的投资分析，增强金融发展对于技术创新产业的支撑能力。同时，对于创新的项目做好事前的筛选、事中的风险测度、事后的监督，保证投资者、银行、市场的最大投资绩效，确保投资的示范效应引导资金流向技术创新项目。还可以不断推动银行的股权多元化的改革，引导民间资金进入金融体系，实现风险分散。

第十章

研究结论和展望

第一节　研究结论

自 2015 年起中国经济增长逐渐放缓，中国经济增长可持续性问题引发众多学者的关注和研究。考虑到中国廉价劳动力、廉价土地、出口的弱化，新增长理论的兴起，让众多学者逐渐将目光转向技术创新这个重要的因素。由于技术创新活动的投入大、不确定性强、风险系数高、信息不对称严重等特性，有效的金融安排将能够通过恰当的诱导机制与激励机制，激发技术创新活动行为主体的创新潜能，缓解创新主体的融资问题，减少创新过程中的不确定性。因此，关于金融发展与中国技术创新活动的研究，对于中国技术创新、经济增长具有现实意义。

本书在众多研究文献的基础之上，以熊彼特的创新理论为核心，并结合中国技术创新的发展之路，分析了我国金融发展对技术创新的影响机制，得到以下结论。

第一，技术创新是一种高风险、不确定性强的经济活动，但是风险获利、风险利益、垄断利润又驱使企业家进行技术创新。技术创新活动的融资约束、风险、信息不对称、高额的交易成本、逆向选择的特性，使创新活动并不容易成功。金融结构、金融功能、金融制度从直接作用机制上看，能够缓解企业技术创新的融资约束、分散企业创新的风险、缓解技术创新信息不对称；间接作用机制表现在通过改善技术外部宏观环境，结合人力资本、FDI来影响技术创新。这是金融发展作用于技术创新的功能和实现机制，是本书的理论框架基础。

第二，考虑到中国金融的发展，金融政策的影响巨大。结合众多文献研究，本书构建了金融制度的代理变量金融自由化指数来研究金融对技术创新的重要影响途径。宏观层面，将金融部门、技术创新部门引入内生增长模型，进行了模型推导分析，得出本书的核心结论：金融发展对技术创新有显著的正向影响效应。从金融的融资、信息处理、分散风险功能三个方面构造指标，进行宏观层面的实证研究。实证发现，金融发展对技术创新有显著的正向影响。

第三，结合现有文献及中国技术发展途径，对中国技术创新进行了阶段划分。从我国的技术发展历史来看，1949年以来，技术创新的阶段性就显得尤为明显，路径选择表现为技术模仿、模仿创新、自主创新三个阶段，当然现实中的技术创新表现为三种状态共存。本书对我国技术创新的三个阶段进行了特征性的研究和表述，不难发现技术创新阶段存在异质性和动态性。三个阶段金融发挥的功能存在差异：在技术模仿阶段，技术创新的风险小，但是融资需求量大，融资需求的有效满足在这个阶段更为明显；在模仿创新阶段，创新主体处于技术模仿向自主创新转换的过渡阶段，此时的信息不对称表现得尤为明显，对于外部融资机构而言，需要不断判断企业的发展方向，此时关系融资、距离融资在信息处理上存在一定的差异，因此金融发挥着信息处理功能来缓解这种信息不对称从而促进技术创新；在自主创新阶段，高风险成为核心特征，金融主要分散技术创新的风险。因此，对于各个阶段的技术创新，金融发挥的效应、功能也就存在差异性和动态性。

第四，我们讨论了金融发展对技术模仿、模仿创新、自主创新阶段技术创新活动的影响。对于技术模仿阶段，通过模型构建并结合我国的行业面板、地区面板数据实证发现，①不断完善的金融制度，可以缓解技术模仿的融资约束，有利于企业的技术本土化创新；②在技术本土化过程中，融资需求满足是核心，金融制度与融资规模显著正向影响技术模仿。对于模仿创新阶段，通过模型构建并结合我国的行业面板、地区面板数据实证发现，①中国的金融自由化进程有利于技术模仿向自主创新的转换；②在模仿创新阶段，金融通过发挥信息处理功能促进技术创新。对于自主创新阶段，通过模型构建并结合我国的行业面板、地区面板数据实证发现，①完善的金融体系，可以降低事前审查成本和事后监督成本，激发企业自主创新能力；②金融自由化通过分散风险、缓解信贷约束影响自主创新。

第五，考虑到技术创新模式的多样性、阶段的复杂性，金融功能发挥的作用存在差异性。理想的金融系统应该适应不同阶段的技术创新。而现实的经济运行中各种技术都是纷繁复杂的，不同的技术创新方式所需要的金融支持也是存在千差万别的。这也就是说，包括银行在内的各种金融中介和金融市场的功能对于技术创新的影响存在差异性。为此，从匹配性、适度性、创新性、弹性四个角度构造了金融系统的最优目标导向来满足技术创新活动，并从这四个维度构造了技术创新的金融发展路径。

第二节　本书可能的创新点

本书是在众多研究的基础上完成的，受益于国内外众多研究成果。本书的创新之处体现在以下几方面。

第一，本书全面分析了中国现阶段技术创新活动的异质性和多样性，分别探讨了金融发展对技术模仿、模仿创新、自主创新三个阶段的创新活动的影响。现有的大部分文献并没有考虑发展中国家技术创新活动的异质性、阶段性特征，也没有进行分类，可能导致对于发展中国家的创新活动并不能十分准确掌握。

第二，中国金融的发展明显受到政策性因素影响。为此，本书重点引入金融制度的代理变量——金融自由化指数进行研究分析。本书引入新视角，扩展研究范围。本书避免从传统的金融结构观、金融功能观来分析，而是从金融功能视角进行研究，结合三个阶段技术创新的差异性特征，详细分析了金融对技术创新的影响。

第三，在实证方面，为使本书分析更为全面，结论更加让人信服，基于行业面板、地区面板数据进行了实证分析。行业层面，考虑到企业融资依赖度的差异性，引入了外源融资与金融发展路径的交互项进行研究；地区层面，从直接融资、间接融资角度进行了实证分析。考虑到核心因素的共线性问题，采取熵值法对众多因素进行整理，结论支持本书的假设。同时由于数据的合并处理可能存在信息损失，也进行了核心因素的单独实证研究。

第四，作为后发的发展中国家，中国技术创新阶段具有异质性、动态性，为此需要一个适宜的金融系统来满足技术创新。结合众多文献研究，本书构造了匹配性、适度性、创新性、弹性四个维度，进行了关于技术创新的金融发展路径研究，以期激发技术创新活动行为主体的创新潜能，缓解创新主体的融资约束，减少创新过程中的不确定性，实现经济的增长。

第三节　研究展望

本书从理论模型、实证研究出发，基于金融功能视角，关于金融发展对技术创新的效应和机制进行了深入的研究。这一研究主要基于行业层面、省级层面的宏观数据，以及国家层面的时间序列数据，未能细致研究微观创新主体——企业的详细情况。如果能够借助微观数据，关于技术创新的研究将显得更有价值、更有意义。考虑到研究的可持续性，后期将不断深入研究。

第一，结合中国技术创新的特殊性，政府对技术创新承担着重要的职能。那么，从技术创新的政府制度支持层面，可进行更为深入的研究。当然，技术创新中的金融制度、财税制度、产业政策制度、地方政府对技术创新的考核制度等都显得非常重要。因此，在我国政府职能转换过程中，关于不同制度对技术创新的影响值得更加深入的探讨。

第二，改进金融指标。本书主要从金融的融资、信息处理、风险分散三个功能角度，结合宏观层面、直接融资、间接融资指标进行研究。除了这三个核心结构功能指标外，公司治理、金融歧视、创新主体的差异性、债券市场的效应、风险投资的作用等也都成为金融发展对技术创新活动的影响因素。因此，在指标的选择上，可以不断改进和丰富金融指标来完善金融影响因素的研究。

第三，作为技术创新的核心主体——企业层面的研究更值得关注。现有的关于技术创新的研究大多数从管理学的角度对部分企业进行研究分析，较少从经济学、金融学的角度进行研究和分析。对于企业创新所处的创新阶段、企业风险、企业融资渠道、企业年限对技术创新的影响，这些都需要进行一定的细致分析。企业层面的分析，对于我国技术创新尤为重要。

参考文献

［1］艾志红. 坚持模仿创新发挥后发优势 ［J］. 郑州航空工业管理学院学报：社会科学版，2004，23（6）：105－107.

［2］安同良，周绍东，皮建才. R&D 补贴对中国企业自主创新的激励效应 ［J］. 经济研究，2009，10：87－98.

［3］白钦先. 百年金融的历史性变迁 ［J］. 国际金融研究，2003（2）：59－63.

［4］柏振忠. 我国技术引进效率存在的问题探析——从国际经验的角度 ［J］. 理论月刊，2007.

［5］鲍星. 金融开放，技术创新与产业结构调整——基于中等收入国家的分析 ［J］. 南京审计大学学报，2020（1）.

［6］陈刚，李树. 金融发展与增长源泉：要素积累，技术进步与效率改善 ［J］. 南方经济，2009（5）：24－35.

［7］陈继勇，盛杨怿. 外商直接投资的知识溢出与中国区域经济增长 ［J］. 经济研究，2008（12）：39－49.

［8］陈劲. 从技术引进到自主创新的学习模式 ［J］. 科研管理，1994，15（2）：32－34.

［9］陈经伟，姜能鹏. 中国 OFDI 技术创新效应的传导机制——基于资本要素市场扭曲视角的分析 ［J］. 金融研究，2020（8）.

［10］陈驹. 金融自由化与我国公司融资约束的实证研究 ［D］. 厦门大学，2007.

[11] 陈强远，林思彤，张醒.中国技术创新激励政策：激励了数量还是质量 [J].中国工业经济，2020，385（4）：81-98.

[12] 陈雨露，吴施颖，马勇.银行效率的决定因素：跨国实证 [J].当代经济科学，2012，1：30-37.

[13] 陈钰芬，金碧霞，任奕.企业社会责任对技术创新绩效的影响机制——基于社会资本的中介效应 [J].科研管理，2020（9）.

[14] 陈志刚，何蕙仪.融资渠道与中国区域技术创新——分省面板数据实证研究 [J].科技进步与对策，2019（7）.

[15] 崔晓辰，陆国庆.基于 BP-Markov 模型的技术创新融资风险耦合分析 [J].统计与决策，2018（8）：182-185.

[16] 戴静.中国金融发展对创新的影响研究 [D].华中科技大学，2014.

[17] 戴维斯，诺斯.制度变革和美国经济增长 [M].张志华，译.上海：格致出版社/上海人民出版社.2018.

[18] 道格拉斯·C·诺思.经济史中的结构与变迁 [M].上海三联书店，1991.

[19] 道格拉斯 C 诺思.制度、制度变迁与经济绩效 [M].杭行，译.上海：上海三联书店，1994.

[20] 范德成，李盛楠.考虑空间效应的高技术产业技术创新效率研究 [J].科学学研究，2018，36（5）：901-912.

[21] 范文祥，李将军.技术创新对区域"产业-金融"耦合的异质性研究 [J].云南财经大学学报，2020，213（1）：34-42.

[22] 傅家骥等.技术创新学 [M].北京：清华大学出版社.1998.

[23] 傅元海，唐未兵，王展祥.FDI 溢出机制，技术进步路径与经济增长绩效 [J].经济研究，2010（6）：92-104.

[24] 干春晖.产业经济学：教程与案例 [M].北京：机械工业出版社，2015.

[25] 高建.中国企业技术创新分析 [M].清华大学出版社，1990.

[26] 高伟，方立宇，王晓珍，等.金融支持路径对风电产业技术创新影响的比较研究 [J].科技进步与对策，2016（23）：62-69.

[27] 公衍照. 技术创新的金融支持体系研究 [J]. 科技管理研究, 2009 (8): 397 - 399.

[28] 郭庆旺, 贾俊雪. 中国全要素生产率的估算: 1979—2004 [J]. 经济研究, 2005 (6): 1 - 60.

[29] 郭熙保, 文礼朋. 从技术模仿到自主创新——后发国家的技术成长之路 [J]. 南京大学学报: 哲学. 人文科学. 社会科学版, 2008, 45 (1): 27 - 35.

[30] 韩兵, 苏屹, 李彤, 等. 基于两阶段 DEA 的高技术企业技术创新绩效研究 [J]. 科研管理, 2018.

[31] 韩国高. 环境规制、技术创新与产能利用率——兼论"环保硬约束"如何有效治理产能过剩 [J]. 当代经济科学, 2018 (1): 84 - 93.

[32] 韩廷春. 金融发展与经济增长: 经验模型与政策分析 [J]. 世界经济, 2001 (6): 3 - 9.

[33] 何国华, 常鑫鑫. 中国金融结构的特征及其对企业自主创新的制约 [J]. 武汉金融, 2010, 2: 8 - 11.

[34] 何宜庆, 吴铮波, 吴涛. 金融空间特征, 技术创新能力与产业结构升级——以八大经济区为例 [J]. 经济经纬, 2020, 194 (1): 102 - 110.

[35] 贺晟, 孙烽. 融资体系流动性风险管理的功能差异与经济增长 [J]. 世界经济, 2002, 25 (11): 67 - 72.

[36] 胡鞍钢. 中国: 新发展观 [M]. 杭州: 浙江人民出版社, 2004.

[37] 胡善成, 靳来群, 刘慧宏. 金融结构对技术创新的影响研究 [J]. 中国科技论坛, 2019 (10): 33 - 42.

[38] 胡钰. 从"自力更生"到"自主创新"——中国科技发展的战略思想与历史经验 [J]. 中国软科学, 2010 (8): 6 - 13.

[39] 黄德春, 高敏, 刘炳胜. 中国区域技术创新效率变动差异与空间趋同研究——基于三阶段 DEA 模型和 α 趋同实证分析 [J]. 第六届 (2011) 中国管理学年会——技术与创新管理分会场论文集, 2011.

[40] 黄国平, 孔欣欣. 金融促进科技创新政策和制度分析 [J]. 中国软科

学，2009（2）：28 - 37.

[41] 黄金老. 金融自由化的最优安排 [J].国际金融研究，2002（1）：26 - 32.

[42] 黄金老. 金融自由化反论之反论 [J].国际贸易，2001（10）：54 - 57.

[43] 黄金老. 金融自由化与金融脆弱性 [M].北京：中国城市出版社.2001.

[44] 黄天航，赵小渝，陈凯华. 技术创新，环境污染和规制政策——转型创新政策的视角 [J].科学学与科学技术管理，2020，460（1）：51 - 67.

[45] 黄益平，苟琴，蔡昉. 增长趋势放缓将是中国经济新常态 [J].决策探索，2013（7）：12 - 13.

[46] 江小娟. 经济转轨时期的产业政策：对中国经验的实证分析与前景展望 [M].上海三联书店，1996.

[47] 姜炳麟，梁西章. 中国技术创新阶段研究及对策 [J].商业研究，2004（17）：26 - 28.

[48] 解维敏，方红星. 金融发展，融资约束与企业研发投入 [J].金融研究，2011（5）：171 - 183.

[49] 金麟洙〔韩〕. 从模仿到创新——韩国技术学习的动力 [M].刘小梅，刘鸿基，译. 北京：新华出版社，1998.

[50] 鞠晓生，卢荻，虞义华. 融资约束，营运资本管理与企业创新可持续性 [J].经济研究，2013（1）：4 - 16.

[51] 康志勇，张杰. 中国金融结构对自主创新能力影响研究 [J].统计与决策，2008，19（19）：130 - 130.

[52] 雷蒙德·W. 戈德史密斯. 金融结构与金融发展 [M].周朔等，译，上海三联书店；上海人民出版社，1994.

[53] 李德山，徐海锋，张淑英. 金融发展，技术创新与碳排放效率：理论与经验研究 [J].经济问题探索，2018，（2）：169 - 174.

[54] 李广众，陈平. 金融中介发展与经济增长：多变量 VAR 系统研究 [J].管理世界，2002（3）：52 - 59.

[55] 李建伟. 技术创新的金融支持：理论与政策 [M].上海：上海财经大学出版社，2005.

［56］李健，陈传明．企业家政治关联、所有制与企业债务期限结构——基于转型经济制度背景的实证研究［J］.金融研究，2013（3）：157－169.

［57］李敏．上海自贸区金融改革对商业银行挑战分析［J］.教育教学论坛，2016（7）：67－68.

［58］李明丽．金融自由化对投资影响的研究［D］.东北财经大学硕士论文，2012.

［59］李思一．发展中国家引进与自主创新的关系［J］.国际技术经济研究，2000，003（003）：15－22.

［60］李晓龙，冉光和．中国金融抑制，资本扭曲与技术创新效率［J］.经济科学，2018，224（2）：62－76.

［61］李园园，李桂华，张会龙．企业社会责任、技术创新与品牌价值［J］.中国科技论坛，2019（3）：71－79.

［62］李玥，郭航，张雨婷．知识整合视角下高端装备制造企业技术创新能力提升路径研究［J］.科学管理研究，2018（1）：36－39.

［63］林毅夫，蔡昉，李周．比较优势与发展战略——对"东亚奇迹"的再解释［J］.中国社会科学，1999（5）：4－20.

［64］林毅夫，刘明兴，章奇．政策性负担与企业的预算软约束：来自中国的实证研究［J］.管理世界，2004，8（8）：81－89.

［65］林毅夫，刘明兴．中国的经济增长收敛与收入分配［J］.世界经济，2003，26（8）：3－14.

［66］林毅夫，徐立新．金融结构与经济发展相关性的最新研究进展［J］.金融监管研究，2012（3）：4－20.

［67］林毅夫，章奇，刘明兴．金融结构与经济增长：以制造业为例［J］.世界经济，2003，26（1）：3－21.

［68］刘斌斌，严武，黄小勇．信贷错配对我国绿色技术创新的影响分析——基于地区环境规制差异的视角［J］.当代财经，2019，418（9）：62－73.

［69］刘凤朝，沈能．金融发展与技术进步的 Geweke 因果分解检验及协整分析［J］.管理评论，2007，19（5）：3－8.

[70] 刘静华，喻登科，周荣 . 新经济环境下新型二元创新体系研究——技术创新与商业模式创新矛盾统一视角 [J]. 科技进步与对策，2019，36（8）：9 - 18.

[71] 刘丽君 . 战后日本科技发展与经济腾飞 [J]. 江西社会科学，2003（7）：82 - 84.

[72] 刘鑫，李云静，郭凯 . 我国金融支持技术创新的两阶段效率——基于 TSC - DEA 模型的检验 [J]. 财经问题研究，2018（11）：66 - 73.

[73] 刘学 . 技术合同与交易费用研究 [M]，北京：华夏出版社，2001.

[74] 刘毅 . 中国金融市场化的度量分析 [J]. 财经研究，2002，28（9）：39 - 46.

[75] 柳卸林 . 技术轨道和自主创新 [J]. 中国科技论坛，1997（2）：30 - 33.

[76] 卢荻，王天骄 . 技术创新与金融发展 [J]. 经济问题，2013（5）：36 - 40，99.

[77] 陆园园，谭劲松，薛红志 . "引进 - 模仿 - 改进 - 创新" 模型与韩国企业技术学习的演进过程 [J]. 南开管理评论，2006，9（5）：74 - 82.

[78] 路风，封凯栋 . 为什么自主开发是学习外国技术的最佳途径？ ——以日韩两国汽车工业发展经验为例 [J]. 中国软科学，2004（4）：6 - 11.

[79] 吕承超，王媛媛 . 金融市场分割，信贷失衡与技术创新产出——基于企业异质性的制造业上市公司数据分析 [J]. 产业经济研究，2019，103（6）：67 - 79.

[80] 罗军 . 融资约束与民营企业技术创新类型选择 [J]. 软科学，2018，32（1）：73 - 77.

[81] 马娜 . 基于技术前沿的中国技术赶超路径研究 [D]. 云南大学硕士论文，2015.

[82] 马微，惠宁 . 金融结构对技术创新的影响效应及其区域差异研究 [J]. 经济科学，2018，224（2）：77 - 89.

[83] 马艳 . 风险利益论 [M]，上海：复旦大学出版，2002.

[84] 麦金农 . 经济发展中的货币与资本 . 第 1 卷 [M]. 中国金融出版社，2006.

［85］孟庆玺，白俊，施文．客户集中度与企业技术创新：助力抑或阻碍——基于客户个体特征的研究［J］.南开管理评论，2018（4）．

［86］孟宪昌．风险投资与高技术企业成长［M］.成都：西南财经大学出版社，2003.

［87］南亮进．日本的经济发展［M］.经济管理出版社，1992.

［88］聂正彦，马彦新．金融深化与中国工业企业技术创新——基于空间计量模型的实证研究［J］.兰州大学学报：社会科学版，2013（2）：115－120.

［89］齐兰，王业斌．国有银行垄断的影响效应分析——基于工业技术创新视角［J］.中国工业经济，2013（7）：69－80.

［90］千慧雄．区域金融能力对技术创新的影响机制研究［J］.商业经济与管理，2019，330（4）：88－98.

［91］钱水土，周永涛．金融发展，技术进步与产业升级［J］.统计研究，2011，28（1）：68－74.

［92］青木昌彦．比较制度分析［M］.周黎安，译．上海：上海远东出版社，2001.

［93］青木昌彦，钱颖一．转轨经济中的公司治理结构［J］.经济研究，1995.

［94］屈国俊，宋林，郭玉晶．中国上市公司技术创新效率研究——基于三阶段DEA方法［J］.宏观经济研究，2018，（6）：97－106.

［95］饶华春．中国金融发展与企业融资约束的缓解——基于系统广义矩估计的动态面板数据分析［J］.河北经贸大学学报，2009，30（6）：22－27.

［96］任永菊，张岩贵．外国直接投资对我国经济增长贡献的计量分析［J］.当代财经，2003（9）：85－88.

［97］施放，王静波，蒋天颖．企业社会网络关系嵌入对技术创新能力影响的实证研究——基于不同技术创新阶段的视角［J］.浙江社会科学，2014（1）：79－86.

［98］施培公．后发优势［M］.北京：清华大学出版社，1999.

［99］施培公．自主创新是中国企业创新的长远战略［J］.中外科技政策与

管理, 1996 (1): 44-47.

[100] 时乐乐, 赵军. 环境规制、技术创新与产业结构升级 [J]. 科研管理, 2018, 39 (1): 119-125.

[101] 史清琪, 尚勇. 中国产业技术创新能力研究 [M]. 中国轻工业出版社, 2000.

[102] 史永东, 蒋贤锋. 内幕交易, 股价波动与信息不对称: 基于中国股票市场的经验研究 [J]. 世界经济, 2004, 27 (12): 54-64.

[103] 世界银行报告小组. 金融与增长: 动荡条件下的政策选择 [M]. 北京: 经济科学出版社, 2001.

[104] 苏基溶, 廖进中. 金融发展的倒 U 型增长效应与最优金融规模 [J]. 当代经济科学, 2010 (1): 45-54.

[105] 苏敬勤, 马欢欢, 张帅. 中小制造企业技术创新能力演化机理研究 [J]. 科学学研究, 2020 (10).

[106] 苏志鑫, 郑再生. 金融支持泉州市中小企业自主创新的路径选择 [J]. 金融研究, 2007 (10): 164-168.

[107] 孙静, 许涛, 俞乔. 基于金融功能的金融结构促进技术创新之作用机制研究 [J]. 山东社会科学, 2019, 283 (3): 109-113.

[108] 孙力军. 金融发展, FDI 与经济增长 [J]. 数量经济技术经济研究, 2008, 25 (1): 3-14.

[109] 孙立梅, 肖卉, 李晓娣. 区域金融发展对技术创新的作用 [J]. 科技管理研究, 2018, 38 (8): 18-26.

[110] 孙婷, 温军. 金融中介发展, 企业异质性与技术创新 [J]. 西安交通大学学报 (社会科学版), 2012, 32 (1): 23-28.

[111] 孙伍琴, 王培. 中国金融发展促进技术创新研究 [J]. 管理世界, 2013 (6): 172-173.

[112] 孙伍琴, 朱顺林. 金融发展促进技术创新的效率研究——基于 Malmquist 指数的分析 [J]. 统计研究, 2008, 25 (3): 46-50.

[113] 谈儒勇. 金融自由化的条件研究 [J]. 经济研究参考, 1999 (21): 21-27.

[114] 唐春晖，唐要家．企业技术能力与技术创新模式分析 [J]．辽宁大学学报：哲学社会科学版，2006，34（1）：121－125．

[115] 唐未兵，傅元海，王展祥．技术创新，技术引进与经济增长方式转变 [J]．经济研究，2014，49（7）：31－43．

[116] 陶长琪，齐亚伟．中国全要素生产率的空间差异及其成因分析 [J]．数量经济技术经济研究，2010（1）：19－32．

[117] 王海威，朱建忠，许庆瑞．技术创新能力及其测度指标研究综述 [J]．中国地质大学学报（社会科学版），2005，5（5）：26－30．

[118] 王洪庆，张莹．贸易结构升级，环境规制与我国不同区域绿色技术创新 [J]．中国软科学，2020，350（2）：179－186．

[119] 王厚双．日本经济与世界经济接轨的经验浅析 [J]．日本学刊，1997（1）：98－112．

[120] 王娟茹，张渝．环境规制、绿色技术创新意愿与绿色技术创新行为 [J]．科学学研究，2018（2）：352－360．

[121] 王乃静．基于技术引进，消化吸收的企业自主创新路径探析——以潍柴动力股份有限公司自主创新经验为例 [J]．中国软科学，2007（4）：15－23．

[122] 王小鲁，樊纲，刘鹏．中国经济增长方式转换和增长可持续性 [J]．经济研究，2009（1）．

[123] 王晓群，陆朴瓴．金融投资风险论 [M]．上海远东出版社，1995．

[124] 王业斌．政府投入与金融信贷的技术创新效应比较——基于高技术产业的实证研究 [J]．财经论丛，2013（3）：3－8．

[125] 王一乔，赵鑫．金融集聚，技术创新与产业结构升级——基于中介效应模型的实证研究 [J]．经济问题，2020，489（5）：61－68．

[126] 王永中．浅析金融发展，技术进步与内生增长 [J]．中国社会科学院研究生院学报，2007（4）：59－65．

[127] 王子明，周立．中国各地区金融发展与经济增长实证分析：1978—2000 [J]．金融研究，2002（10）：1－13．

[128] 魏江. 企业技术能力论：技术创新的一个新视角 [M]. 北京：科学出版社，2002.

[129] 吴敬琏. 中国应当走一条什么样的工业化道路？[J]. 管理世界，2006 (8)：1-7.

[130] 吴晓波. 二次创新的进化过程 [J]. 科研管理，1995，16 (2)：27-35.

[131] 吴晓波，胡保亮，蔡荃. 运用信息技术能力获取竞争优势的框架与路径研究 [J]. 科研管理，2006，27 (5)：53-58.

[132] 希克斯，厉以平. 经济史理论 [M]. 商务印书馆，1987.

[133] 肖. 经济发展中的金融深化 [M]. 三联书店上海分店，1988.

[134] 谢朝华，何文豪，郭登艳. 金融支持技术创新的政策优化和路径研究——以湖南省为例 [J]. 价格理论与实践，2018 (10)：153-156.

[135] 谢朝华，刘衡沙. 中国金融发展与 TFP 关联关系实证研究——基于技术创新和制度创新的中介效应分析 [J]. 财经理论与实践，2014，35 (1)：33-38.

[136] 谢勒，姚贤涛. 企业管理技术创新：经济增长的原动力 [M]. 北京：新华出版社，2001.

[137] 谢伟. 发展中国家技术学习过程的四个模式 [J]. 科学管理研究，2001，19 (6)：19-23.

[138] 谢伟. 技术学习过程的新模式 [J]. 科研管理，1999，20 (4)：1-7.

[139] 熊彼特 J A. 经济发展理论 [M]. 何畏，译. 北京：商务印书馆，2008.

[140] 熊家财，桂荷发. 产融结合能促进企业技术创新吗——来自上市公司参股非上市银行的证据 [J]. 当代财经，2019，412 (3)：48-57.

[141] 徐朝阳，林毅夫. 发展战略与经济增长 [J]. 中国社会科学，2010 (3)：94-108.

[142] 徐珊. 企业金融化对技术创新影响的实证研究 [J]. 科研管理，2019，40 (10)：240-249.

[143] 许庆瑞. 工业企业经营管理学 [M]. 北京：机械工业出版社，1986.

[144] 许庆瑞，郭斌，王毅. 中国企业技术创新——基于核心能力的组合

创新 [J].管理工程学报,2000,14 (12):1-9.

[145] 许庆瑞,刘景江,赵晓庆.技术创新的组合及其与组织,文化的集成 [J].科研管理,2002,23 (6):38-44.

[146] 许庆瑞.研究,发展与技术创新管理 [M].北京:高等教育出版社,2000.

[147] 许庆瑞,张素平,金露.中国技术进步历程回溯及启示——从自行设计到自主创新 [J].中国科技论坛,2012 (2):8-14.

[148] 薛春志.日本技术创新研究 [D].吉林大学博士论文,2011.

[149] 阳小晓,赖明勇.FDI 与技术外溢:基于金融发展的理论视角及实证研究 [J].数量经济技术经济研究,2006,23 (6):72-81.

[150] 杨博,曹辉.基于超效率 SBM-Malmquist 模型的我国各地区高校技术创新国际化效率评价 [J].科技管理研究,2018,38 (16):52-56.

[151] 杨青,彭金鑫.创业风险投资产业和高技术产业共生模式研究 [J].软科学,2011,25 (2):11-14.

[152] 杨武,杨大飞,雷家骕.R&D 投入对技术创新绩效的影响研究 [J].科学学研究,2019,245 (9):179-187.

[153] 杨小凯.经济学:新兴古典与新古典框架 [M].社会科学文献出版社,2003.

[154] 杨小凯.新政治经济学与交易费用经济学 [J].制度经济学研究,2004 (4):158-164.

[155] 姚禄仕,许欣.创新型企业高管薪酬激励政策研究——基于中部地区创新型企业数据的实证分析 [J].科技进步与对策,2012,29 (23):119-122.

[156] 姚耀军.金融中介发展与技术进步——来自中国省级面板数据的证据 [J].财贸经济,2010 (4):26-31.

[157] 叶子荣,贾宪洲.金融支持促进了中国的自主创新吗 [J].财经科学,2011 (3):10-18.

[158] 易文斐,丁丹.中国金融自由化指数的设计和分析 [J].经济科学,

2007（3）：66－75.

［159］易先忠，张亚斌，刘智勇．自主创新，国外模仿与后发国知识产权保护［J］．世界经济，2007，30（3）：31－40.

［160］殷剑峰．透析中国金融市场体系中的联动关系［J］．中国证券报，2005年6月6日.

［161］余静文．最优金融条件与经济发展——国际经验与中国案例［J］．经济研究，2013（12）：106－119.

［162］余泳泽，刘大勇．创新价值链视角下的我国区域创新效率提升路径研究［J］．科研管理，2014，35（5）：27－37.

［163］岳鸿飞，徐颖，周静．中国工业绿色全要素生产率及技术创新贡献测评［J］．上海经济研究，2018（4）：52－61.

［164］斋藤优，王潮江．南北问题与技术合作［J］．国际经济评论，1988（5）：50－54.

［165］张建华．技术进步与中国经济可持续增长的理论分析和经验研究［C］．中国经济发展进程中的热点问题探讨，2003.

［166］张杰．渐进改革中的金融支持［J］．经济研究，1998（10）：11.

［167］张军，金煜．中国的金融深化和生产率关系的再检测：1987—2001［J］．经济研究，2005（11）：34－45.

［168］张军．为增长而竞争：中国增长的政治经济学［M］．内蒙古：内蒙古科技出版社，2008.

［169］张军，易文斐，丁丹．中国的金融改革是否缓解了企业的融资约束，工作论文［D］，金融改革与融资约束，2006.

［170］张黎娜，千慧雄．区域金融发展对技术创新的双重作用机制研究［J］．金融经济学研究，2020，183（1）：106－118.

［171］张倩肖，冯雷．金融发展与企业技术创新——基于中国A股市场上市公司的经验分析［J］．统计与信息论坛，2019，224（5）：26－34.

［172］张琴．技术背景CEO，技术创新与企业绩效——基于民营高科技企业的实证分析［J］．经济问题，2018，465（5）：88－93.

[173] 张思民. 技术创新路径选择的制度背景 [J].经济学动态, 2000.

[174] 张松涛. 自主创新与技术引进——关于新形势下建设创新型国家的若干思考 [J].国际贸易, 2007 (7): 8-11.

[175] 张馨月, 武力超. 贸易信贷对企业技术创新的影响研究 [J].国际贸易问题, 2018, 428 (8): 153-166.

[176] 张秀艳. 金融集聚引导下的经济增长路径——基于门限效应和空间效应的解析 [J].财经问题研究, 2019 (11): 47-54.

[177] 张懿, 纪建悦, 周婧琳. 金融配置视角下金融发展与技术创新——基于房地产投资占比的遮掩效应研究 [J].价格理论与实践, 2019, 426 (12): 94-97.

[178] 张元萍, 刘泽东. 金融发展与技术创新的良性互动: 理论与实证 [J].中南财经政法大学学报, 2012 (2): 67-73.

[179] 张元萍, 杨哲. 创新驱动经济增长的动力机制及其实现路径研究——基于中国省级面板数据分析 [J].经济体制改革, 2016 (6): 53-58.

[180] 章奇, 何帆, 刘明兴. 金融自由化, 政策一致性和金融脆弱性: 理论框架与经验证据 [J].世界经济, 2003, 26 (12): 3-14.

[181] 赵昌文, 杨记军, 夏秋. 中国转型期商业银行的公司治理与绩效研究 [J].管理世界, 2009 (7): 46-55.

[182] 赵婧, 吴珍珠, 谢朝华. 金融支持促进高技术产业技术创新成效的区域性差异研究 [J].财经理论与实践, 2019 (1).

[183] 赵庆. 产业结构优化升级能否促进技术创新效率? [J].科学学研究, 2018, 36 (2): 239-248.

[184] 赵晓庆, 许庆瑞. 技术能力积累途径的螺旋运动过程研究 [J].科研管理, 2006, 27 (1): 40-46.

[185] 赵晓庆, 许庆瑞. 企业技术能力演化的轨迹 [J].科研管理, 2002, 23 (1): 70-76.

[186] 赵晓庆, 许庆瑞. 自主创新模式的比较研究 [J].浙江大学学报 (人文社会科学版), 2009 (4): 10.

［187］ 赵旭. 银行利差多维度量及影响因素：基于中国银行业 1998 – 2006 年经验证据［J］. 金融研究，2009（1）：66 – 80.

［188］ 赵玉林. 高技术产业经济学［M］. 中国经济出版社，2004.

［189］ 中国十个五年计划研究报告［M］. 北京：人民出版社，2006.

［190］ 周光召. 周光召论自主创新［J］. 科技管理研究，2005，25（10）：3 – 4.

［191］ 周寄中，张黎，汤超颖. 关于自主创新与知识产权之间的联动［J］. 管理评论，2005，17（11）：41 – 45.

［192］ 周晶淼，赵宇哲，武春友，等. 绿色增长下的导向性技术创新选择研究［J］. 管理科学学报，2018，21（10）：66 – 78.

［193］ 周立. 中国各地区金融发展与经济增长，1978 – 2000［M］. 北京：清华大学出版社有限公司，2004.

［194］ 周南南，林修宇. 金融集聚，技术创新与经济发展——基于面板数据的空间计量分析［J］. 宏观经济研究，2020，264（11）：36 – 50.

［195］ 周蓉. 我国技术创新风险规避的金融支持路径选择［J］. 现代经济探讨，2008（7）：71 – 74.

［196］ 周晟. 金钱·贪婪·欲望——金融危机的起因（美国金融史话译丛）［M］. 经济科学出版社，2004.

［197］ 周业安，赵坚毅. 我国金融市场化的测度，市场化过程和经济增长［J］. 金融研究，2005（4）：68 – 78.

［198］ 朱欢. 我国股票市场对上市公司技术创新的作用分析［J］. 统计与决策，2013（3）：167 – 170.

［199］ 朱欢. 我国金融发展对企业技术创新作用效果的实证分析［J］. 科技管理研究，2010，30（14）：26 – 30.

［200］ 朱建芳. 区域金融发展差距：理论与实证分析［D］. 浙江大学博士论文，2006.

［201］ 朱津滢. 金融自由化对中国上市公司融资约束的影响研究［D］. 暨南大学硕士论文，2010.

[202] 朱丽兰. 海外技术创新参考读本 [M]. 北京：新华出版社，2000.

[203] 朱孝忠. 风险投资对技术创新的作用研究 [D]. 中国社会科学院大学博士论文，2008.

[204] 朱毅. 中国金融自由化进程及其对实体经济影响效应研究 [D]. 吉林大学博士论文，2009.

[205] 庄晓玖. 发展中国家的金融自由化是一把"双刃剑" [J]. 经济研究参考，2007 (66)：16 – 17.

[206] 宗蕴璋，方文辉. 企业技术创新能力的演化分析——基于知识的视角 [J]. 经济管理，2007 (22)：64 – 68.

[207] ABDULLAHI DAHIR AHMED, ISLAM S N. Financial Liberalization in Developing Countries：[M]. Physica Verlag HD, 2009.

[208] ABERNATHY W J, UTTERBACK J M. Patterns of industrial innovation [J]. Technology Review, 1978, 80 (7)：40 – 47.

[209] ABIAD, ABDUL. Financial reform：what shakes it? what shapes it? [J]. American Economic Review, 2005.

[210] ACEMOGLU D, AGHION P, LELAREGE C, et al. Technology, information, and the decentralization of the firm [J]. The Quarterly Journal of Economics, 2007, 122 (4)：1759 – 1799.

[211] ACEMOGLU D, AGHION P, ZILIBOTTI F. Distance to frontier, selection, and economic growth [J]. Journal of the European Economic Association, 2006, 4 (1)：37 – 74.

[212] ACEMOGLU D. Reward structures and the allocation of talent [J]. European Economic Review, 1995, 39 (1)：17 – 33.

[213] ACEMOGLU D, ZILIBOTTI F. Was Prometheus unbound by chance? Risk, diversification, and growth [J]. Journal of Political Economy, 1997, 105 (4)：709 – 751.

[214] ACHATZ R, EBERL U, GITSELS M, et al. Siemens corporate research and technologies in emerging countries：a transnational approach of R&D

[J]. Gabler, 2009.

[215] AGHION P, ANGELETOS G M, BANERJEE A, et al. Volatility and growth: Credit constraints and the composition of investment [J]. Journal of Monetary Economics, 2010, 57 (3): 246 – 265.

[216] AGHION P, BACCHETTA P, RANCIERE R, et al. Exchange rate volatility and productivity growth: the role of financial development [J]. Journal of Monetary Economics, 2009, 56 (4): 494 – 513.

[217] AGHION P, BANERJEE A, PIKETTY T. Dualism and macroeconomic volatility [J]. The Quarterly Journal of Economics, 1999, 114 (4): 1359 – 1397.

[218] AGHION P, BLOOM N, BLUNDELL R, et al. Competition and innovation: an inverted-U relationship [J]. The Quarterly Journal of Economics, 2005, 120 (2): 701 – 728.

[219] AGHION P, BLUNDELL R, GRIFFITH R, et al. The effects of entry on incumbent innovation and productivity [J]. The Review of Economics and Statistics, 2009, 91 (1): 20 – 32.

[220] AGHION P, BOND S, KLEMM A, et al. Technology and financial structure: are innovative firms different? [J]. Journal of the European Economic Association, 2004, 2 (23): 277 – 288.

[221] AGHION P, BURGESS R, REDDING S, et al. Entry liberalization and inequality in industrial performance [J]. Journal of the European Economic Association, 2005, 3 (23): 291 – 302.

[222] AGHION P, HARRIS C, HOWITT P, et al. Competition, imitation and growth with step-by-step innovation [J]. The Review of Economic Studies, 2001, 68 (3): 467 – 492.

[223] AGHION P, HARRIS C, VICKERS J. Competition and growth with step-by-step innovation: an example [J]. European Economic Review, 1997, 41 (3): 771 – 782.

[224] AGHION P, HOWITT P, BRANT-COLLETT M, et al. Endogenous growth

theory [M]. MIT press, 1998.

[225] AGHION P, HOWITT P, MAYER-FOULKES D. The effect of financial development on convergence: theory and evidence [J]. The Quarterly Journal of Economics, 2005, 120 (1): 173 –222.

[226] AHMED K, JAHANZEB A. Does financial development spur environmental and energy-related innovation in Brazil? [J]. International Journal of Finance & Economics, 2020: 18.

[227] ALFARO L, CHANDA A, KALEMLI-OZCAN S, et al. FDI and economic growth: the role of local financial markets [J]. Journal of International Economics, 2004, 64 (1): 89 –112.

[228] ALFARO L, CHANDA A, KALEMLI-OZCAN S, et al. How does foreign direct investment promote economic growth? exploring the effects of financial markets on linkages [R]. National Bureau of Economic Research, 2006.

[229] ALFARO L. Foreign direct investment and growth: Does the sector matter [J]. Harvard Business School, 2003: 1 –31.

[230] ALFARO L. Inflation, openness, and exchange-rate regimes: the quest for short-term commitment [J]. Journal of Development Economics, 2005, 77 (1): 229 –249.

[231] AL-HUSSAMI F, REMESAL ÁM. Current account imbalances and income inequality: theory and evidence [J]. Kiel Advanced Studies Working Papers, 2012.

[232] ALLEN F, GALE D. Comparative Financial Systems: A Survey [M]. Philadelphia, PA: Wharton School, University of Pennsylvania, 2001.

[233] ALLEN F, GALE D. Comparing Financial Systems [M]. MIT press, 2000.

[234] ALLEN F, GALE D. Competition and financial stability [J]. Journal of Money, Credit, and Banking, 2004, 36 (3): 453 –480.

[235] ALLEN F, GALE D. Financial contagion [J]. Journal of Political Economy, 2000, 108 (1): 1 –33.

[236] ALLEN F, GALE D. Financial Innovation and Risk Sharing [M]. MIT press, 1994.

[237] ALLEN F, GALE D. Financial markets, intermediaries, and intertemporal smoothing [J]. Journal of Political Economy, 1997, 105 (3): 523 –546.

[238] ALLEN T J. Government influence on the process of innovation in Europe and Japan [J]. Research Policy, 1993.

[239] AMABLE B, CHATELAIN J B, DE BANDT O. Optimal capacity in the banking sector and economic growth [J]. Journal of Banking & Finance, 2002, 26 (2): 491 –517.

[240] AMSDEN A H. Appropriate Technology [M]. Palgrave Macmillan UK, 1989.

[241] AMSDEN, A. H. ASIA, Next Giant: South Korea and Lateindustrialization [M]. Oxford University Press, 1989.

[242] ANDERSEN B. The hunt for S-shaped growth paths in technological innovation: a patent study [J]. Journal of Evolutionary Economics, 1999, 9 (4): 487 –526.

[243] ANG J B. Innovation and financial liberalization [J]. Journal of Banking & Finance, 2014, 47: 214 – 229.

[244] ANG J B, SEN K. Private saving in India and Malaysia compared: the roles of financial liberalization and expected pension benefits [J]. Empirical Economics, 2011, 41 (2): 247 –267.

[245] ARAYAMA Y, MIYOSHI K. Regional diversity and sources of economic growth in China [J]. World Economy, 2010.

[246] ARIZALA F, CAVALLO E A, GALINDO A J. Financial development and TFP growth: cross country and industry level evidence [J]. Social Science Electronic Publishing, 2012 30: 433 –448.

[247] ARROW K. Economic Welfare and the Allocation of Resources for Invention [M] Princeton University Press, 1962: 609 –626.

[248] ARTETA C O. Dollarization of banking, financial stability and financial liberalization. [D]. University of California, Berkeley. 2002.

[249] BAILLIU J N. Private Capital Flows, Financial Development, and Economic Growth in Developing Countries [M]. Ottawa: Bank of Canada, 2000.

[250] BANDIERA O, CAPRIO G, HONOHAN P, et al. Does financial reform raise or reduce saving? [J]. Review of Economics and Statistics, 2000, 82 (2): 239 – 263.

[251] BARON R M, KENNY D A. The moderator-mediator variable distinction in social psychological research: conceptual, strategic, and statistical consid-erations [J]. Journal of Personality and Social Psychology, 1986, 51 (6): 1173.

[252] BAYOUMI T. Financial deregulation and household saving [J]. The Eco-nomic Journal, 1993, 103 (421): 1432 – 1443.

[253] BECK T. The econometrics of finance and growth [J]. Policy Research Working Paper, 2009.

[254] BEKAERT G, HARVEY C R, LUNDBLAD C. Does financial liberalization spur growth? [J]. Journal of Financial Economics, 2005, 77 (1): 3 – 55.

[255] BEKAERT G, HARVEY C R, LUNDBLAD C. Emerging equity markets and economic development [J]. Journal of Development Economics, 2001, 66 (2): 465 – 504.

[256] BENCIVENGA V R, SMITH B D. Financial intermediation and economic growth [J]. Review of Economic Studies, 1991, 58 (2): 195 – 209.

[257] BENCIVENGA V R, SMITH B D, STARR R M. Transactions costs, tech-nological choice, and endogenous growth [J]. Journal of Economic Theo-ry, 1995, 67 (1): 153 – 177.

[258] BENFRATELLO L, SCHIANTARELLI F, SEMBENELLI A. Banks and in-novation: micro econometric evidence on Italian firms [J]. Journal of Fi-nancial Economics, 2008, 90 (2): 197 – 217.

[259] BENHABIB J, PERLA J, TONETTI C. Catch-up and fallback through innovation and imitation [J]. Journal of Economic Growth, 2014, 19 (1): 1 – 35.

[260] BENHABIB J, SPIEGEL M M. The role of human capital in economic development evidence from aggregate cross-country data [J]. Journal of Monetary Economics, 1994, 34 (2): 143 – 173.

[261] BERGER A N, UDELL G F. Small business credit availability and relationship lending: the importance of bank organizational structure [J]. The Economic Journal, 2002, 112 (477): 32 – 53.

[262] BILBAO-OSORIO B, RODRÍGUEZ-POSE A. From R&D to innovation and economic growth in the EU [J]. Growth and Change, 2004, 35 (4): 434 – 455.

[263] BLACK B S, GILSON R J. Does venture capital require an active stock market? [J]. Journal of Applied Corporate Finance, 1999, 11 (4): 36 – 48.

[264] BLACKBURN K, HUNG V T Y. A theory of growth, financial development and trade [J]. Economics, 1998, 65 (257): 107 – 124.

[265] BLOMSTROM M, KOKKO A. The impact of foreign investment on host countries: a review of the empirical evidence [J]. Policy Research Working Paper, 1996, 1745.

[266] BOOT A W A, THAKOR A V. Banking scope and financial innovation [J]. Review of Financial Studies, 1997, 10 (4): 1099 – 1131.

[267] BOOT A W A, THAKOR A V. Can relationship banking survive competition? [J]. The Journal of Finance, 2000, 55 (2): 679 – 713.

[268] BOOT A W A, THAKOR A V. Financial system architecture [J]. Review of Financial Studies, 1997, 10 (3): 693 – 733.

[269] BORENSZTEIN E, DE GREGORIO J, LEE J W. How does foreign direct investment affect economic growth? [J]. Journal of International Econom-

ics, 1998, 45 (1): 115 – 135.

[270] BOYD J H, PRESCOTT E C. Financial intermediary-coalitions [J]. Journal of Economic Theory, 1986, 38 (2): 211 – 232.

[271] BRIGHT J R, LITTLE B. Technology Forecasting as an Influence on Technological Innovation: Past Examples and Future Expectations [M]. Palgrave Macmillan UK, 1979.

[272] BRONER F A, RIGOBON R. Why capital are flows so much volatile in merging than in developed countries? [J]. Central Banking, Analysis, and Economic Policies Book Series, 2006, 10: 15 – 40.

[273] BROWN J R, PETERSEN B C. Why has the investment-cash flow sensitivity declined so sharply rising R&D and equity market developments [J]. Journal of Banking & Finance, 2009, 33 (5): 971 – 984.

[274] BROWN W B, KARAGOZOGLU N. A systems model of technological innovation [J]. IEEE Transactions on Engineering Management, 1989, 36 (1): 11 – 16.

[275] BRYANT J. A model of reserves, bank runs, and deposit insurance [J]. Journal of Banking & Finance, 1980, 4 (4): 335 – 344.

[276] CALDERÓN C, LIU L. The direction of causality between financial development and economic growth [J]. Journal of Development Economics, 2003, 72 (1): 321 – 334.

[277] CAMAGNI R P. Technological Change, Uncertainty and Innovation Networks: Towards a Dynamic Theory of Economic Space [M]. 1991.

[278] CAPRIO G, LEVINE R. Reforming finance in transitional socialist economies [J]. The World Bank Research Observer, 1994, 9 (1): 1 – 24.

[279] CARLIN W, MAYER C. Finance, investment, and growth [J]. Journal of Financial Economics, 2003, 69 (1): 191 – 226.

[280] CARRINGTON J C, EDWARDS G T. Financing Industrial Investment [M]. 1979.

[281] CASELLI F, COLEMAN II W J. The world technology frontier [J]. CEPR Discussion Papers, 2000.

[282] CAVES R E. Industrial organization, corporate strategy and structure [J]. Journal of Economic Literature, 1980, 18 (1): 64 – 92.

[283] CAVES R E. Multinational firms, competition, and productivity in host-country markets [J]. Economic, 1974, 41 (162): 176 – 193.

[284] CETORELLI N, GAMBERA M. Banking market structure, financial dependence and growth: international evidence from industry data [J]. The Journal of Finance, 2001, 56 (2): 617 – 648.

[285] CHANG H J, CHEEMA A, MISES L. Conditions for successful technology policy in developing countries—learning rents, state structures, and Institutions [J]. Economics of Innovation and New Technology, 2002, 11 (4 – 5): 369 – 398.

[286] CHOI B R. High-technologyDevelopment in Regional Economic Growth: Policy Implications of Dynamic Externalities [M]. Ashgate, 2003.

[287] CIMOLI M, DOSI G, NELSON R, et al. Institutions and policies shaping industrial development: an introductory note [J]. LEM Papers Series, 2006, 2: 2006 – 02.

[288] COE D T, HELPMAN E. International R&D spillovers [J]. European Economic Review, 1995, 39 (5): 859 – 887.

[289] COLOMBO M G, GRILLI L, Verga C. High-tech start-up access to public funds and venture capital: evidence from Italy [J]. International Review of Applied Economics, 2007, 21 (3): 381 – 402.

[290] COOLEY T F, SMITH B D. Financial markets, specialization, and learning by doing [J]. Research in Economics, 1998, 52 (4): 333 – 361.

[291] CURRIE L A, GUNION M, MCLAREN M. Early intervention in north lanarkshire: a multifaceted approach to achievement [J]. Support for Learning, 1999, 14 (2): 62 – 67.

[292] DAS D. Role of financial intermediation in promoting productivity growth-evidence from india [J]. Social Science Electronic Publishing, 2008.

[293] DAVID, J, TEECE. The market for know-how and the efficient international transfer of technology [J]. Annals of the American Academy of Political & Social Science, 1981.

[294] DAVID, MADDISON. Environmental kuznets curves: a spatial econometric approach [J]. Journal of Environmental Economics and Management, 2006.

[295] DE GREGORIO J. Borrowing constraints, human capital accumulation, and growth [J]. Journal of Monetary Economics, 1996, 37 (1): 49 – 71.

[296] DE GREGORIO J, KIM S J. Credit markets with differences in abilities: education, distribution, and growth [J]. International Economic Review, 2000, 41 (3): 579 – 607.

[297] DE LA FUENTE A, MARÍN J M. Innovation, bank monitoring and endogenous financial development [J]. Journal of Monetary Economics, 1996, 38 (2): 269 – 301.

[298] DEMIRGÜ-KUNT A, MAKSIMOVIC V. Law, finance, and firm growth [J]. The Journal of Finance, 1998, 53 (6): 2107 – 2137.

[299] DEMIRGUC-KENT A, DETRAGIACHE E. Financial liberalization and financial fragility [J]. Policy Research Working Paper, 1998, 98 (1917): 4259 – 4299.

[300] DETRAGIACHE E, ABIAD A, TRESSEL T. A new database of financial reforms [J]. IMF Working Papers, 2008.

[301] DEWATRIPONT M, MASKIN E. Credit and efficiency in centralized and decentralized economies [J]. The Review of Economic Studies, 1995, 62 (4): 541 – 555.

[302] DIAMOND, DOUGLAS W. Banks and liquidity creation: a simple exposition of the diamond-dybvig model. [J]. Economic Quarterly, 2007.

[303] DIAMOND D W, DYBVIG P H. Bank runs, deposit insurance, and liq-

uidity [J]. Journal of Political Economy, 1983, 91 (3): 401 – 419.

[304] DIAMOND D W. Financial intermediation and delegated monitoring [J]. The Review of Economic Studies, 1984, 51 (3): 393 – 414.

[305] DIAMOND D W. Monitoring and reputation: the choice between bank loans and directly placed debt [J]. Journal of Political Economy, 1991, 99 (4): 689 – 721.

[306] DOSI G. Technological paradigms and technological trajectories: a suggested interpretation of the determinants and directions of technical change [J]. Research Policy, 1982, 11 (3): 147 – 162.

[307] DOW J, GORTON G. Stock market efficiency and economic efficiency: is there a connection? [J]. The Journal of Finance, 1997, 52 (3): 1087 – 1129.

[308] DUIJN J. Fluctuations in innovations overtime [J]. Futures, 1981, 13 (4): 264 – 275.

[309] DUTTA J, KAPUER S. Liquidity preference and financial intermediation [J]. The Review of Economic Studies, 1998, 65 (3): 551 – 572.

[310] EATON J, KORTUM S. Trade in ideas patenting and productivity in the OECD [J]. Journal of International Economics, 1996, 40 (3): 251 – 278.

[311] EDISON H J, LEVINE R, RICCI L, et al. International financial integration and economic growth [J]. Journal of International Money and Finance, 2002, 21 (6): 749 – 776.

[312] ENGEL D, KEILBACH M. Firm-level implications of early-stage venture capital investment—an empirical investigation [J]. Journal of Empirical Finance, 2007, 14 (2): 150 – 167.

[313] ENOS J L. Invention and Innovation in the Petroleum Refining Industry [M]. Princeton University Press, 1962: 299 – 322.

[314] FAGERBERG J. Technology and international differences in growth rates [J]. Journal of Economic Literature, 1994, 32 (3): 1147 – 1175.

[315] FAZZARI S M, HUBBARD R G, PETERSEN B C, et al. Financing constraints and corporate investment [J]. Brookings Papers on Economic Activity, 1988 (1): 141 – 206.

[316] FISHKIN J, KENISTON K, MCKINNON C. Moral reasoning and political ideology [J]. Journal of Personality and Social Psychology, 1973, 27 (1): 109.

[317] FRED B, KELLER M R. State of innovation: the U. S. government's role in technology development [J]. Paradigm Publishers, 2011.

[318] FREEMAN C, KAROLY K, ADELMAN R C. Impairments in availability of insulin to liver in vivo and in binding of insulin to purified hepatic plasma membrane during aging [J]. Biochemical and Biophysical Research Communications, 1973, 54 (4): 1573 – 1580.

[319] FREEMAN C, SOETE L. The Economics of Industrial Innovation [M]. Psychology Press, 1997.

[320] Fry M J. In favors of financial liberalization [J]. The Economic Journal, 1997, 107 (442): 754 – 77.

[321] FUENTE N D L, JM MARÍN. Innovation, "bank" monitoring and endogenous financial development [J]. Economics Working Papers, 1994.

[322] GALINDO A, MICCO A, ORDONEZ G, et al. Financial liberalization: does it pay to join the party? [J]. EconomiA, 2002, 3 (1): 231 – 261.

[323] GALINDO A, SCHIANTARELLI F, WEISS A. Does financial liberalization improve the allocation of investment? micro-evidence from developing countries [J]. Journal of Development Economics, 2007, 83 (2): 562 – 587.

[324] GAN A. The impact of public scrutiny on corporate philanthropy [J]. Journal of Business Ethics, 2006, 69 (3): 217 – 2.

[325] GELOS R G, WERNERA M. Financial liberalization, credit constraints, and collateral: investment in the Mexican manufacturing sector [J]. Jour-

nal of Development Economics, 2002, 67 (1): 1 - 27.

[326] GERSCHENKRON A. Economic Backwardness in Historical Perspective: A Book of Essays [M]. Cambridge, MA: Belknap Press of Harvard University Press, 1962.

[327] GERSHENKRON A. Europe in the Russian Mirror [M]. Cambridge U. P, 1970.

[328] GOLDER, N. TELLIS, G, J. Pioneer advantage: market logic or market legend? [J] Joual of Marketing Research, 1993 (5) 146 - 165.

[329] GOLDSMITH R W. Financial Structure and Development [M]. Yale University Press, 1969.

[330] GOMPERS P A, LERNER J. The really long lnun performance of initial public offerings: the prekm asdaq evidence [J]. The Journal of Finance, 2003, 58 (4).

[331] GOMPERS P, ISHII J, METRICK A. Corporate governance and equity prices [J]. The Quarterly Journal of Economics, 2003, 118 (1): 107 - 156.

[332] GREENWOOD B M, BRADLEY A K, SMITH A W, et al. Mortality from meningococcal disease during an epidemic in the Gambia, West Africa [J]. Transactions of the Royal Society of Tropical Medicine and Hygiene, 1987, 81 (4): 536 - 538.

[333] GREENWOOD J, JOVANOVIC B. Financial development, growth, and the distribution of income [J]. Journal of Political Economy, 1990, 98 (5): 1076 - 1107.

[334] GREENWOOD J, SMITH B D. Financial markets in development, and the development of financial markets [J]. Journal of Economic Dynamics and Control, 1997, 21 (1): 145 - 181.

[335] GRILICHES Z. Issues in assessing the contribution of research and development to productivity growth [J]. The Bell Journal of Economics, 1979: 92 - 116.

[336] GRILLI V, MILESI-FERRETTI G M. Economic effects and structural determinants of capital controls [J]. Staff Papers, 1995, 42 (3): 517 –551.

[337] GROSSMAN G M, HELPMAN E. Innovation and Growth in the Global Economy [M]. MIT Press, 1993.

[338] GROSSMAN G M, HELPMAN E. Trade, innovation, and growth [J]. The American Economic Review, 1990, 80 (2): 86 –91.

[339] GROSSMAN G M, HELPMAN E. Trade, knowledge spillovers, and growth [J]. European Economic Review, 1991, 35 (2 –3): 1 –526.

[340] GUARIGLIA A, PONCET S. Could financial distortions be no impediment to economic growth after all? Evidence from China [J]. Journal of Comparative Economics, 2008, 36 (4): 633 –657.

[341] GUILLAUMONT JEANNENEY S, HUA P, LIANG Z. Financial development, economic efficiency, and productivity growth: evidence from China [J]. The Developing Economies, 2006, 44 (1): 27 –52.

[342] GUMBEL P, SMITH A. Risky business [J]. Time International (South Pacific Edition), 2008 (34): 40 –41.

[343] HALL B H, LERNER J. The financing of R&D and innovation [J]. Handbook of the Economics of Innovation, 2010, 1: 609 –639.

[344] HANSEN M T, BIRKINSHAW J. The innovation value chain [J]. Harvard Business Review, 2007, 85 (6): 121.

[345] HARRISON A, RODRIGUEZ-CLARE A. Trade, foreign investment, and industrial policy for developing countries [R]. National Bureau of Economic Research, 2009.

[346] HARTMANN P. Trading volumes and transaction costs in the foreign market-evidence from daily dollar-yen spot data [J]. FMG Discussion Papers, 1996, 23 (5): 801 –824.

[347] HARVEY C. Financial deepening in economic development By Edward S. Shaw [J]. World Development, 1974, 2 (10 –12): 76 –77.

[348] HELLMANN T F, MURDOCK K C, STIGLITZ J E. Liberalization, moral-hazard in banking, and prudential regulation: are capital requirements enough? [J]. American Economic Review, 2000: 147 – 165.

[349] HELLWIG M. Banking, financial intermediation and corporate finance [J]. European Financial Integration, 1991, (35): 63.

[350] HENRY P B. Do stock market liberalizations cause investment booms? [J]. Journal of Financial Economics, 2000, 58 (1): 301 – 334.

[351] HERMES N, LENSINK R. Foreign direct investment, financial development and economic growth [J]. The Journal of Development Studies, 2003, 40 (1): 142 – 163.

[352] HICKS J R. The foundations of welfare economics [J]. The Economic Journal, 1939, 49 (196): 696 – 712.

[353] HIMMELBERG C P, PETERSEN B C. R&D and internal finance: a panel study of small firms in high-tech industries [J]. The Review of Economics and Statistics, 1994: 38 – 51.

[354] HIRUKAWA M, UEDA M. Venture capital and industrial "innovation" [J]. CEPR Discussion Papers, 2008.

[355] HOBDAY M. East versus Southeast Asian innovation systems: comparing OEM-and TNC-led growth in electronics [J]. Technology, Learning, and Innovation: Experiences of Newly Industrializing Economies, 2000: 129 – 169.

[356] HOLMER M R, ZENIOS S A. The productivity of financial intermediation and the technology of financial product management [J]. Operations Research, 1995, 43 (6): 970 – 982.

[357] HOLMSTROM B, KAPLAN S N. Corporate governance and merger activity in the US: making sense of the 1980s and 1990s [R]. National Bureau of Economic Research, 2001.

[358] HOWITT P, MAYERFOULKES D, CAMPBELL S, et al. including no-

tice, is given to the source. The Effect of Financial Development on Convergence: Theory and Evidence. 2004.

[359] HOWITT P, MAYER-FOULKES D. R&D, implementation and stagnation: a Schumpeterian theory of convergence clubs [R]. National Bureau of Economic Research, 2002.

[360] INKLAAR R C, KOETTER M. Financial Dependence and Industry Growth in Europe: Better Banks and Higher Productivity [M]. University of Groningen, Groningen Growth and Development Centre, 2008.

[361] JAMES M, UTTERBACK, 把握创新 [M]. 高建, 李明译. 清华大学出版社, 1999.

[362] JAPPELLI T, PAGANO M. Saving, growth, and liquidity constraints [J]. The Quarterly Journal of Economics, 1994, 109 (1): 83 – 109.

[363] JOHN R, HARRIS, et al. The effect of financial liberalization on the capital structure and investment decisions of indonesian manufacturing establishments [J]. World Bank Econ Rev, 1994.

[364] JOHNSTON G. Statistical Models and Methods for Lifetime Data [M]. Wiley, 2012.

[365] KAMINSKY G L, REINHART C M. The twin crises: the causes of banking and balance-of-payments problems [J]. American Economic Review, 1999: 473 – 500.

[366] KAMINSKY G, SCHMUKLER S. Short-run pain, long-run gain: the effects of financial liberalization [R]. National Bureau of Economic Research, 2003.

[367] KAWAKATSU H, MOREY M R. An empirical examination of financial liberalization and the efficiency of emerging market stock prices [J]. Journal of Financial Research, 1999, 22 (4): 385 – 411.

[368] KELLER, ROBERT T. Gatekeeper communication networks and technological innovation: a study of U. S. and Mexican R&D organizations [J]. The

Journal of High Technology Management Research, 1991, 2 (1): 1 – 13.

[369] KELLER W. International technology diffusion [J]. Journal of Economic Literature, 2004, 42 (3): 752 – 782.

[370] KEUSCHNIGG, CHRISTIAN, EGGER, et al. Innovation, trade, and finance [J]. American Economic Journal. Microeconomics: A Journal of the American Economic Association, 2015, 7 (2): 121 – 157.

[371] KEUSCHNIGG C. Venture capital backed growth [J]. Journal of Economic Growth, 2004, 9 (2): 239 – 261.

[372] KIM L. Imitation to Innovation: The Dynamics of Korea's Technological Learning [M]. Harvard Business Press, 1997.

[373] KIM Y, SONG K, LEE J. Determinants of technological innovation in the small firms of Korea [J]. R&D Management, 2007, 23 (3): 215 – 226.

[374] KING R G, LEVINE R. Finance and growth: Schumpeter might be right [J]. The Quarterly Journal of Economics, 1993, 108 (3): 717 – 73.

[375] KING R G, LEVINE R. Finance, entrepreneurship and growth [J]. Journal of Monetary Economics, 1993, 32 (3): 513 – 542.

[376] KING R G, LEVINE R. Financial intermediation and economic development [J]. Capital Markets and Financial Intermediation, 1993: 156 – 189.

[377] KNIGHT F H. Risk, uncertainty and profit [J]. New York: Hart, Schaffner and Marx, 1921.

[378] KOO J, MAENG K. The effect of financial liberalization on firms' investments in Korea [J]. Journal of Asian Economics, 2005, 16 (2): 281 – 297.

[379] KOO J, SHIN S. Financialliberalization and corporate investments: evidence from Korean firm data [J]. Asian Economic Journal, 2004, 18 (3).

[380] KORTUM S, LERNER J. Does Venture Capital Spur Innovation? [M] Emerald Group Publishing Limited, 2001.

[381] KRUGMAN P. The myth of Asia's miracle [J]. Foreign Affairs, 1994, 73: 62.

[382] KUMBHAKAR S C, LOVELL C A K. Stochastic production frontier [J]. Cambridge University Press. Kumbhakar, SC & Sarkar, S. 2003.

[383] KUMHOF M, BENES J. The Chicagoplan revisited [J]. IMF Working Papers, 2012.

[384] LAEVEN L. Does financial liberalization reduce financing constraints? [J]. Financial Management, 2003: 5 – 34.

[385] LAEVEN L. Financial Liberalization and Financing Constraints: Evidence from Panel Data on Emerging Economies [M]. World Bank, Financial Sector Strategy and Policy Department, 2000.

[386] LALU N M. The impact of migration on the stability of a population: a simulation study. [J]. Edmonton Alberta Univ, 1981.

[387] LEE C C, WANG C W, Ho S J. Financial inclusion, financial innovation, and firms' sales growth [J]. International Review of Economics & Finance, 2019, 66.

[388] LEE J, BAE Z, CHOI D. Technology development processes: a model for a developing country with a global perspective [J]. R&D Management, 1988, 18 (3): 235 – 250.

[389] LELAND H E, PYLE D H. Informational asymmetries, financial structure, and financial intermediation [J]. The Journal of Finance, 1977, 32 (2): 371 – 387.

[390] LEVCHENKO A, RANCIERE R, THOENIG M. Growth and risk at the industry level: the real effects of financial liberalization [J]. Journal of Development Economics, 2009, 89 (2): 210 – 222.

[391] LEVINE R. Bank-based or market-based financial systems: which is better? [J]. Journal of Financial Intermediation, 2002, 11 (4): 398 – 428.

[392] LEVINE R. Financial development and economic growth: views and agenda [J]. Journal of Economic Literature, 1997, 35 (2): 688 – 726.

[393] LEVINE R. Financial intermediary services and growth [J]. Journal of the

Japanese and International Economies, 1992, 6 (4): 383 – 405.

[394] LILIEN G L, YOONE. The timing of competitive market entry: an explor-atory study of new industrial products [J]. Management Science. 1990, 36 (5).

[395] LINSU KIM. Imitation to innovation [J]. Korea Business Review, 1998, 2 (2): 197 – 199.

[396] LOVE I. Financial development and financing constraints: international ev-idence from the structural investment model [J]. Review of Financial Stud-ies, 2003, 16 (3): 765 – 791.

[397] LUCAS R E. On the mechanics of economic development [J]. Journal of Monetary Economics, 1988, 22 (1): 3 – 42.

[398] MACDOUGALL G D A. The benefits and costs of private investment from abroad: A theoretical approach [J]. Oxford Bulletin of Economics and Sta-tistics, 1960, 22 (3): 189 – 211.

[399] MACEY J R, MILLER G P. Fraud-on-the-Market Theory Revisited. 1991.

[400] MANSFIELD E, SCHWARTZ M, WAGNER S. Imitation costs and pa-tents: an empirical study [J]. The Economic Journal, 1981, 91 (364): 907 – 918.

[401] MARTINSSON G. Equity financing and innovation: Is Europe different from the United States? [J]. Journal of Banking Finance, 2010, 34 (6): 1215 – 1224.

[402] MASKUS K E, NEUMANN R, SEIDEL T. How national and international financial development affect industrial R&D [J]. European Economic Re-view, 2012, 56 (1): 72 – 83.

[403] MATHEWS, A JOHN. National systems of economic learning: the case of technology diffusion management in East Asia. [J]. International Journal of Technology Management, 2001.

[404] MAYER C. New issues in corporate finance [J]. European Economic Re-

view, 1988, 32 (5): 1167 – 1183.

[405] MAZZUCATO M, TANCIONI M. R&D, patents and stock return volatility [J]. Journal of Evolutionary Economics, 2012, 22 (4): 811 – 832.

[406] MCKINNON R. Money and capital [J]. Economic Development, 1973.

[407] MICHELACCI C, SUAREZ J. Business creation and the stock market [J]. The Review of Economic Studies, 2004, 71 (2): 459 – 481.

[408] MILLER D, CHEN M J. Sources and consequences of competitive inertia: a study of the US airline industry [J]. Administrative Science Quarterly, 1994: 1 – 23.

[409] MODY M A, ABIAD M A. Financial Reform: What Shakes It? What Shapes It? [M]. International Monetary Fund, 2003.

[410] MONTIEL P, REINHART C M. Do capital controls and macroeconomic policies influence the volume and composition of capital flows? evidence from the 1990s [J]. Journal of International Money and Finance, 1999, 18 (4): 619 – 635.

[411] MOORE B J, SHAW E S. Financial deepening in economic development [J]. The Economic Journal, 1974, 84 (333): 227.

[412] NELSON R R, PHELPS E S. Investment in humans, technological diffusion, and economic growth [J]. The American Economic Review, 1966, 56 (1/2): 69 – 75.

[413] NELSON R R, WINTER S G. Evolutionary theorizing in economics [J]. The Journal of Economic Perspectives, 2002, 16 (2): 23 – 46.

[414] NELSON R R, WINTER S G. In search of useful theory of innovation [J]. Research Policy, 1977, 6 (1): 36 – 76.

[415] OMRAN M, BOLBOL A. Foreign direct investment, financial development, and economic growth: evidence from the Arab countries [J]. Review of Middle East Economics and Finance, 2003, 1 (3): 231 – 249.

[416] PAGANO M. Financial markets and growth: an overview [J]. European E-

conomic Review, 1993, 37 (2 – 3): 613 – 622.

[417] PAPAIOANNOU E. What drives international financial flows? politics, institutions and other determinants [J]. Journal of Development Economics, 2009, 88 (2): 269 – 281.

[418] PATRICK H T. Financial development and economic growth in underdeveloped countries [J]. Economic Development and Cultural Change, 1966, 14 (2): 174 – 189.

[419] PETERSEN M A, RAJAN R G. The effect of credit market competition on lending relationships [J]. The Quarterly Journal of Economics, 1995, 110 (2): 407 – 443.

[420] PIKETTY T, SAEZ E. The evolution of top incomes: a historical and international perspectives [J]. Post-Print, 2006.

[421] PORTA R-L, LOPEZ-DE-SILANES F, SHLEIFER A, et al. Investor protection and corporate governance [J]. Journal of Financial Economics, 2000, 58 (1): 3 – 27.

[422] PORTA R L, LOPEZ-DE-SILANES F, SHLEIFER A, et al. Law and finance [J]. Journal of Political Economy, 1998, 106 (6): 1113 – 1155.

[423] PORTA R L, LOPEZ-DE-SILANES F, SHLEIFER A, et al. Law and Finance [M]. Springer Berlin Heidelberg, 2001.

[424] PORTA R L, LOPEZ-DE-SILANES F, SHLEIFER A. Government ownership of banks [J]. The Journal of Finance, 2002, 57 (1): 265 – 301.

[425] PRAIS R. Industrial research and technological innovation: an econometric analysis. by E. Mansfield [J]. Economic Journal, 1968, 78 (311): 676 – 679.

[426] PRITCHETT L. Divergence, big time [J]. The Journal of Economic Perspectives, 1997, 11 (3): 3 – 17.

[427] QUINN D. The correlates of change in international financial regulation [J]. American Political Science Review, 1997, 91 (3): 531 – 551.

[428] RAJAN R G. Insiders and outsiders: The choice between informed and arm's-

length debt [J]. The Journal of Finance, 1992, 47 (4): 1367 – 1400.

[429] RAJAN R G, ZINGALES L. Financial dependence and growth [R]. National Bureau of Economic Research, 1996.

[430] RAJAN R G, ZINGALES L. Power in a theory of the firm [J]. The Quarterly Journal of Economics, 1998, 113 (2): 387 – 432.

[431] RAMSEY, F. P. A mathematical theory of saving [J], The Economic Journal, 1928 (12), 543 – 559.

[432] RANCIERE R, KUMHOF M. Inequality, leverage and crises [J]. IMF Working Papers, 2011.

[433] ROMER P M. Endogenous technological change [J]. Journal of Political Economy, 1990.

[434] ROMER P M. Increasing returns and long-run growth [J]. Journal of Political Economy, 1986, 94 (5): 1002 – 1037.

[435] ROPER S, DU J, LOVE J H. Modelling the innovation value chain [J]. Research Policy, 2008, 37 (6): 961 – 977.

[436] ROUSSEAU P L, WACHTEL P. Equity markets and growth: cross-country evidence on timing and outcomes, 1980 – 1995 [J]. Journal of Banking & Finance, 2000, 24 (12): 1933 – 1957.

[437] RYBCZYNSKI T M. Industrial finance system in Europe, US and Japan [J]. Journal of Economic Behavior & Organization, 1984, 5 (3): 275 – 286.

[438] SAHLMAN W A. The structure and governance of venture-capital organizations [J]. Journal of Financial Economics, 1990, 27 (2): 473 – 521.

[439] SAINT-PAUL G. Technological choice, financial markets and economic development [J]. European Economic Review, 1992, 36 (4): 763 – 781.

[440] SANTOMERO A M, Seater J. Is there an optimal size for the financial sector? [J]. Journal of Banking & Finance, 2000, 24 (6): 945 – 965.

[441] SCHERER F. Using Linked Patent and R&D Data to Measure Interindustry Technology Flows [M] University of Chicago Press, 1984.

[442] SCHMOOKLER J. Economic sources of inventive activity [J]. The Journal of Economic History, 1962, 22 (1): 1 – 20.

[443] SCHUMPETER J A. The Theory of Economic Development: An Inquiry into Profits, Capital, Credit, Interest, and the Business Cycle [M]. Transaction Publishers, 1934.

[444] SCHWARTZ A H, DALY D A. Elicited imitation in language assessment: a tool for formulating and evaluating treatment programs [J]. Journal of Communication Disorders, 1978, 11 (1): 25 – 35.

[445] SIMON H A. Organizations and markets [J]. The Journal of Economic Perspectives, 1991, 5 (2): 25 – 44.

[446] SMARZYNSKA B. Composition of Foreign Direct Investment and Protection of Intellectual Property Rights in Transition Economies [M]. Centre for Economic Policy Research, 1999.

[447] STIGLER G J. The economics of information [J]. Journal of Political Economy, 1961, 69 (3): 213 – 225.

[448] STIGLITZ J E. Capital market liberalization, economic growth, and instability [J]. World Development, 2000, 28 (6): 1075 – 1086.

[449] STIGLITZ J E, CAPRIO G. Financial Liberalization: How Far, How Fast? [M]. Cambridge University Press, 2006.

[450] STIGLITZ J E. Credit markets and the control of capital [J]. Journal of Money, Credit and Banking, 1985, 17 (2): 133 – 152.

[451] STIGLITZ J E, WEISS A. Incentive effects of terminations: applications to the credit and labor markets [J]. The American Economic Review, 1983, 73 (5): 912 – 927.

[452] STUCK A E, WALTHERT J M, NIKOLAUS T, et al. Risk factors for functional status decline in community-living elderly people: a systematic literature review [J]. Social Science & Medicine, 1999, 48 (4): 445 – 469.

[453] TADESSE S. Innovation, information, and financial architecture [J].

Journal of Financial & Quantitative Analysis, 2006, 41 (4): 753 –786.

[454] THESMAR D, THOENIG M. Financial Market Development and the Rise in Firm Level Uncertainty [M]. Paris, France: Centre for Economic Policy Research, 2004.

[455] TOWNSEND R M. Optimal contracts and competitive markets with costly state verification [J]. Journal of Economic Theory, 1979, 21 (2): 265 – 293.

[456] UDWADIA F E, LALL A, UDWADIA Z F, et al. Tetanus and its complications: intensive care and management experience in 150 Indian patients [J]. Epidemiology and Infection, 1987, 99 (3): 675 –684.

[457] UTTERBACK J M, ALLEN T J, HOLLOMON J H, et al. The process of innovation in five industries in Europe and Japan [J]. IEEE Transactions on Engineering Management, 2013, 23 (1): 3 –9.

[458] VALDANI E, ARBORE A. Strategies of imitation: an insight [J]. Problems and Perspectives in Management, 2007, 5: 198.

[459] VAN, WIJNBERGEN S. Credit policy, inflation and growth in a financially repressed economy [J]. Journal of Development Economics, 1983, 13 (1 – 2): 45 –65.

[460] VONGPANITLERD S. Development of Thailand's Technological Capability in Industry [M]. Science and Technology Development Program, Thailand Development Research Institute, 1992.

[461] WILLIAMSON J, MAHAR M. A Survey of Financial Liberalization [M]. International Finance Section, Dept. of Economics, Princeton University, 1998.

[462] WINTON A, YERRAMILLI V. Entrepreneurial finance: banks versus venture capital [J]. Journal of Financial Economics, 2008, 88 (1): 51 –79.

[463] ZHANG J , CHANG Y , ZHANG L , et al. Do technological innovations promote urban green development? —a spatial econometric analysis of 105

cities in China [J]. Journal of Cleaner Production, 2018, 182 (1): 395 – 403.

[464] ZHANG S, LI J, LI N. Partner technological heterogeneity and innovation performance of R&D alliances [J]. R&D Management, 2021.

图书在版编目（CIP）数据

中国技术创新的金融发展路径研究／赵茂著． -- 北
京：社会科学文献出版社，2022.2
ISBN 978 - 7 - 5201 - 9691 - 8

Ⅰ.①中…　Ⅱ.①赵…　Ⅲ.①金融业－技术革新－研
究－中国　Ⅳ.①F832

中国版本图书馆 CIP 数据核字（2022）第 021899 号

中国技术创新的金融发展路径研究

著　　者／赵　茂

出 版 人／王利民
组稿编辑／恽　薇
责任编辑／孔庆梅　胡　楠
责任印制／王京美

出　　版／社会科学文献出版社·经济与管理分社（010）59367226
　　　　　　地址：北京市北三环中路甲 29 号院华龙大厦　邮编：100029
　　　　　　网址：www. ssap. com. cn
发　　行／社会科学文献出版社（010）59367028
印　　装／三河市尚艺印装有限公司

规　　格／开本：787mm × 1092mm　1/16
　　　　　　印张：17.75　字数：263 千字
版　　次／2022 年 2 月第 1 版　2022 年 2 月第 1 次印刷
书　　号／ISBN 978 - 7 - 5201 - 9691 - 8
定　　价／98.00 元

读者服务电话：4008918866